最美基层民警

2022

◎ 中共中央宣传部宣传教育局 编

学习出版社

图书在版编目（CIP）数据

2022最美基层民警 / 中共中央宣传部宣传教育局编
. -- 北京 ：学习出版社，2023.8
ISBN 978-7-5147-1197-4

Ⅰ．①2… Ⅱ．①中… Ⅲ．①警察－先进事迹－
中国－现代 Ⅳ．①K828.2

中国国家版本馆CIP数据核字(2023)第041114号

2022最美基层民警
2022 ZUIMEI JICENG MINJING

中共中央宣传部宣传教育局 编

责任编辑：李　琳　朱仕娣
技术编辑：胡　啸

出版发行：学习出版社
　　　　　北京市崇外大街11号新成文化大厦B座11层（100062）
　　　　　010-66063020　010-66061634　010-66061646
网　　址：http://www.xuexiph.cn
经　　销：新华书店
印　　刷：北京盛通印刷股份有限公司

开　　本：710毫米×1000毫米　1/16
印　　张：31.25
字　　数：348千字
版次印次：2023年8月第1版　2023年8月第1次印刷

书　　号：ISBN 978-7-5147-1197-4
定　　价：97.00元

如有印装错误请与本社联系调换，电话：010-67081356

前　言

　　为深入学习贯彻习近平法治思想和习近平总书记关于新时代公安工作的重要论述、重要训词精神，大力弘扬伟大建党精神，激励广大公安民警奋进新征程、建功新时代，中央宣传部、公安部近日向全社会宣传发布2022"最美基层民警"先进事迹。

　　张梁、吕游、赵恒彬、安二宝、马春雨、张宇航、何欢、路博阳、陈建强、孙益海、梁晓丽、朱明、施晓健、艾金凤、张连波、陈民生、常武、李江、时春霞、杨伯伦、乔晋军、周和理、黄晨、朱允宏、石林、黄家斌、樊有宏、刘汉朝、阿旺丹德、袁芳、潘金磊、覃锋、曾芝强、徐娟、程万里、符世彻、陈宇、王微等38名个人光荣入选。他们中，有的驻守边疆高原，克服常人难以想象的困难，守卫一方平安；有的奋战打击一线，冲锋在前、不怕牺牲，屡破大案要案；有的穿梭街巷社区、抗疫一线，全心全意解决群众"急难愁盼"，成为百姓的贴心人；有的刻苦钻研技能本领，在改革强警、科技兴警的道路上绽放青春光彩、成就奋斗人生。他们虽来自不同警种岗位，但都以强烈政治担当、使命担当、责任担当，忠实履行新时代使命任务，用汗水、鲜血乃至宝贵的生命，生动诠释了对党、对国家、对人民、对法律的无限忠诚，谱写了一曲曲人民公安为人民的英雄赞歌，充分展示了党领导的社会主义国家人民警察克己奉公、无私奉献的良好形象。

发布仪式现场采用视频展示、人物访谈、"云"连线等形式，从不同侧面讲述了他们的先进事迹和工作生活感悟。中央宣传部、公安部负责同志为他们颁发"最美基层民警"证书。

广大公安民警纷纷表示，要更加紧密地团结在以习近平同志为核心的党中央周围，深刻领悟"两个确立"的决定性意义，增强"四个意识"、坚定"四个自信"、做到"两个维护"，以"最美基层民警"为榜样，牢记初心使命，强化使命担当，坚决做到对党忠诚、服务人民、执法公正、纪律严明，全力以赴防风险、保安全、护稳定、促发展，坚决捍卫政治安全，全力维护社会安定，切实保障人民安宁，以实际行动迎接党的二十大胜利召开。

2022 最美基层民警

目 录

Contents

阿旺丹德

袁　芳

潘金磊

覃　锋

曾芝强

徐　娟

2022
最美基层民警

张 梁

张梁：为爱"黔"行的警察老师

　　张梁，中共党员，大学学历，北京市公安局通州分局内保支队综合中队中队长、市局首批赴贵州省黔西南州支教民警团队临时党支部书记。曾荣立个人二等功 1 次、三等功 2 次，荣获个人嘉奖 8 次，获评"北京市筹备和服务保障国庆 70 周年庆祝活动先进个人"称号。2021 年，其带领的市局首批赴贵州省黔西南州支教民警团队荣立集体二等功。张梁政治坚定、对党忠诚，在工作中一贯表现优秀，在本职工作岗位上认真履职、拼搏奉献，圆满完成了各项任务。

　　他忠诚职守，作风顽强。国庆 70 周年庆祝活动当天，一个由中外青年组成的群众游行方队走过天安门广场，吸引了无数人的目光，这就是"人类命运共同体"方队。而这个方队的安全保卫工作，就是由张梁负责。

　　"人类命运共同体"方阵队员既有社会群众，也有来自不同学校的大学生和外国留学生，方阵演练的集结组织和安全护送工作对张梁来说都是极大的考验。为了确保绝对安全，他累计踏勘 84 次，绘制工作示意图 10 余份，对安保团队人员进行反复培训，将组织方案精确到秒，有效确保了安全准时完成方阵人员全部的集结、运送工作。2019 年 10 月 1 日 12 时 28 分，当《千年之约》的旋律悠扬响起，张梁守护的"人类命运共同体"方阵昂扬地走过天安门，2000 多名中外队员挥舞着手中的五彩花束，以最优的状态、最美的笑脸、最真的表达、最佳的风采，共同演绎"人类命运共同体"伟大构想的深刻内涵，让万众瞩目，令世界惊艳。张梁虽然没有跟他们一起走过天安门广场，但是能够护送"人类命运共同体"方阵的游行群众安全集结、表演、疏散，对于张梁来说，同样是热血沸腾、感同身受！

◎ 张梁到贵州省黔西南布依族苗族自治州支教

　　他精益求精，勤思善研。2020 年，面对突如其来的新冠肺炎疫情，内保支队承担起牵动、指导分局各部门做好疫情防控工作的重要使命。面对毫无经验可循的病毒，张梁充分发挥青年党员先锋模范作用，带领综合中队全体民警、文职辅警，连夜收集相关资料，认真学习传染病防治相关知识，克服困难、加班加点，起草制定了分局第一份疫情防控方案，随后又制定了 10 余个与疫情防控、处置相关的方案预案。同时，张梁马不停蹄与区卫健委等各区级部门及乡镇街道反复沟通协调，充分发挥各专业部门力量，统筹落实防风险、保安全、护稳定各项措施。

一天凌晨，梨园派出所接群众报警称：一名男子疑似出现发热，且有风险地区行程。为确保小区人员防控安全，派出所值班领导第一时间按照方案固定要求开展工作，并联系分局内保支队寻求支援，正在加班的张梁，迅速联系区卫健委，并驱车赶赴现场开展处置工作，最终在多部门的共同配合下，成功协助男子到指定酒店进行隔离，最大限度降低了疫情传播风险，张梁制订的方案在实践中得到了验证，也在指导实践中发挥了积极作用。

他勇于担当、主动向前。在 2020 年疫情防控形势最严峻的时候，张梁主动申请到位于京哈高速通州区与香河县交界处的西集检查站参与执勤，这里是东北三省与北京的连接要道，安全检查任务十分繁重。3 月 2 日，张梁到检查站支援的第一天中午，就投入了紧张的检查工作，核查证件、询问情况、检查车辆……各项工作紧张有序。正在这时，张梁听到不远处有车辆急促连续按喇叭的声音，张梁和一同执勤的同事立刻向声音传来的地点跑去，果然，一辆红色马自达小轿车正打着双闪不停地按着喇叭，车上一位孕妇捂着肚子显得十分痛苦。张梁问明情况，立刻带着辅警指挥疏导周边的大货车，为小轿车疏导出了一条绿色通道，直到小轿车驶过时向他们鸣笛示意感谢，张梁才发现，寒风中的他们全身都已经被汗水浸透了……

当疫情来袭时，张梁用手中的键盘制订方案预案与病毒隔空作战；接到支援检查站的命令后，他主动请缨要求奔赴一线，当站在检查站安检大棚下的那一刻，他更加坚定了"坚决打赢疫情防控阻击战"的决心和信心。就这样日复一日的任务，张梁一干就是60多天，核查车辆2500余辆、人员4700余人，与战友一道确保了首都东南大门的绝对安全。

北京市公安局供稿

"黔"行使者，
用足球唤醒山里娃的梦

◎ 胡　宁

从北京飞到 2400 多公里外的黔西南，爬上山，第一次看到山顶上的足球场时，张梁只有一个想法：太美了，但好像美得空荡荡的。

张梁是北京市公安局通州分局内保支队综合中队中队长，也是北京市公安局首批赴贵州省黔西南布依族苗族自治州支教民警团队的临时党支部书记，并入选 2022 "最美基层民警"。

他眼前这个足球场属于普安县第一中学。张梁和另一名民警要在这里待上一年半。到这儿第一天，他就被"震撼"了：站在山顶，视野开阔，球场崭新，但没有人在足球场上踢球。

询问一番，张梁发现，因为没有足球教练，这里的球场成了散步场地。"我很惊讶的是，这么个信息化时代，大部分孩子连一场足球赛都没看过。"

跟张梁一道来的支教团其他 17 人面临的情况都差不多。在2021 年 3 月 17 日他们飞抵贵州前，北京市公安局相关负责人早已前往对口援建的普安县和兴仁市调研过，并从全局系统摸底选拔了 18 名民警，其中 12 个人教足球。同时，应当地要求，还派了 6 名民警教英语。

张梁曾多次参加国家重大活动的安保勤务，并圆满完成任务。在 2020 年新冠肺炎疫情防控最严峻的时候，张梁还曾主动申请到位于京哈高速通州区与香河县交界处的西集检查站参与执勤，并在现场紧急救助了一位待产孕妇。

这一次，他们前往更远的黔西南，直面新的挑战。

张梁制定了专项体能测试项目，经过一周的选拔测试，从高一、高二年级选出了身体素质优秀的男女生各 25 人。校足球队算是初步成立了。

第一天训练时，张梁对孩子们进行了"灵魂三问"：你们踢过足球吗？你们看过足球比赛吗？你们喜欢踢足球吗？问前两个问题时，孩子们还摇摇头。问到第三个问题时，孩子们不点头也不摇头，集体迷茫地看着他。

从那天起，怎么让孩子们喜欢足球，成了张梁最关注的事。每天课后，他带着孩子们在球场上奔跑、追逐，教授足球的规则和技术。

但一个多月后他却发现，孩子们似乎兴趣不高了，还陆续有人想要退队。张梁仔细分析了原因：一方面，可能是因为要从基本功练起，较为枯燥；另一方面，一些老师、家长包括学生本人，觉得踢球没用，还耽误学习。

于是，张梁拿自己举例子：山东人，从小爱运动爱踢球，高考 640 多分考入中国人民公安大学，踢球没耽误学习不说，有好多同学

◎ 张梁对足球队的孩子们进行战术指导

也是因为足球踢得好特招进入大学，后来才有机会成为警察。孩子们听说了张梁的高考分数，眼睛都亮了。为了让孩子们在快乐中把踢球这件事坚持下来，张梁及时调整足球教学方式，加入了趣味项目，经常组织友谊赛，还时不时亲自下场。

除了教授足球，张梁还定期去家访。这里的留守儿童比较多，其中让张梁印象深刻的是一个女孩，父母都在外地打工，她自己在家带着弟弟生活。家访时，张梁从县城开了两个小时的车才到，沿途全是 U 形弯，从柏油马路开到土路再开到没路，要下来步行。张梁跟着女孩在山窝窝里的菜地转了一圈，原来平日里，孩子都是自己种菜、养鸡养猪，带着弟弟生活。

那天晚上，回去的路上起了大雾，能见度不到 1 米，张梁开车回到县城已经是深夜 1 点。他在微信朋友圈写下一句话："我想为他们多做点，再多做点。"

　　用了一年半的时间，18 名民警在 6 所学校组建了 18 支校园足球队，队员 383 人。兴仁市凤凰中学建立了黔西南州第一支高中女子州级代表队，多次参加省、州各项比赛，成绩优异。兴仁市和普安县之间，也组织了第一届校园足球联赛，6 所学校获得了各个组别的 5 个冠军。此外，民警带领的黔西南州集训队中有 10 名队员入围贵州省足协驻训球队 U12 梯队，实现了历史性突破。

　　张梁和同事四处奔走，帮普安县建起了足球协会，建立了普安和兴仁校园足球联赛的长效机制。10 个孩子已经因足球特长被选到贵阳市实验中学培养，还有 26 名小学生被选到教育条件更好的黔西南州首府兴义市上初中。

　　离开贵州的那天，张梁眼里噙着泪，没敢回头。从 2021 年 3 月 17 日到 2022 年 8 月 30 日，这一年半在孩子们和支教民警的生命里都留下了不可磨灭的痕迹。

　　北京市公安局第二批支教民警已在黔西南继续着这项支教事业，首批 18 人中还有 6 人选择继续留在黔西南，完成接下来的支教任务。

　　支教过程中，很多孩子表示想去北京上学，想成为人民警察。张梁明白，开始于足球、不止于足球的这趟支教之旅，意义正在于此：孩子们的心里从此有了一颗"种子"，这颗种子，总有一天会成长为参天大树。

《中国青年报》2022 年 10 月 11 日

2022
最美基层民警

吕　游

吕游：深耕影像技术
练就"火眼金睛"

　　吕游，1977 年出生，天津市公安局刑侦总队十三支队九大队民警。他深耕刑事影像技术 20 年，是全国刑事技术特长专家。曾荣立个人一等功 1 次、二等功 2 次、三等功 1 次。

　　2021 年 7 月 16 日，人民日报、新华社、央视新闻等多家媒体同时发出一则题为"他是真开心啊！"的融媒体报道，深入报道了公安机关通过人像比对技术找到了一名 5 岁时被拐，与亲生父母失散 25 年的孩子，并帮助他们团圆。采访画面中，一名中年民警满面笑容地向记者展示两张时隔 25 年的照片，"你看像不像？"

　　这是他亲手创造的奇迹，也让他笑得乐开了花。他叫吕游，来自天津市公安局刑侦总队十三支队九大队。

　　1996 年的夏天，湖北省一对夫妇带着 8 岁、5 岁的两个儿子在广东省某地的一个水库养鸭子。一天夜里，一伙蒙面歹徒入室把夫妇二人捆绑束缚住后，将 5 岁的小儿子抢走拐卖。同年，广东警方破获该案，但是 5 名犯罪嫌疑人没有交代孩子被卖的去向。后案犯均被执行死刑，孩子的线索就此中断，只留下一张 5 岁时的照片。2021 年，公安部部署开展"团圆行动"，吕游作为公安部技术专家参加了刑事技术集中比对会战。"5 岁时被拐，距离现在已经 25 年了，从孩童到成年，相貌变化翻天覆地，很多脸部特征都极难辨别，真的如同大海捞针一般。"为了找到这个孩子，吕游在海量数据中逐个分析比对，每天盯着电脑 10 多个小时，最终从几百个相似人像中锁定了一名疑似人。为了进一步确认，吕游与专家组成员认真进行研究讨论，"你看像不像，绝对是他！"各种特征的确认让专家组有了信心，随即联系其户籍地民警，按照专家组提供的情况找到了疑似人，并采集了 DNA。当比对结果出来并传回确认的消息时，吕游一改工作时的严肃，笑容"再也藏不住了"，所有努力都化作了这一瞬间的喜悦。

这则通过技术比对分析实现骨肉团圆的新闻一经发出，迅速被各大媒体竞相转载，一时间火遍全网，浏览量达千万次，点赞量多达百万次，网民纷纷向这位幕后"神探"致敬。而这份"团圆"的激动和喜悦背后，很少有人知道，为了找回更多的孩子，让更多的离散家庭团圆，在两次会战、110 天的集中封闭工作期间，吕游和专家组的成员们付出了多少心血，但用吕游的话说，"能亲手帮助失散的家庭团聚，我们的心里比吃了蜜还甜。"

吕游并不是一开始就有一双"火眼金睛"的。2002 年，他通过遴选，从基层调入天津市公安局刑侦总队十三支队从事影像技术工作，最初，他的任务是在案发现场拍照，固定证据。对于平日喜好摄影的吕游来说，当生活中的爱好与他热爱的公安工作碰撞在一起时，就产生了强烈的"化学反应"。"我知道，许多刑警前辈会根据我拍的照片，讨论证据使用和办案方向，那段日子，我一边精进拍摄技术，一边学习破案经验。"吕游觉得，那段工作经历，让他受益匪浅，强烈的破案欲望，推动他实现一次又一次的自我突破。

也正是从那时起，他凭借对影像特殊的敏感度，潜心钻研影像技术，不断探索新领域，对工作中遇到的实际困难，他与本专业技术人员开展科研攻关，并发表专业学术论文10余篇，很快成长为该领域的技术骨干。2016年，市公安局开始广泛应用影像比对技术，服务于案件侦办，吕游作为刑侦总队"第一个吃螃蟹的人"，凭借多年积累的影像技术经验，很快钻研吸收了新技术手段，并在应用方法上加以创新，服务于一线破案。

◎ 吕游针对影像资料进行线索提取

2017年，天津市某区发现一具带有刀伤的男尸。专案组竭尽全力，但短时间内无法落实尸源。"赶紧让吕游试试"，有人提议道。接到任务后，吕游克服诸多不利因素，凭借过硬的专业能力和技术，经过 2 个多小时的反复检验和研判，最终找到了"真身"，让案件很快得以破获。而对吕游来说，这也打开了自己不断拓展专业技术的"天门"。

吕游是一个不满足于现状的人，对新兴事物有着很强的求知欲的他，并没有止步于这些成绩。工作中，他不断探索、总结，特别是近年来，网络数据应用得到空前发展，"互联网+"战略给公安工作创新发展带来广阔的空间。吕游紧抓这一机遇，在不断积累影像技术经验、丰富影像基础数据的基础上，将公安各类数据应用融合进来，拓展创新影像技术服务侦查破案的工作方法，提炼总结出多种技术与侦查融合的实用性技战法。由于业务能力突出，他被公安部确定为影像技术特长专家，并于 2019 年被批准用个人姓名成立全国公安机关专业技术工作室。

2020 年，是让吕游难忘而又自豪的一年，也是其技战法在办案实践中"大显身手"的一年。在公安部"云剑—2020"命案积案攻坚行动中，他作为公安部技术专家，先后两次赴粤、一次赴豫参加全国命案积案攻坚会战，历时 134 天。其间，除了组织专家组成员比对破案，他精准研判命案逃犯 40 余人，破获命案积案 45 起，关键性地打通了抓捕逃犯的"最后一公里"。

在攻克天津市一起长达 22 年的命案积案时，吕游从侦查部门得知，案件犯罪嫌疑人的家人多年前就移居国外，在国内几乎没留下任何线索。于是，他花了大半年时间"大海捞针"，找到了一张嫌疑人儿时的黑白照片。也正是这张清晰度不高的照片，让吕游在成千上万张图像中"盯"上了一个户籍地为广东的男子。"虽然他在广东娶妻、定居，还更改了姓名，但经验告诉我，这名男子非常可疑。"

据此，经过深入调查，公安机关确认，已在广东"洗白"身份的王某就是当年的嫌疑人，随即将其抓获归案。当前方传来成功抓捕的消息时，双眼通红的吕游长长地舒了一口气。

能让陷入僵局的案件"峰回路转"，同事们说吕游有"超能力"，其实，只有他知道，在每一起疑难案件中，他下了多少苦功夫。不仅如此，对于他来说，影像比对，不仅考验眼力、毅力，更考验综合分析研判能力。吕游没有独享这些能力，通过全国会战，他把自己的技术经验和工作方法进行了分享，实现了"1+1>2"的效果。

成功没有捷径，唯有坚持与努力。端坐在电脑前昼夜兼程，经历了一个个不眠之夜，现实中，吕游的工作是非常枯燥的，同时，为了把隐藏的信息精准解读出来，耗费的心力也非常人可以想象。"只要有接手案件的线索，就必须要拿下。"多年来，心中的使命感成为吕游夜以继日拼命工作的执念，他在比对检验鉴定助力案件侦破中，始终保持着一股不达目的誓不罢休的韧劲。

硬仗一场接着一场。2021 年，他又迎来了一次高难度的大考，公安部开展了"团圆行动"——让被拐儿童回家。曾经，运用影像比对技术追踪命案积案逃犯，是成年人之间的比对，而被拐儿童的比对，两三岁、四五岁的照片，要与 30 多岁、40 多岁成年人的照片比对，几乎都是十几、二十几年的跨度，有的人变化之大，超出了想象。"无论多远多久，都要找到你"是每个"失孤"家庭的心愿，也是人民警察义不容辞的责任。吕游没有在困难面前退缩，一如既往执着地比对查找下去。一个孩子，几百张相似的照片，一张一张比，一点一点抠，不断尝试新的方法，寻求新的突破，为最终确认被拐卖儿童身份提供可靠方向。那段日子里，吕游经常熬夜到凌晨一两点，眼睛实在累了，才去休息一会儿，但实际上也睡不踏实，早上五六点钟又爬起来接着干。两次集中封闭会战中，他通过影像比对、综合分析研判共确认被拐儿童27人，指导抓获拐卖儿童逃犯5人。而文章开头提到的那名5岁时被拐的湖北儿童就是这些孩子中的一员。

　　帮助一个又一个家庭实现团圆，一次又一次地创造着办案奇迹的吕游先后荣立个人一等功1次、二等功2次、三等功1次，受到嘉奖6次，以丰硕的战果诠释了对刑事技术工作的执着与热爱，然而对于他来说，这份执着的热爱背后却有着无数次无法和自己家人团圆的遗憾。"今天加班，不用等我回家吃饭"，"我出现场了，不知几点能回来"，"来任务了，我得走了，不知哪天回来。"线索、任务一来，说走就走，每当给妻子发送这样的信息，吕游的心里都充满愧疚之情，他知道，在电视台工作的妻子，平日工作也非常忙碌，尽管如此，为了让吕游能够全身心投入工作，结婚15年来，妻子始终承担着照顾双方年迈老人以及教育孩子的重任。吕游觉得，对于家人的亏欠也许永远无法弥补，尽管自己小家"难圆"，但他愿意带着家人的这份理解与支持，继续坚守在刑侦战场上，换来更多家庭的团圆。

　　日复一日的奋斗中，时光匆匆而过，昔日的青涩小伙儿如今已步入中年，但心中那份对公安事业的爱与热忱从未改变。2022年，是迎接党的二十大胜利召开的关键年，在完成日常影像比对检验鉴定工作的同时，吕游继续用自己的技术专长支撑各类要案的侦破工作。其间，他利用自己的技术专长，配合天津市公安局公交总队对一起积案开展侦查，确定4名嫌疑人，最终成功破案；协助湖北警方抓获在逃 26 年的拐卖儿童案主犯……打赢了一个又一个漂亮仗。

将犯罪分子绳之以法、为受害者伸张正义、让失散多年的家人得以重逢……20 年来，吕游紧跟时代和科技发展，用过硬的业务本领服务侦查破案实战，他把最美的青春与汗水奉献给了公安事业，在平凡的岗位上绽放出刑事技术人最耀眼的光芒。

天津市公安局供稿

深耕影像比对
练就"火眼金睛"

◎ 袁　猛

"无论多远多久，都要找到你。"

在天津市公安局刑侦总队十三支队九大队民警吕游看来，这是每个"失孤"家庭的心愿，也是人民警察义不容辞的责任。

2021年，公安部部署开展"团圆行动"，吕游作为公安部技术专家参加了刑事技术集中比对会战。运用影像比对技术追踪命案积案在逃人员，是成年人之间的比对，而被拐儿童的比对因为有十几、二十几年的跨度，开展起来异常艰难。

在各种困难面前，吕游没有退缩。

一个孩子，几百张相似照片，一张一张比，一点一点抠，吕游不断尝试新方法，寻求新突破，为最终确认被拐卖儿童身份提供了可靠方向。

那段日子里，吕游经常熬夜到凌晨一两点，眼睛实在累了，才去休息一会儿。但是，工作不完成，吕游就睡不踏实，早上五六点又爬起来接着干。在两次集中封闭会战中，吕游通过影像比对、综合分析研判，共确认被拐儿童 27 名，指导抓获拐卖儿童在逃人员 5 名。

"能亲手帮助失散家庭团聚，心里比吃了蜜还甜。"吕游笑着说。

吕游并不是一开始就有一双"火眼金睛"。2002 年，他通过遴选，进入天津市公安局刑侦总队十三支队从事影像技术工作。最初，他的任务是在案发现场拍照，固定证据。对平日喜好摄影的吕游来说，当个人爱好与热爱的公安工作碰撞在一起时，就产生了强烈的"化学反应"。正是从那时起，吕游潜心钻研影像技术，不断探索新领域，很快成长为技术骨干。

2016 年，天津市公安局开始广泛应用影像比对技术，服务于案件侦办。吕游凭借多年积累的影像技术经验，积极投身到一线破案中。

2017 年，天津市某区发现一具带有刀伤的男尸。专案组虽竭尽全力，但短时间内仍无法落实尸源。战友们提议让吕游参与侦办。

◎ 吕游和同事就案件线索进行分析研判

接到任务后，吕游克服诸多不利因素，凭借过硬的专业技术，经过反复检验和研判，最终找到了线索，案件很快得以破获。

近年来，"互联网＋"战略给公安工作创新发展带来了广阔空间。吕游抓住机遇，在不断积累影像技术经验、丰富影像基础数据的前提下，将公安各类数据应用融合进来，拓展创新影像技术服务侦查破案的工作方法，提炼总结出多种技术与侦查融合的实用性技战法。由于业务能力突出，吕游被公安部确定为影像技术特长专家，在2019年被批准用个人姓名成立全国公安机关专业技术工作室。

2020年，在公安部"云剑—2020"命案积案攻坚行动中，吕游作为公安部技术专家，先后两次赴粤、一次赴豫参加全国命案积案攻坚会战，历时134天。其间，除了组织专家组成员比对破案，吕游精准研判命案在逃人员40余名，破获命案积案45起。

吕游说，影像比对不仅考验眼力、毅力，更考验综合分析研判能力。通过全国会战，他把自己的技术经验和工作方法进行分享，实现了"1+1>2"的效果。

"只要接手案件线索，就必须要拿下。"多年来，心中的使命感驱使吕游夜以继日拼命工作，他在比对检验鉴定助力案件侦破中，始终保持着一股不达目的誓不罢休的韧劲。

吕游帮助一个又一个家庭实现团圆，一次又一次地创造着办案奇迹，荣立个人一等功1次、二等功2次、三等功1次，获嘉奖6次，以丰硕战果诠释了对刑事技术工作的执着与热爱。

将犯罪分子绳之以法，为受害者伸张正义，让失散多年的家人得以重逢……20年来，吕游紧跟时代发展步伐，用过硬的业务本领服务侦查破案实战，把最美的青春奉献给了公安事业，在平凡的岗位上绽放出了耀眼的光芒。

《人民公安报》2022 年 9 月 30 日

2022
最美基层民警

赵恒彬

赵恒彬：护企爱民好所长

河北省衡水市公安局高新技术产业开发区分局苏正派出所辖区 46 平方公里，有包括 56 家涉剧毒危爆化学品企业、73 家规模以上企业在内的 375 家企业和 49 个自然村、近 4 万实有人口。村企交融、工农参半，是这个派出所辖区的主要特点。派出所所长赵恒彬，善做"主防"，坚持以平安和谐源于"防"的理念做深做透做实基层社会治理精细化，给了辖区企业和群众满满的安全感，被誉为护企爱民好所长。

2022 年 8 月 12 日夜，记者来此实地探访时，赵恒彬正带领民警、辅警热火朝天地开展夏夜治安巡查宣防工作。

防安全责任事故，当好居安思危探索者

21 时 30 分，赵恒彬和同事巡检到衡水东华冀衡化工有限公司。

"你们易制爆危化品仓库红外报警系统与值班调度室实现联网了吗？"他认真严肃地询问公司保卫科长、驻企警务员邱国志。

"弄完了，当天就整改了，咱们去看看……"邱国志立即回答。

　　"他可是我们企业安全的'金钟罩'，一点漏洞也不让有，一点隐患也不准留，他的较真劲儿我们都知道……"邱国志感叹地对记者说，"他的'法儿'真好，让我们时刻绷紧安全这根弦儿。"

　　邱国志口中的"法儿"，是赵恒彬针对企业重视程度不够、日常管理不规范等问题，力推分局制定实施的《剧毒、易制爆危险化学品单位治安防范"标准化"管理规定》。他根据涉危险化学品的法律法规及相关要求，将危化品监督管理工作可视量化，对涉剧毒、易制爆危化品从业单位进行"标准化"定级评估，共涵盖基础台账、防范设施、系统应用等三大项18小项，据实打分。

　　说话间，赵恒彬拿出《涉剧毒、易制爆物品单位"标准化"定级评估表》，对照工作标准，动态随机抽查。

　　"必须真正提高思想站位，牢牢把严格管理摆在头顶上、放在心坎儿上……"赵恒彬告诉记者，派出所46平方公里的辖区分布着大大小小375家企业，其中涉剧毒、易制爆危险化学品企业就有56家，哪个企业哪个环节出了问题都会"惊天动地"，"管不好、管不严，睡觉都不踏实"。

　　强化主体责任、强化监督管理、强化科技支撑、强化教育培训……赵恒彬多年来的一系列探索实践，推动了辖区企业落实主体责任由"被动式"向"主动式"转变，提高了安全意识、健全了安全机构、完善了安全制度、规范了安全管理、加大了安全投入、打造了专业队伍；推动了公安机关实现对危险化学品生产、销售、运输、储存、使用逐环节的流向感知、数据采集、智能防范、动态监管，做到了"物流未启动、信息流已掌握"，提高了公安机关对危险化学品监督管理的能力和水平，形成了完善的监督管理机制，确保了各个层面以最高要求、最严标准履职尽责。

2022 年 6 月 30 日，衡水市公安局在苏正派出所辖区召开全市公安机关危险化学品安全管理工作现场推进会，要求全市公安机关认真学习他们的经验做法。

防干扰营商秩序，当好辖区企业护航者

当晚，记者在衡水高新区东华大道看到裕亨橡塑科技有限公司内的施工建设如火如荼，5 层的现代化仓储厂房已初具规模。

"赵所长，太感谢了！没有您，这个厂子说啥也建不起来。"公司总经理宋海丁难掩心中的激动，紧紧握住赵恒彬的手说道。

原来，苏正派出所 2018 年年底多次接到该企业报警，李家庄村村民李某对企业合法征地建厂索要高额补偿款未果，肆意编造事由，多次恶意阻挠施工。企业起诉后，法院依法判决李某败诉，但李某恼羞成怒，仍然不肯罢休，继续阻挠施工。公司法人因此备受煎熬，甚至萌生退意。

"都这么闹，企业还怎么发展，必须重拳打击这种无理取闹的违法行为！"赵恒彬说到做到，他找到土地管理部门、房屋鉴定部门、历届村"两委"了解情况，并挨家挨户走访村民，发现李某所主张的土地及房屋权益并不合法。搜集掌握足够证据后，2019 年 2 月，赵恒彬带领民警将涉嫌寻衅滋事的李某一家四口抓获归案，依法处理。企业施工建设得以顺利开展，负责人专程将一面写有"人民公仆 执法为民"的锦旗送到苏正派出所表达感谢。

"我给自己定了一个小目标，涉企刑事案件发一起破一起。"赵

恒彬担任所长以来，辖区内 8 起涉企刑事案件全部破获，共抓获犯罪嫌疑人 18 人，有效维护了企业的合法权益。

防电信网络诈骗，当好"靖企"反诈先行者

来到高新区利安隆凯亚公司，赵恒彬打开了话匣子，滔滔不绝地讲起他引以为豪的"靖企"反诈工作。

"在冒充企业领导类电信诈骗案件中，企业财务人员一旦中招，往往数额较大，损失惊人。"赵恒彬介绍，"我们反复研究此类诈骗案件细节，走访曾经受骗的企业，研究反诈防骗实招，于 2022 年 4 月在试点企业开展'靖企'反诈工作。"

他口中的"靖企"反诈"五件事"，是根据辖区特点研究探索的涉企反诈"攻略"：聘请反诈宣传员，负责在各自的车间、班组开展反诈宣传；建立警企反诈微信群，转发派出所提供的典型案例；全员签署防诈告知书；民警进企开展多形式的反诈大宣讲，组织企业在主要位置循环播放反诈音频、视频；推动企业出台反诈奖惩制度，对宣传员实行红黑榜量化考核，并与奖金挂钩……

近日，辖区内一名企业职工李某想做兼职赚钱，从网上看到的一个 App 可以贷取启动资金，而对方却让他提供身份证和银行卡，并要求往银行卡存 2 万元保证金。他听过"靖企"反诈宣传，感觉异常并立即报警，随后确定是电信诈骗，避免了损失。"幸亏听过咱们民警的'靖企'反诈宣传，不然就被骗了！"

赵恒彬的做法马上得到了衡水市公安局高新技术产业开发区分局党委的肯定，"靖企"反诈的试点经验也迅速在全区推广起来。目

◎ 赵恒彬（右二）代表苏正派出所到辖区企业开展"靖企"反诈工作，签订反诈承诺书

前已经发动"靖企"反诈宣传员 560 余人，建立专门工作群 220 余个，组织开展反诈培训 110 场次，参与员工 3.2 万余人，推动辖区企业始终保持了电诈案件"零发案"。

防治安隐患外溢，当好网格平安守护者

记者随警在衡橡科技股份有限公司巡查采访间隙，看到一组保安巡逻队迎面走来。赵恒彬上前检查了他们的巡逻装备器械，叮嘱带队巡逻的驻企警务员王志钊："派出所警力有限，公共区域有民警巡逻，厂区内的安全防范你们要格外用心。"

"您放心吧，我们一定汲取前几天厂子原料被盗的教训，严格防范！"王志钊深有感触地说，"上次要不是您带领我们及时抓住那个'家贼'，他肯定还会再偷。"

原来，这家公司第六车间内的铝板、铁板下脚料数次被盗，案发时段监控录像莫名缺失，案值虽然不大，但闹得企业人心惶惶。

赵恒彬接到报案后，立即带领民警辅警勘查现场、走访调查，初步认定应该是内部人员所为。为了不打草惊蛇，他一边安排驻企警务员排查可疑人员，一边组织警力开展案件侦查。经过两天两夜连续工作，细心的赵恒彬抓住嫌疑人每次作案时都会拔掉监控电源这一重要线索，最终锁定车间工人赵某并将其抓获。

"一个企业就是一个小社会，员工多则上千人、数百人，少则几十人，人多事儿就多，必须想办法把企业内部安全管好。"赵恒彬语气坚定，"我工作的重点之一就是帮助企业堵塞安全防范漏洞，确保平安。"

2022年4月，赵恒彬按照警力下沉、警务前移的工作思路，积极探索辖区企业网格化管理模式，推动实现"一格一警"全覆盖，以辖区大型企业为勤务基点，建立辐射周边的10个驻企警务室、聘任45名驻企警务员，帮助企业制定内部安全保卫、消防管理、矛盾排查、纠纷化解等工作制度，实现了辖区涉企发案明显下降、刑事案件全部破获、矛盾纠纷不出厂不上交。

从警以来，赵恒彬因工作成绩突出，先后获评衡水市最美政法干警、年度工作先进个人、优秀共产党员、规范执法标兵等，荣立个人三等功2次，获个人嘉奖3次；带领苏正派出所连续2次获评"河北省公安机关执法示范单位"，1次获评"衡水市公安机关执法示范单位"，被荣记集体三等功1次。

河北省公安厅供稿

把企业的事当成自己的事

◎ 谢俊思

河北省衡水市公安局高新技术产业开发区分局苏正派出所辖区内，有56家涉剧毒、易制爆危险化学品企业，危爆物品管理责任重大。

怎么管理？如何确保安全？怎样履行好公安监督管理职能？苏正派出所所长赵恒彬从未停止过思考。"管不好、管不严，睡觉都不踏实。任何企业的任何环节出了问题都会'惊天动地'！"赵恒彬说。

一次例行巡检中，赵恒彬发现辖区内一家危化品使用公司大门洞开，院内杂乱无章。1米多高、50多米长的袋装硫黄在一处偏僻角落随意堆放着，足足有30多吨。硫黄属易制爆危化品，露天堆放遇高温可能自燃，产生大量有害气体。赵恒彬想方设法找到企业负责人，要求其立即整改、妥善处理，及时消除了安全隐患。

2022年以来，赵恒彬带队走访检查危化品企业180次，签订安全承诺书56份，发现整改各类安全隐患13处，做到了监督环节全

◎ 赵恒彬到辖区企业走访

覆盖、安全管理无缝隙。苏正派出所实现了辖区连续 8 年涉剧毒、易制爆危化品安全无事故。

赵恒彬总是把企业的事当成自己的事，想方设法帮助企业招商引资、工程建设、安全生产、复工复产……对企业的合理需求，他也总是有求必应，上门服务，为企业和群众纾困解难。

2022 年 2 月，辖区一家化工公司报警，称有人在微信群内散发公司即将倒闭的谣言，给企业声誉造成恶劣影响。接警后，赵恒彬经过综合分析、缜密研判，快速确定了张某故意散布谣言的违法事实，后将其传唤到派出所，批评教育并依法进行处罚。

"太感谢了！"公司负责人孙中明感激地说，"他及时维护了企业声誉，稳定了公司的人心！"

平安不平安，关键看破案。为了更好优化营商环境，促进企业发展，赵恒彬定了一个目标："涉企刑事案件发一起破一起！"

2022 年 1 月，一家化肥厂接连发生盗窃案件，赵恒彬带领民警连续数夜蹲守，手冻红了，脚也冻透了，但他们没有丝毫退缩，最终将翻墙入厂再次作案的犯罪嫌疑人付某当场抓获。

有目标才能有作为。按照警力下沉、警务前移的工作思路，赵恒彬积极探索辖区企业网格化管理模式，推动实现"一格一警"全覆盖，建立 10 个驻企警务室、聘任 45 名驻企警务员，帮助企业制定内部安全保卫、消防管理、纠纷化解等工作制度，实现了辖区 8 起涉企刑事案件全部破获，涉企发案量明显下降，涉企矛盾纠纷不出厂不上交。

一手抓打击，一手抓防范。根据辖区特点，赵恒彬加强警企联动、拓展反诈阵地，摸索出一套涉企反诈攻略，聘请企业反诈宣传员，建立警企反诈微信群，让员工签署防诈告知书……

目前，赵恒彬的反诈试点经验在全区推广，已发动反诈宣传员 560 余人，建立专门工作群 220 余个，组织开展反诈培训 110 场次，参与员工 3.2 万余人，辖区企业始终保持电诈类案件"零发案"。

苏正派出所辖区有 49 个自然村。村企融合，企业发展有了保障，农村的平安又该怎么守护？

群众利益无小事。赵恒彬发现，农村地区家庭、邻里、婚恋等纠纷多发，治安案件高发。为此，他创新"热"调查、"冷"处理调解工作法，即先"趁热"快速固定证据、查清事实，再视情给当事人"冷静期"，然后根据实际情况依法处理，矛盾纠纷化解成效显著。

"恒彬人缘好、威望高，做群众工作有一套，村民都信服他，有事儿都愿意找他……"苏正办事处有关负责人说。

　　无愧于誓言，不止于平凡。在 2022 年"最美基层民警"发布仪式上，赵恒彬接过这份沉甸甸的荣誉。对他而言，这更是一份激励。

　　"派出所离群众最近，能随时了解群众需要什么。只有和群众打成一片，才对得起身上的警服和肩头的责任。"赵恒彬坚定地说。

《人民公安报》2022 年 10 月 1 日

2022

最美基层民警

安二宝

安二宝：红色沃土砺青春

安二宝，山西武乡人，1983年11月生，中共党员。2008年3月正式参加公安工作，现为山西省武乡县公安局分水岭派出所副所长。

初踏从警征程，安二宝就奋身扎根到山西省武乡县位置最偏远、条件最艰苦、辖区面积最大的分水岭派出所，一干便是14年。14年来，他传承红色基因，弘扬革命家风，扎根老区，无悔奉献，从初踏警营的青涩腼腆逐渐成长为独当一面的人民警察，以常人难以想象的非凡坚守，用满腔热忱守护着乡村平安，在人民群众最需要的地方，绽放出绚烂的青春风采，得到辖区群众高度认可和一致好评。安二宝凭借扎实的业务能力、出色的工作表现，先后获市县嘉奖2次、县公安局"优秀工作者"荣誉11次，2020年被长治市委组织部评为"全市优秀公务员"。

传承红色血脉，在爷爷曾战斗过的地方继续战斗

2008年3月，通过招警考试的安二宝主动放弃县城相对优越的

环境，来到了全县最偏远、辖区面积最大的分水岭派出所。那年他
25 岁。

第一次到分水岭派出所报到，安二宝带了几件换洗衣服便匆
忙出发，从县城搭乘唯一一班到这里的公交车，一路颠簸了近两
个小时。路难行，群山环绕间，安二宝竟有些恍惚，穿越时空，
家中祖辈们军歌嘹亮、浴血奋战的壮烈场景仿佛就在眼前，他一
遍遍追忆着曾经听爷爷讲过的那些抗战故事，巍巍太行，山山埋
忠骨，岭岭皆丰碑，望着窗外的沟沟壑壑，安二宝的眼角不觉有
些湿润。

安二宝的家乡在八路军总部旧址武乡县蟠龙镇砖壁村附近的祥
良村，儿时的他就经常依偎在爷爷的怀里，听这位老党员讲抗战、
讲八路军、讲他的另外 3 个爷爷的故事：二爷爷是支前队员，三爷
爷被日本侵略者杀害，四爷爷是大名鼎鼎的八路军武西独立营营
长……在这样的环境中长大的安二宝，从小就受红色精神影响，立
志要像他的爷爷们一样献身家乡干事业。安二宝的四爷爷还参加过
百团大战、大破白晋线等战役，分水岭就曾是他出生入死、奋勇杀
敌的地方，而这也正是安二宝从警后，毅然选择来到分水岭派出所
的原因，他对这片土地有着特殊的感情，他想追寻先辈的足迹，在
爷爷曾经战斗过的地方继续战斗。

分水岭派出所距武乡县城约 45 公里，辖区总面积 232 平方公里，
共有 11 个行政村、20 个自然村，户数 2673 户，户籍人口 6503 人。
"这里的老百姓曾是爷爷誓死保护的人，我总觉得有一种使命感驱使
着我，继续守护他们，护佑这片土地。"尽管在分水岭工作是一件充
满挑战的事，安二宝还是做足准备，迎"战"而上。

到派出所报到的第一天，所长就语重心长地和年轻的安二宝说，来分水岭派出所工作首先面临的是四道关：交通关、语言关、动物关、恋爱关。刚开始，安二宝还不以为然，"再苦也没有当年我爷爷们的日子苦，我不能给他们丢脸。"但很快，他就体验到了"四关"的艰辛。

第一道关，交通关。分水岭乡地处太行山深处，位于武乡县革命老区最西端，沟壑纵横、道路崎岖、地广人稀、植被茂密，是全县交通最闭塞、生态最恶劣、条件最艰苦的乡镇，仅有一条208国道穿山而过，是连接分水岭和外界的唯一通道。这条路是晋煤外运的重要通道，运煤的重型货车一辆接一辆昼夜不停，在没有扩路之前，经常因各种原因堵车，一天一小堵、两天一大堵，经常将值完班回家的民警堵在半路上。安二宝记忆中最深刻的一次堵车，是2010年的元旦，刚值完班的安二宝开车回家。因为地质灾害、道路抢修，几百辆货车被困在路上，总共3天的假期，在路上就堵了2天，安二宝和同事们索性在路上对被困司机进行救助，穿梭在车辆之间，徒步为他们送来热水和方便面。等回到家后，简单和父母亲吃了顿饭，安二宝就接着返回了派出所。

回到所里的第二天，一场大雪不期而至，整个分水岭乡都裹上了一层银装，此刻正在所里值班的安二宝不会想到，今天是他从警以来第一次遇到真正的危险。出警的指令从电话中传来，安二宝并没有多想就和同年参加工作的同事穿戴好装备开车奔赴现场。下雪路滑，车辆行走在山路间十分艰难，在一个背阴的斜坡前，任凭同事如何加油，警车就是上不去，窄窄的山路两边就是2米多深的沟，掉头都十分困难，人和车都被困在了这个长长的斜坡下。同事就和安二宝商量，找人帮忙推车。停好车，安二宝继续在车里和报警群众联系，可谁想到，同事刚走不到一分钟，因道路结冰，车子竟然慢慢地往后滑，安二宝来不及从车里出来，几秒钟之内警车就摔到了坡下2米多深的坑地里，幸好安二宝身上没有大碍，仅仅是撞破了头皮，缝了十几针。那一刻，从小到大都未受过伤的安二宝真正体会到了所长说的"交通关"的艰难。

第二道关，语言关。分水岭乡分别与晋中市榆社县、平遥县、祁县接壤，整个辖区如同一个被拉长的椭圆形，没有实行村庄合并之前，辖区的村庄散落在大山的沟沟坎坎里，被大山隔绝，最远的两村之间直线距离40多公里，从派出所出发，驱车到最远的长南村，路上来回得翻越4座山，足足要走2个多小时。特殊的地理环境，造成了辖区内"五里不同音，十里不同俗"，群众口音拗口难懂，一个小小的乡镇，竟然存在5种方言，被乡镇里的干部形容为"五国语言"。刚上班的安二宝就遇到了这样的一个情形，2名群众因为在集市上发生纠纷，各操一种方言，接警后的安二宝听得一头雾水，本来一个简单的纠纷，就因为安二宝听不明白，结果处理了一下午，群众还不满意。听懂群众话，这在其他地方极为简单的一个要求，在这里竟然也成了安二宝的一道坎。从那时起，安二宝就决定，走进山里的每个村庄，和群众拉家常，利用走访群众的每一个机会，从一个词、一句话开始听起，慢慢和群众沟通。通过用心与群众交流，一年后，所有的方言他都能听得懂，和群众的交流也不再是障碍。

第三道关，动物关。分水岭派出所坐落在一个山坳里，派出所的背后就是被原生态森林覆盖的大山。夏天一到，山里的各种野生动物经常会窜到派出所，有时候睡觉蛇就钻进宿舍，路上野猪成群结队拦路也是常有的事。傍晚一到，成群的蚊子往人身上扑，派出所民警身上密密麻麻全是疙瘩，有时忍不住痒，挠得流血化脓，被汗水一浸钻心地疼。最让安二宝记忆犹新的是 2010 年的一个夏夜，他因为闹肚子去厕所，刚蹲下他就发现对面盘着一条一米多长的"五步蛇"，正吐着长长的信子盯着他。安二宝顿时吓出了一身冷汗，一动也不敢动。这种蛇是北方常见的毒蛇，毒性较大，一旦被咬，就有生命危险。就这样，一人一蛇相互对峙了近 10 分钟，这条蛇才缓慢爬离。慢慢地，安二宝也习惯了和动物们的"不期而遇"。

第四道关，恋爱关。安二宝的妻子梁红玉在和他谈恋爱时，有一次瞒着安二宝去所里看他，想要给他一个惊喜。结果那天赶上下雨，刚帮群众找牛回来的安二宝不但浑身是泥，身上还带着一股牛粪的味道。一见面，两个人都愣住了，梁红玉没想到，安二宝的工作离家远也就罢了，还这么脏这么累。她心疼安二宝，劝安二宝离开这里，不然就跟他分手……窗外的雨一直下着，似乎想要挽留这对恋人，给他们多一些沟通的时间，在所里同事的劝说下，梁红玉也想在派出所多待几天，多多了解一下安二宝的日常工作。几天的观察下来，她对安二宝的工作有了全新的认识，谁家的小孩在山里跑丢了、谁家的老人得了病需要帮忙、哪里的旅客迷路被困在山里，都离不开安二宝的帮助……她没想到安二宝的工作在这大山里是这么不可或缺，安二宝的勇敢和担当也深深吸引着她。回去的路上，梁红玉望着车窗外的美景陷入了沉思，安二宝的话反复在脑海中响起："小玉啊，换成你，你能忍心丢下这里的乡亲们吗？"经过深思熟虑，2012 年，梁红玉也毅然报考了分水岭卫生院并被顺利录取。2013 年，两个善良的年轻人走在了一起，结为让人羡慕的山区伉俪。从此，分水岭不再是分隔爱情的大山，而是引着他们走进婚姻殿堂的红娘。

视群众为亲人，一碗面盛满警民鱼水情

脚下沾有多少泥土，和群众的感情就有多深。安二宝常说："想要派出所工作干得好，对百姓的了解不能少。"即使没有出勤任务，安二宝每天也要到村里和乡亲们唠家常，了解村里的点点滴滴。在弯弯曲曲的山路上，群众看到最多的就是安二宝的身影。一人、一车、一条路。一村一村地入，一户一户地访，一家一家地走，一个一个地聊，成为安二宝工作的常态。

辖区的乡亲们大部分祖祖辈辈都是农民，从小没下地干过农活的安二宝告诉自己："一定要学会种地，种地都不会，怎么能说自己和乡亲们打成一片了呢？"于是，安二宝在下乡走访时到了村里，第一件事就是到地里，主动帮上了年纪的乡亲们干农活。刚开始的时候，安二宝连小麦和韭菜都分不清，但是二宝肯学习、不怕苦，技术活不会就先干体力活，从割草喂牛、挑水浇粪开始干，到播种、锄地这些技术活，跟着乡亲们，安二宝的农活也是越干越熟练。慢慢地，安二宝和乡亲们在田间地头一边干活一边拉家常，大家逐渐熟络了起来，一天不和群众拉拉家常，不到田间地头帮助群众干点农活，他就感觉浑身不自在。

辖区交通不便，安二宝在下乡办案、走访、排查过程中都要进老乡家中看看有什么需要办理的派出所业务，收集起来带回所里统一办理后再逐一送上门。只要是有老百姓给他打电话，安二宝总是

来者不拒、照单全收。14年来，他任劳任怨，一人先后承担了办案、治安、户籍、巡逻和内勤等多项业务，为辖区群众更换户口簿、办理身份证、户籍迁移等业务1000余件。除了这种"流动警务车＋步行"的线下服务外，为了更好地服务辖区百姓，他还通过微信和便民服务平台为在外务工和上学的中青年群众提供线上服务。时间长了，分水岭乡老百姓的家长里短，都被安二宝印在脑子里。

分水岭村的李大娘年近70岁，家中丈夫、大儿子、二儿子接连因病去世，仅剩下李大娘一人靠家中的几亩土地和低保孤苦生活。安二宝在走访中了解到这一情况后，便将这件事记在了心里。每隔几天，安二宝都会主动到李大娘家里帮忙干些家务活，给她家的水缸里担满清水。逢年过节，只要他在，就会到老人家中，送去米面油之类的生活必需品。一到农忙时节，安二宝就会去老人的田里，组织乡亲们帮忙为她家的田地播种、锄草、收割，尽心尽力地帮助老人，为这个命运多舛的老人送来亲人般的温暖。每当安二宝在老人家中忙活完之后，老人总会为他做上一碗香喷喷的抿面。老人逢人就讲，咱派出所的二宝就像我的亲生儿子，待我就像对待他的父母一样。一碗抿面，成了安二宝与辖区群众血肉联系的最真实写照。

现在，辖区的老乡们只要看到村里来了警察，就会上前询问："二宝来了没？"老乡们的淳朴也深深感动了安二宝，从刚开始下乡肚子饿了要和老乡借一壶开水泡面，到现在乡亲们一见到他就拉着他不让走，以实际行动得到了当地老百姓的认可和肯定。"去群众家，我就是去'探亲'。"派出所的人换了一茬又一茬，但安二宝却始终坚守在分水岭这片红色的土地。他说："不是分水岭离不开我，是我离不开分水岭的人民，在分水岭工作，我安心。"

危难时刻显身手，24 小时"不打烊"的
"啥都干"民警

在分水岭乡，安二宝是出了名的"牛犊子"，是个不怕苦、甘吃苦、能吃苦的人。在分水岭的日日夜夜里，他从无怨言，危急时刻，也始终冲锋在前。

2009 年 7 月，一年中最热的时候，正在值班的安二宝接到报警电话，说有一位修路的工人前一晚外出喝酒后，至今未归，工友们寻找了很久也没有找到，并且对方的电话也打不通。警情就是命令，安二宝接警后，火速赶往现场，通过对失踪工人最后就餐饭店老板的询问，安二宝了解到，他昨天晚上喝了不少酒，最后独自一人离开饭店。安二宝根据从饭店到工地的路程分析他离开饭店后可能的

◎ 安二宝和村民携手解救被困车辆

进行路线以及途中可能会遇到的情况，决定沿着从饭店到工地的道路沿线进行查找。不久，安二宝闻到了一股浓烈的臭味，他看到在离饭店约 200 米的地方有一处旱厕，"会不会是掉到了厕所里？"安二宝立马警觉了起来，他赶快跑到旱厕，果然在粪坑里看到了一个人。安二宝迅速联系了法医和一辆抽粪车。接下来，最重要的就是要把尸体抬上来。"这个人是自己不小心掉进去的，还是他杀？"为尽快确认死者死因，安二宝毫不犹豫跳入粪坑，迎着扑鼻的恶臭和触觉、视觉的强烈冲击，在周围群众的帮助下，他将尸体背上地面，强忍着翻江倒海的不适感，帮助赶来的刑技民警冲洗尸体。事后，安二宝连着一个星期每天洗 3 次澡，还是觉得自己身上有臭味，饭也吃不下去，整整瘦了 10 斤。

安二宝有个习惯，每天要走 10 公里的山路，14 年间，在所里的每一天，从未间断。他的双腿走遍了分水岭的山山水水、沟沟坎坎，辖区的地形、每一条山路的特征全部印在了他的脑海里，也成了他每一次参与紧急救援的"法宝"。2021 年 2 月的一个夜晚，分水岭突降大雪。忙了一天的安二宝接到 110 指令，有群众在辖区迷路，需要救援。按照指挥中心提供的信息，安二宝拨通了群众的电话，电话内传来一个中年男子焦急的声音："这是哪儿啊？导航没信号！我迷路了！车上还有老人和 5 个月的婴儿，全被陷在沟里了！快来救救我们！"安二宝一边安抚报警人情绪，一边询问周围的环境特点。凭着对辖区地形的熟悉，安二宝确定受困群众被困在丈牛坡附近。丈牛坡前不着村、后不着店，仅有一条崎岖不平、濒水临崖的窄路通行。当时积雪已经超过 20 厘米，山区道路被埋，徒步进山救援已经成为唯一的选择。深夜中，安二宝一行人顶着凛冽的寒风，踩着没过小腿的积雪，经过 4 个多小时的摸索前行，终于找到了被困的一家人。当时被困车辆在一处陡坡上，车身被厚厚的积雪覆盖着，一家六口蜷缩在车内，冻得瑟瑟发抖。见到前来救援的民警，大家激动得热泪盈眶。雪越下越大，安二宝一行人背着行动不便的老人、抱着襁褓中的婴儿，相互搀扶着在大雪中艰难地前进着，用了 5 个多小时才到了最近的嵩庄村委会。得救后，受困群众眼含着热泪，紧紧抱住安二宝一行人，激动地说："感谢人民警察，是你们救了我们一家人的性命！你们是我一家的大恩人！"

2022 年"百日行动"期间，派出所接到报警，有人在翻修院子的时候刨出一个疑似炮弹的"铁疙瘩"。安二宝马上赶到现场，赶紧把围观群众疏散到安全距离后，经仔细查看，初步确认是抗日战争时期日军遗留的炸弹，炸弹外表锈迹斑斑，安二宝迅速将情况报告给所里，并告知民爆专业人员现场情况。"炸弹锈蚀严重，内部结构不明，一旦发生意外后果不堪设想，必须马上转移。"来不及多想，在民爆专业人员的电话指导下，为防止静电引爆炸弹，安二宝跟老乡借来一个用水泥涂过的盆，小心翼翼地把炸弹放进去。屏住呼吸、咬紧牙关，豆大的汗珠从额头上渗出，一步一步地将炸弹转移到空旷的野地里。为了不让村民们靠近炸弹，安二宝和同事们在炸弹附近拉上了警戒线，等待专业人员前来处理。随后，他又对周边区域反复探查，再三叮嘱老乡们："再发现这种东西，立即远离！及时报警，切勿自行处理！"事后，一位在场的老大娘拉着安二宝的手说道："傻孩子，那可是日本人留下的炸弹啊，你就敢端起来？"安二宝指着自己身上的警服说："我是警察，我不上谁上？我怕了，大家怎么办？"

这些在其他警种看来的"小事"，却都是分水岭的大事。也正是在这些"芝麻小事"中，体现了安二宝的藏蓝担当与为民情怀。"无论何时，面对群众的求助，我们要责无旁贷地为群众分忧解难。"安二宝认为，很多时候，只要把群众的事情当成自己的事情来办，只要责任心强，许多问题都可以得到妥善解决。

2017 年 10 月 29 日，是甘肃省天水市群众李永贵最开心的一天，这天，他和家人在失散了 14 年后终于重聚。在相拥痛哭的时刻，40 岁的李永贵对安二宝心里充满无限感激，正是安二宝的热心相助，才使他的归乡之路不再漫长。

2017 年 10 月 26 日，安二宝在辖区石窑会新农村建设工地摸底排查流动人口时，一名无身份证明、性格内向、木讷少言且操着一口外地话的男子引起了他的注意。安二宝耐心细致地和对方沟通后，终于得知该男子名叫李永贵，14 年前在西安打工时与家人走散，先后漂泊于陕西、山西等地，饱尝艰辛。聊天的过程中，李永贵说得最多的一句话就是"我想回家"。

了解这一情况后，安二宝立即向刑警大队请求协助，并通过公安部打拐办、警网通平台、宝贝回家寻子网以及社会爱心人士的帮助，经过线上线下 60 多个小时的努力，最终与甘肃省天水市泰州区汪川镇派出所民警取得联系，并通过照片辨认，认定流落在武乡的这名男子正是其辖区内一家人苦苦寻找了 14 年的亲人。10 月 29 日，在分水岭派出所内，李永贵终于和家人团聚，一家人抱头痛哭。临别时，李永贵将一面写有"感谢人民好警察，寻亲之恩永难忘"的锦旗送到安二宝手中，表示永远也忘不了这位大恩人。

来自人民、植根人民、服务人民是安二宝的坚持与信仰。"群众任何时间打电话，永远第一时间接听、第一时间耐心解答，为了辖区百姓的平安永远在线。"14年来，安二宝把分水岭当故乡，把群众当亲人，在灯火阑珊时、在街巷最深处、在百姓急难际，这位"啥都干"的民警随叫随到，用热血磨砺平安之剑，丹心凝铸和谐之盾，用奉献书写着青春答卷、平安华章。

让平安底色更足，"警察蓝" 描绘乡村振兴"新答卷"

分水岭乡曾经是武乡县脱贫攻坚的模范乡，如今，又成了乡村振兴的主战场。落实护农举措、推进矛盾纠纷排查化解、打击违法犯罪行为……安二宝满怀希冀播撒平安的种子，为乡村振兴贡献着智慧与力量。

随着脱贫攻坚、乡村振兴的好政策，分水岭乡在武乡县委、县政府的指导下，积极发挥自然资源优势，大力发展养殖业，老百姓的日子越过越红火。辖区内义村的老陈是养羊大户，2020年，在政府的帮助下，建成了养羊场，引进了新品种，看着小羊羔一天天长大，心里别提多开心。一天早晨，老陈起床后照常去喂羊，发现少了七八只羊，特别是最珍贵的"种羊"不见了，老陈顿时眼前一黑，直接晕了过去。安二宝在接到警情后，第一时间出警赶到现场，查看监控录像后，发现作案嫌疑人为一名驾驶无牌照面包车的蒙面男子。安二宝仔细分析案情：新建羊场位置偏远，不是本村或者临近村庄的人根本不会了解这个地方，嫌疑人从打开场门到把羊偷到车上，动作十分熟练，判断为本地惯犯所为。随即，安二宝对辖区内的前科人员进行了全面摸排，最终锁定了嫌疑人身份，很快将李某抓获归案。经突审，李某交代了自己酒后作案并正在寻找买主的事实。看到失而复得的羊，老陈紧紧地拉住安二宝的手，激动得一时说不出话来。

近年来，在分水岭乡，风电工程、山西东水工程、东吕高速工程等项目相继开工建设，辖区百姓也因此获得发展红利，为乡村振兴助力添彩。可在施工建设过程中，占地赔偿、倒渣压路等问题也时有发生。南关村的老李一家因风电工程占用了他家的山地，与施工方产生争执，老李认为山顶的一片地是政府20年前包给自己种药材的，所以自己有土地的使用权，应该按照农业用地的价格获得更多赔偿。但是施工方认为，老李拿不出政府把土地使用权承包给他的手续，只愿意按照普通价格赔偿。双方各执一词，吵得不可开交。出警后，安二宝第一时间到达现场，看到安二宝后，老李激动的情绪立刻就稳定下来，他说，二宝来了，他处事公道，有他在我放心。安二宝针对双方的争执，主动联系当地林业部门和乡政府，核实了情况，确定有记录证明老李20年前确实承包了这片土地，但这些年来，老李既没有在这里种植药材，也没有对山顶的林区尽到养护的职责，就此事双方各退一步，在合理范围内谈妥了赔偿价格，既维护了老李的合法权益，也保证了风电工程的顺利推进。

分水岭乡林业资源丰富，有很多珍稀的野生动植物，一些犯罪分子也盯上了这一资源，守护绿水青山也成了派出所的重要任务。2020年3月，派出所接到辖区群众报警称："在会同村附近疑似有人在非法盗采林木。"接到报警后，安二宝和同事立即驱车前往。为避免打草惊蛇，安二宝装扮成农民进入现场，看见犯罪嫌疑人正在开着小型挖掘机连根挖掘油松树，地上有多棵已经被连根挖出、打包好准备偷运走的油松树。看着这些珍贵的树木被盗采，安二宝果断亮明身份，与同事立即对现场进行管控，并对涉案人员进行突击审讯。了解了一些情况后，安二宝判定这是一起有组织的犯罪团伙，随即全力开展案件侦破工作，根据外围走访调查结果和现场犯罪嫌疑人供述，掌握了一个集盗采、运输、出售珍贵林木资源的盗伐树木的犯罪团伙，最终，将这一犯罪团伙连根拔起，守护了分水岭的生态安全屏障。

平凡民警，不凡警心，繁华虽远，信仰永恒。安二宝的种种平凡，皆是不凡，怀着对公安工作的无限热爱、对人民群众的深厚感情，安二宝用一腔爱民热血和一身无私正气，在传承太行精神、服务辖区群众的道路上，汲取着太行精神的丰厚营养，为辖区的人民奉献着自己的热血青春。

山西省公安厅供稿

做群众心中的"活地图"

◎ 常 汝

山西省武乡县分水岭乡地处太行山深处，这里沟壑纵横、道路崎岖、地广人稀。2008年，25岁的安二宝告别城区优越的条件，来到武乡县公安局分水岭派出所，从此成为守护这一方平安的巍然青松。

"脚下沾有多少泥土，和群众的感情就有多深。"每天爬10公里的山路走访巡查，14年里，安二宝从未间断。他走遍了分水岭的山山水水、沟沟坎坎，辖区的每一条山路、每一道沟坎都印在了他的脑子里。如今已是分水岭派出所副所长的安二宝，也成为分水岭乡亲们眼中的"活地图"。

"导航没信号！车上还有老人和5个月大的婴儿，全陷在沟里了！快来救救我们！"2021年2月，一个大雪纷飞的夜晚，安二宝接到110指令：有群众在分水岭一带遇险，急需救援。

当时，气温已低至零下20多摄氏度，情况万分危急。凭着对辖区地形的熟悉，安二宝判断受困群众在丈牛坡附近，那里仅有一条崎岖不平、濒水临崖的窄路。积雪已经超过 20 厘米，徒步进山救援成为唯一的选择。

深夜中，安二宝一行人顶着凛冽的寒风，深一脚浅一脚地摸索前行，经过 4 个多小时终于找到了被困群众。

得救后的群众眼泪止不住地往下掉，紧紧抱着安二宝说："是你们救了我们一家人的性命！你们是我们一家的大恩人！感谢人民警察！"

即便没有出勤任务，安二宝每天也要到村里和乡亲们唠唠家常，了解村里的大事小情。一村一村进，一户一户访，安二宝走坏了一双双鞋，走进了乡亲们的心里。

辖区群众大部分都是农民。为了更好地走近群众，从小没干过农活的安二宝给自己提出了一个接地气的要求："一定要学会种地，种地都不会，怎么能说自己和群众打成一片？"

◎ 安二宝深入乡村宣传安全知识

刚开始，连小麦苗和韭菜苗都分不清的安二宝不知道从何处下手。技术活不会，那就先干体力活，割草喂牛、挑水浇粪，安二宝眉头都没皱过。凭着肯学习、不怕苦的劲头，安二宝的农活越干越熟练。播种、锄地、施肥……在田间地头，安二宝边干活边向乡亲们进行普法宣传、讲解反诈知识。

辖区交通设施差，群众办事不便。安二宝看在眼里，挂在心上。他利用下乡办案、走访排查的机会，一有时间就走进老乡家中问问有什么需要办理的业务，收集起来统一带回所里办理。为了更好地服务辖区百姓，安二宝还通过微信和便民服务平台为在外地务工和上学的中青年提供线上服务。

14年来，安二宝挑起办案、治安、户籍、巡逻和内勤等多项业务，为辖区群众更换户口簿、办理身份证和户籍迁移等1000余件。

基础设施改造、培育本地产业……最近几年，分水岭乡发生了翻天覆地的变化，是武乡县脱贫攻坚模范乡。风电工程、东吕高速工程等项目相继在分水岭乡开工，辖区百姓也因此享受到发展的红利。然而，在施工建设过程中，占地赔偿、工资纠纷等问题也时有发生。

南关村的老李因风电工程占用自家山地赔偿问题与施工方产生争执，双方各执一词、剑拔弩张。

"一定会有一个双赢的办法，让大家都满意。"安二宝了解情况后，向双方拍着胸脯保证。

安二宝联系当地林业部门和乡政府核实情况，证明这片土地确实为老李20年前承包的。不过，近些年老李既没有在这片地从事药材种植，也没有对林地尽到养护职责，双方都应各退一步。在安二宝调解下，双方在合理范围内谈妥了赔偿价格，既维护了老李的合法权益，也保证了风电工程的顺利推进。

来自人民、植根人民、服务人民，是安二宝从警 14 年来的坚守与信仰。怀着对公安工作的无限热爱、对人民群众的深厚感情，安二宝用奉献书写着青春答卷、平安华章。

《人民公安报》2022 年 10 月 2 日

2022
最美基层民警

马春雨

马春雨：忠诚守护　还一片青山

广袤的乌拉特山脉南麓包头段，绿草如茵，牛羊散布其间，悠然自得，一派和谐景象。而多年前，因为丰富矿产资源的存在，这里盗采猖獗，以致山体千疮百孔、满目疮痍，这一切的改观，只是因为一个人的到来——包头市公安局九原区分局阿嘎如泰派出所所长马春雨。

初见马春雨，精壮身材，黝黑的面庞，憨厚的笑容如同一个长年耕作的老农民一样，朴实、忠厚、正直。而正是他，让乌拉特山脉南麓包头段这个屡禁不止的"乱点"重新披绿，再焕新颜。

植根于深山的"胡杨"

包头市九原区阿嘎如泰苏木地处包头市西部，占地面积327平方公里，近200平方公里为山区，矿产资源丰富，辖区内有金矿两座、铁矿一座。

其中2012年探明的一座特大型单脉体金矿，经济价值预估上百亿元。一些不法分子面对如此巨大的利益诱惑，动了盗采的念头。

随着该地区非法使用爆炸物和危险化学品采矿的现象增多，辖区派出所在排查搜集涉爆、涉矿产资源违法犯罪线索，对涉爆单位开展安全检查、督促落实安全制度等方面的工作重要性日益凸显。

2017 年，马春雨赴任九原区分局阿嘎如泰派出所所长。

从市区到山脚，来回 50 多公里的路程，山路崎岖颠簸，很多地方只能步行。有的山上去一次得一个多小时，下来需要三四个小时，山上到处都是碎石块，一不留神就会滑倒，一天下来，都没有力气回家。

在这 5 年中，马春雨先后用烂了数十副劳保手套、十几双登山鞋，更换了 12 条轮胎和 1 辆警用越野车。别人的车上放着生活用品，他的车打开后备厢，铁锹、镐头、绳索一应俱全，因为有些地方，需要"逢山开路、遇水搭桥"。

长期在深山里工作，马春雨也慢慢成了家里的"隐形人"，每天早上进山，手机便没了信号，与外界失去了联系，有时家里有急事找他，只能是发一条信息静待回音。马春雨的妻子是军人，相同的部队经历，让她一直无怨无悔地在背后支持与付出，成为马春雨多年坚守的极大助力。

这 5 年的守山经历，可以用"脏、累、险"来形容。

2019 年夏天，马春雨带领一名同事去一个盗采矿点进行夜间蹲守，两人下午就上山进洞开始漫长的等候。黄昏时，嫌疑人还没来，蚊虫开始对他们发动疯狂攻击，每涂抹一次风油精最多坚持 5 分钟，携带的十几瓶风油精很快用完了……最终马春雨和同事带着满身的蚊子包，押着嫌疑人凯旋。

对马春雨来说，最危险的是每日的矿洞巡查。金矿一般都是洞采，不进洞就不知道真实情况，不下井就不能作出准确判断。而这些开采完的废洞或被盗采的矿洞，有的矿柱已被盗采者凿得只剩下一米左右，有的干脆凿掉矿柱换成木头支撑，矿洞也没有任何支护措施，随时有坍塌、冒顶的可能。

有的矿洞需要爬着进去，出来后经常是一身土一身泥。有次下山回来，马春雨顺路去药店买药，药店工作人员见他一身泥土，一看医保信息，工作单位显示是公安局，忍不住感慨，原来警察的工作这么辛苦啊……

智勇双全的"神探"

巡山寻的是线索，而通过线索进而全力打击，需要的更是丰富的经验。

如果不了解采矿行业，非法开采的危害性很容易被低估。其中，最直接的危害是破坏生态环境，盗采者往往在未经科学规划、没有有效保护的情况下，直接使用爆炸物或大型设备开采。更有甚者，在没有任何防渗漏和排污措施的情况下，使用剧毒危险化学品提炼矿产。

2019年3月查处的一起案件，嫌疑人在开采过的矿洞中使用危险化学品盗采黄金，药液在矿洞里循环流动，其危害可想而知。为进一步打击盗采矿产资源，污染环境，非法买卖、运输、使用、储存危险物品等违法犯罪行为，马春雨全力以赴，一刻也不敢懈怠。几年里，非法使用危险化学品提取黄金的案件，马春雨查处了21起。

2018年年初，在查处一起非法使用爆炸物品盗采金矿案时，盗采者对使用爆炸物品的违法行为百般抵赖。马春雨查探后发现，有

3 根没有起爆的导爆管深深地嵌在炮眼里，它们将直接影响案件的定性和下一步侦破方向。他冒着随时可能爆炸的风险，花了 2 个多小时，小心翼翼地将导爆管一点一点挖了出来。正是这 3 根导爆管，成为案件侦办的决定性证据。

◎ 马春雨在鑫达黄金公司巡查安全生产

办案需要勇气，更需要智慧与细心。

2019 年 3 月 13 日下午，马春雨带着同事在对阿贵沟嘎查的包头鑫达黄金公司一处废旧矿点进行巡查时，发现路上有汽车车辙的痕迹，其他人看了一眼就准备往前走，马春雨却停下来仔细查看。"前天来的时候没看到车辙痕迹，这肯定是今天有车经过后留下的！"随即，他带领同事立刻对这处矿脉进行搜查，很快在一处封堵过的洞口下面发现有土石松动的痕迹，在清除碎石之后，一个被刻意掩盖的洞口显现出来。"你们在外面，我下去！"不等其他人反应过来，马春雨已经下到矿洞，并在距离矿洞近 60 米处发现了正在工作的抽水机和选矿用的 8 个碳罐。确认没有盗窃嫌疑人后，马春雨立即与苏木政府、环保部门和鑫达黄金公司取得联系，联合对矿洞情况进行勘查，确保不发生二次污染后，邀请专业爆破公司对洞内的碳罐进行爆破捣毁，并使用机械深埋封堵洞口。像这样的矿洞，5 年来马春雨封堵了 197 个，从源头上让那些动歪心思的人打消了想法。

坚守初心的"北疆卫士"

2007 年，时任九原分局治安大队副大队长的马春雨，在对九原区西部沿山一带进行检查时，发现有人在盗采铁矿，随即立即组织精干警力加大对该区域的检查，而这个举动也同样引起了犯罪嫌疑人的警觉。

"你们巡山这么辛苦，车辆得好一点，只要一个月不去那边，我支援你们一辆越野车……"托中间人捎话的犯罪嫌疑人，满以为这样丰厚的诱惑，这样简单的要求，马春雨一定不会拒绝，结果却完全出乎他的意料。当场拒绝、顺藤摸瓜、成功收网，一个以武某某为首的非法制造、买卖、储存爆炸物品，非法盗采铁矿的犯罪团伙浮出水面并被一网打尽，随之起获的还有藏在居民家中的整整 20 箱炸药。一个巨大的安全隐患就此被连根拔除。

这样的事，在马春雨身上屡见不鲜。

九原区西部沿山一带有人长期靠盗采金矿生活，马春雨的到来无疑砸了他们的"饭碗"，引起了这些人的反感，排斥、威胁、不配合工作等情况如家常便饭。有些人见硬的不行，就来软的，动用各种关系来说情，希望马春雨能抬抬手，甚至许以金钱利益，也有直接寄礼物的。对此，马春雨都严词拒绝，"顶"了回去。他说，如果失去本心、破了底线，他就再也做不好这个守山人了。

马春雨用一次次干脆利落的拒绝，守住了一个警察的职业操守，守住了一个共产党员的初心使命。2020 年马春雨被包头市公安局党委评为清正廉洁标兵，这是对他坚守的肯定。

绿水青山就是金山银山的"践行者"

5 年前，马春雨上山时，山是荒凉的，其间夹杂着稀疏乱生的杂草，十几公里没有一户居民，看似没有一点生机……

200 平方公里的山区，一个人守好那是天方夜谭。如果没有本地人指引，很难发现那些深藏在山脉深处的矿洞。犯罪分子早就注意到了这个问题，用极其低廉的代价引诱当地居民带路、望风，初到此地的马春雨，刚开始工作并不算顺利。

为此，马春雨在加大打击力度的同时，联合当地苏木干部，同矿山周边居民一家一家接触，一家一家交流，讲政策、讲法律，话说了很多，成效却不是很明显。如何打破这个僵局，马春雨始终不得要领。

"我们这片土地，那羊都是散养的，吃青草、喝山泉水，味道营养那圈养根本比不上。"在牧民家中的一席话，点醒了马春雨这个梦中人。山里有水源、有嫩草，这就是牧民们最大的需求。

为此，他积极协调当地苏木，共同发动群众在政策法律允许的范围内自由放牧，并联系相关单位，提前预售羊肉，解决销路问题。在马春雨锲而不舍的努力下，终于有人开始在山脚放牧、获益、传播，越来越多的牧民开始了放牧的尝试。

这5年，有10多户居民在山间建了小房子。随着收入的增多，当地群众都明白了绿水青山就是金山银山的深意。挖矿，大型机械一进，草地不复存在；放牧，就要保护矿山，保护草原资源。

矿山周围的群众，每当发现当地有陌生人进入或者有新的矿洞出现时，都会第一时间同马春雨联系。牧民们无论何时见到马春雨，都会热情地请他进家中喝杯热茶。不住地感慨："老马，那是真正为人民着想的'赛音察格达'（蒙语'好警察'），是守护这座大山的'巴特尔'（蒙语'英雄'）。"

人不负青山，青山定不负人。这片层峦叠嶂的矿山中，没有了机器轰鸣的嘈杂声，没有了尘土飞扬的恶劣环境。取而代之的，是山地披绿，水草丰美。在这美丽的画面中，总会有一个不高但是很壮实的身影穿行其间，用藏蓝为这幅美景增添独特的色彩。

内蒙古自治区公安厅供稿

守护青山的"巴特尔"

◎ 徐 婷

广袤的乌拉特山脉南麓包头段，水草丰茂，牛羊成群。绿水青山间，初见马春雨，他身材精壮、面庞黝黑，笑起来很憨厚。正是他，协调当地政府共同发动群众，让这片曾被过度开采的大山重披新翠。

2017 年，马春雨调任内蒙古自治区包头市公安局九原区分局阿嘎如泰派出所所长。从此，他就像胡杨一样，深深扎根在阿嘎如泰。5 年里，马春雨用烂了几十副劳保手套，穿坏了十几双登山鞋，更换了 12 条轮胎和 1 辆警用越野车。别人的车上放着生活用品，他的车里铁锹、镐头、绳索一应俱全，因为有些地方要"逢山开路、遇水搭桥"。

马春雨这 5 年的守山经历，可以用"脏、累、险"来形容。对他来说，最危险的是矿洞巡查。

开采完的废洞或被盗采的矿洞，没有任何支护措施，随时都有坍塌、冒顶的可能。然而，不进洞就不知道真实情况，不下井就不能作出准确判断，所以马春雨几乎每天都要去矿洞巡查。有的矿洞

◎ 马春雨在废弃矿洞探查安全隐患

要爬进去，他经常是浑身泥土。有一次，他下山去药店买药，工作人员见他一身泥土，忍不住说："警察真辛苦啊！"

从包头市区到乌拉山山脚，来回 50 多公里，山路崎岖颠簸，山上遍布碎石，很多地方只能步行。马春雨上一次山，来回需要四五个小时。一天下来，他常常累得没力气回家了。长期在深山里工作，马春雨慢慢成了家里的"隐形人"。"妻子是军人，她理解我，更支持我。"他笑着说，妻子是自己的坚强后盾。

阿嘎如泰苏木，地处包头市西部，辖区里近 200 平方公里是山区，矿产资源丰富。一些不法分子面对巨大的利益诱惑，动了歪心思。非法开采，最直接的危害就是破坏生态环境。为保护好绿水青山，马春雨时刻都在与不法分子斗智斗勇。

2018 年年初，马春雨查处一起非法使用爆炸物品盗采金矿案，盗采者对使用爆炸物品的违法行为百般抵赖。马春雨仔细查探，发现有 3 根没有起爆的导爆管埋在炮眼里。冒着随时可能爆炸的风险，他花了 2 个多小时，一点一点将导爆管挖了出来。正是这 3 根导爆管，成为破获案件的关键证据。

办案需要勇气，更需要智慧与细心。一个车辙印，曾让马春雨停下了脚步。"前天来的时候都没看到车辙，肯定是今天有车经过留下的！"马春雨立刻带领同事搜查，一个被刻意掩盖的洞口显现出来。他立即联系相关部门，封堵了洞口。

像这样的矿洞，马春雨封堵了 197 个，从源头上打消了不法分子的念头。不法分子苦不堪言，他们威逼利诱，马春雨都严词拒绝"顶"了回去。他说："失去本心，破了底线，我就再也做不好这个'守山人'了。"

马春雨第一次上山时，山上长着稀疏杂乱的杂草，方圆十几公里内没有居民。近 200 平方公里的山区，一个人守好那是天方夜谭。怎么才能找到藏在山脉深处的矿洞，抓到狡猾的犯罪分子？马春雨第一个想到的就是发动当地群众。但他初到此地，大家对他不熟悉，刚开始工作时并不算顺利。

"我们这片土地，羊都是散养的，吃青草、喝山泉水，味道美得很。"马春雨走访时，牧民的一席话，点醒了他。

山里的水源、嫩草，就是牧民最大的需求。马春雨立即协调当地政府，发动群众在法律政策允许的范围内自由放牧，并联系相关单位，提前预售羊肉，解决了销路问题。

放牧，就要保护矿山、保护草原资源。5 年来，当地牧民的钱包越来越鼓，有 10 余户牧民还在山间建了房，大家越来越明白"绿水青山就是金山银山"的深意。

马春雨也成了当地群众最信任的人。每当发现有陌生人或者新的矿洞出现时，当地群众都会第一时间同他联系。牧民们无论何时见到马春雨，都会热情地请他到家中喝杯热茶，并称赞道："老马，那是真正为人民着想的'赛音察格达'（蒙古语'好警察'），是守护这座大山的'巴特尔'（蒙古语'英雄'）。"

《人民公安报》2022 年 10 月 3 日

张宇航

张宇航：守护乡村的雷锋式所长

2007 年，在警校就入党的张宇航顺利毕业，带着对公安工作的美好憧憬和满腔热忱回到了家乡——辽宁省抚顺市后安镇，成为一名基层派出所民警。刚回去的时候，还是待分配状态的张宇航就迫不及待地去后安派出所义务帮忙。可干了半个月的时间，心里犯起了嘀咕：这派出所工作给我的感觉跟我想象的警察咋不一样呢？全是今天你家丢个鸡，明天他家占我半根垄的鸡毛蒜皮的小事，根本就没有啥惊天动地的大案子。曾获得全国二级英模、全国优秀人民警察的老所长王波感觉到了年轻的张宇航情绪上的变化，他把张宇航叫到办公室，听了张宇航的想法后，王波说："你别觉得这些鸡毛蒜皮的小事不是事，在老百姓眼里这些都是天大的事，也是咱派出所的大事，如果处理不好这些小矛盾兴许就会变成大案件。咱们警察的根本职责是啥？是全心全意为人民服务。后安的百姓就是咱们的衣食父母，乡亲们的事就是咱们自己的事。"王波这番话，在年轻的张宇航心中种下一颗亲民爱民的种子。慢慢地，他发现不光老所长这么说、这么做，所里其他同志也都是把老百姓放在第一位，张宇航也逐渐喜欢上了自己家乡这个淳朴的派出所，他也时时提醒自己：要把老百姓的事放在第一位。

心怀百姓，做扎根农村的螺丝钉，
化解邻里小矛盾，打开百姓大心结

为了能尽快和老百姓打成一片，张宇航琢磨出一个"警民联系卡"，上面写上他的名字、照片、自己的手机号和派出所的座机电话，他走村入户的时候就把卡片贴到老百姓的"炕头"，卡片发了几百张，咋就没人来电话呢？这天，电话终于来了。

"宇航，你赶紧过来，这边有人打架啦。"原来是老赵家和老王家两家邻居，因为老赵家新盖的房子地基高于老王家，老王家担心雨水会流到自家院子，不让老赵家盖，于是双方抄起了家伙就要打，还是看热闹的老百姓掏出了小卡片给张宇航打了一个电话。接到电话赶来的张宇航和同事们把两家人强行分开，了解了一下情况。双方各说各的，都觉得自己有理，甚至两家有几个"刺头"还嚷嚷着这事儿没完，为了彻底消除两家的矛盾，张宇航先是拿着派出所印制的"打架成本温馨提示"来到老王家，给老王全家普及法律知识，接着又来到老赵家细细地讲邻里相处之道。

"因为俺家和老王家房子的事，大热天的天天往咱这跑，派出所这么忙还花时间和精力给俺们解决问题，俺们全家都很感动，宇航这事你说咋办咱就咋办。"老赵发自内心地说。

张宇航见双方都消了气，趁热打铁把两家都叫到派出所调解室，在张宇航和司法所工作人员的调解和见证下，双方就建房的事签下和解协议。打那以后，乡亲们有事拿起小卡片就打电话，张宇航总是第一时间赶到，坐在炕头与乡亲们拉家常、解心结成了家常便饭，大家管这叫"炕头110"。

农村工作最怕啥？最怕两家打架。张宇航爱动脑筋，也喜欢琢磨，他结合农村特点，首创了公安与司法共同参与的"公调对接"新模式，让懂法律、有威望的群众作人民调解员，和民警一同配合调处纠纷、化解矛盾。这个做法在派出所矛盾化解中可起了大作用。

那年腊月二十八天，还没亮，张宇航接到了在屠宰场打更的老赵的电话，说门口有俩人动刀子了，让张宇航赶紧来。休息在家的张宇航随手抓了件衣服就往屠宰场赶。到地方后，张宇航先是把王某来手里的刀夺了下来，然后把他叫到旁边了解了一下情况。原来，当天杀猪的人特别多，王某来拿到猪后，发现自己送去的260多斤重的大肥猪"缩水"了50多斤，根本不是自己的猪，再仔细一看原本猪屁股上用洋钉子划的记号——一个"王"字也没有了，这时候听排队的村民说，排在王某来前面的王老二车上那头猪挺大，王某来便堵住开车要走的王老二，一看猪屁股上有个"王"字，便想要回那头猪，王老二说啥不让王某来拿，俩人就抢起了刀子。听完王某来说的，张宇航又把王老二叫到一边，老王头一口咬定车里的猪就是自己的，还一边嚷嚷着："你姓王我也姓王，怎么带王字的就都是你家的？"张宇航一看王老二车上的猪屁股上确实有个"王"字，但是王老二说的也对，都姓王，单凭这个无法确定猪到底是谁的。张宇航又问双方自家养的猪还有啥记号？王某来想了想说自己家的猪前些日子跟其他猪抢食的时候掉了一颗牙，张宇航过去把猪嘴一掰开，确实少颗牙。张宇航又到厂里调了监控，原来是屠宰场的人看到王老二就以为屁股上带"王"字的猪是他的，就把这头大肥猪给了王老二。随后，张宇航找来了司法所和村委会，用"公调对接"的方式在大家的见证下，把误会解开，俩人高兴地拉着各自的猪回家过年去了。

现在"炕头110"和"公调对接"成了后安派出所和谐邻里关系的两个法宝，炕头上的"警民联系卡"发放了万余张，成功调解了400余件矛盾，避免了"小纠纷"变成"大案件"，邻里和睦，促进了生活和气、性情和顺、社会和谐。

心怀家国，做勇于担当的连心桥，护企安民有办法，紧要关头当先锋

"我一直在后安生活工作，这两年，家乡发生了翻天覆地的变化，一个个项目落地后安，我打心眼里高兴啊。可外来的企业多了，就会和老百姓产生摩擦。这时候，我们派出所民警就是沟通企业和老百姓之间的桥梁，就得守好护企安民工作的第一道防线。"打开了老百姓的心结，张宇航又惦记上了带领乡亲们致富。

要想富，先修路。随着经济发展，小农村也在发生大变化。2018年省级公路沈通线扩建，张某家养鸡场处于扩建范围内，政府相关部门从2017年年底就开始跟他商量他家征地的事，但是补偿金额始终没有谈妥。老张全家天天到施工现场堵路、闹事，严重影响施工进度。要知道每耽误一天工期，企业就要损失好几万元，整得企业苦不堪言，多次向党委政府和派出所诉苦、求助。张宇航知道了，主动承担起这个艰巨的任务。从那以后，老张天天堵路，张宇航天天"堵"老张，最多一天就去了6次，一方面是群众利益，另

一方面是工程进度，张宇航终于想出个招，建议通过第三方对土地进行评估，企业同意，老张也同意。通过鉴定，最终张某就征地补偿款事宜和政府达成一致，项目的最后一个"钉子户"得以解决。现在看看后安镇外环的4排车道，那叫一个宽阔。

俗话说得好，"三亩地、一头牛、老婆孩子热炕头"曾是农村百姓幸福生活的写照。2021年，国家重点工程沈白高铁后安段开工建设，又要征地，又有几家对补偿标准不满意，大伙知道这回张宇航父母的两亩水田也在施工范围内，就想看看这个所长家如何赔偿，张宇航知道后回家找到了父母，父母不愿意将家里的地征出去，张宇航能理解，父母这辈子就是脸朝黄土背朝天的农民，这地比自己的命都金贵。张宇航便把这个沈白高铁的重要性讲给父母听："沈白高铁是国家八横八纵高速铁路主通道的区域连接线，是连接辽宁和吉林两个东北'哥们'的重要线路，这条线要是修起来，别说咱后安，整个抚顺县乃至抚顺市都会带来经济效应，牺牲点咱家的小利益算个啥？"看着说得眉飞色舞的张宇航，父亲拍拍他的肩膀说："宇航啊，爹娘辛苦一辈子就靠这两亩地过日子，将来这地也是留给你，既然你说这高铁得建，对咱国家好对俺们老百姓好，我和你娘也不是不明事理，我们绝不能给国家拖后腿！"随后，张宇航陪着父母一同去把补偿协议给签了，这下不满意的也无话可说了，都与政府签订了协议。

多年来，张宇航带领全所民警为企业化解矛盾百余件，破获案件30余起，挽回经济损失近千万元，派出所成了党委政府、辖区企业、老百姓之间的连心桥，深得信任、广受赞誉。后安镇的老百姓都说这个所长是党派来的好干部。

心怀大爱，做雷锋精神的传播者，
凝心聚力齐奉献，群防群治护安宁

2015 年，张宇航被抚顺市公安局评为"警营雷锋"，他的学雷锋之路很早就开始了。生在雷锋精神的发祥地抚顺、长在红色抗联老区后安镇的张宇航从下定决心在派出所扎根的那天起，就带着所里的民警、辅警学雷锋，到成立"后安派出所三块石学雷锋志愿服务队"带动全镇百姓弘扬雷锋精神，建设和谐美丽乡村。

后安曾是抗日英雄杨靖宇当年的秘密营地，山高林密、地势复杂，吸引了大批"驴友"来挑战自我。这样一来，找不着方向的、找不着道路的时有发生。张宇航带着服务队的队员们年年都得找回几个来，他们还曾救回两名外国留学生。这俩留学生和学校的同学们周末一起"慕名"来探险，在山上赏着景、拍着照便跟其余几个同学走散了，同学们下山等了一段时间，给他俩打电话联系不上，眼看着天都黑了，便慌忙找到派出所求助，张宇航便和队员带着手电、鞭炮赶到山根下。同学们也为眼前这个警察带的救援设备感到一头雾水，鞭炮是干啥用的？原来啊，这就是张宇航和队员们的法宝，因为山里手机没有信号，所以只能靠鞭炮当"信号弹"来指引迷路的人，这方法百试百灵，每隔几分钟就放几个，一个多小时的工夫张宇航就带着服务队的队员们在半山腰找到了两名留学生，两名留学生操着不太流利的中文竖起大拇指说道："警察厉害，谢谢你们！"时间久了，大家都说他们是这片"山野迷宫"无可替代的专业救援队。

"服务队刚成立那阵，我看宇航老带着大家去给村里老人剪头、去河边捡垃圾，起初我以为他们就是做做样子。后来，看他们老去啊，我也感觉这事儿挺好，一想我以前犯过错误，也得做点好事，向派出所学习学习，就一直跟着服务队一起去献爱心。后来，别人看我也做好事，就劝我，要不你也建个群吧，现在我也建了个爱心群，在群里学雷锋，帮助需要帮助的人。"三块石学雷锋志愿服务队队员老刘这样说。

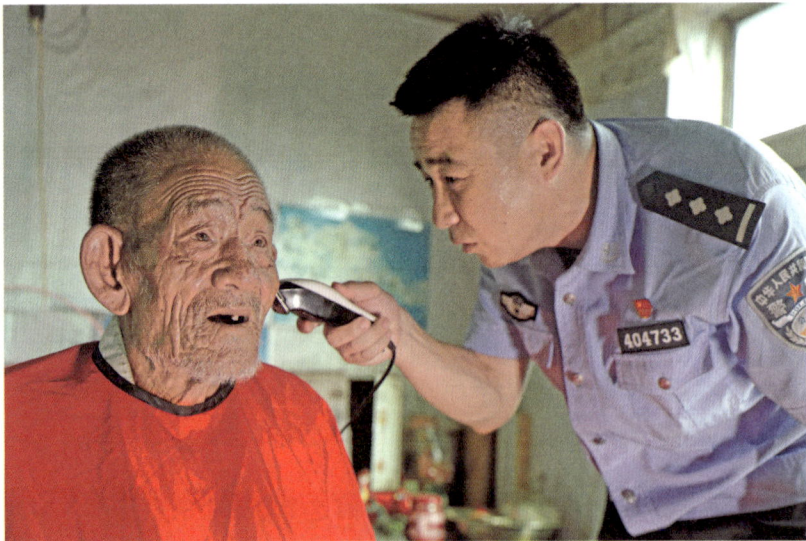

◎ 张宇航为辖区老人理发

在这个志愿服务队中，不仅有老刘这样的队员，除了机关干部、普通村民，还有产业工人和个体经商户，连以前老闹矛盾的企业和村民如今也成了一个队里的队员。星星之火可以燎原，越来越多的人加入进来，如今三块石学雷锋志愿服务队已经从一开始派出所的几个人壮大到上百人。人多了，志愿服务活动能干的也就更多了。

后安地处大伙房水库上游，张宇航了解农民的生产、生活习惯，许多村民开春种地的时候用完的农药瓶随手就丢弃在田间地头，到了连雨天农药瓶就顺着河沟冲到水库里去了。那些被丢弃到山上、河边的农药瓶，一旦流入水库，将严重污染河流，危及下游全省7个城市居民的用水安全。张宇航带着队员利用业余时间和节假日一编织袋、一编织袋地捡这些被随手丢弃的农药瓶和垃圾。就连来后安休闲游玩的游客也被他们的举动所感染，便自发加入到他们的行列中，不仅把自己的垃圾收拾干净了，还会帮队员们多捡一些，附近没有垃圾箱就开车拉到固定的倾倒点，一同来守护这片绿水青山。

现在志愿服务队的每一个成员在守护家乡、传递爱心的同时，也成为守望平安的治安联防员，他们给派出所提供可疑线索，帮着发现嫌疑人员。那年，休息在家的张宇航接到服务队队员张姨的电话，说一个醉汉在她家店门口拿斧子砸摩托车车锁，让他赶紧来。张宇航赶到后对其进行盘查，那醉汉拒不配合还企图反抗，拿着螺丝刀就奔着张宇航冲过来，张宇航一个侧身，死死按住他的手，这家伙仗着自己体格大，借着酒劲儿跟张宇航扭打在一起。在附近巡逻的民警和服务队队员闻讯赶来，配合张宇航将其制伏，带回所里，这时候张宇航才发现自己身上被对方拿螺丝刀划伤十几处。

后安派出所"三块石学雷锋志愿者服务队"现在已经成了后安地区的"万事通"，除了山地救援、辖区巡逻、守护环境外，还跟着派出所帮扶群众、义务理发、植树造林，帮着派出所做好疫情防控、反诈宣传……2013年服务队成立以来，先后组织活动200余次，清理大伙房水库周边废弃农药瓶40余万个、垃圾废品600余袋；义务植树3.5万株；长期帮扶困难群众23户，捐款捐物约40万元；常年坚持为辖区敬老院 30 余名老人定期上门理发；协助派出所抓获现行违法犯罪嫌疑人 20 余人，破获各类案件 10 余起，后安地区治安环境越来越好，发案率越来越低，老百姓守法意识越来越强，学雷锋的人越来越多。

心怀党性，做守护生命的逆行者，
忠诚履职冲在前，力保全镇"零感染"

"我是党员我先上，我是领导我带头，我是民警跟我来。"这是张宇航危急时刻总要说的话，也是他始终践行党员民警担当使命的真实写照。

自从张宇航穿上这身警服，他就将党员使命注入自己的政治生命，无论多险多重，他都率先垂范，冲在最前。自参加工作以来，不管是日常的社会面治安防控体系建设，还是在北京奥运会、党的十九大、国庆 70 周年、建党 100 周年等重大安保任务中，他始终冲锋在前，勇挑重担。在 2020 年伊始的新冠肺炎疫情防控阻击战中，他又一次在全所战友面前喊出："我是党员我先上，我是领导我带头，我是民警跟我来"的话语，瞬间点燃全所抗疫的激情。按照"外防输入，内防扩散"的防控工作要求，他亲自带队深入村屯，对探亲、返乡等一切外来人员进行地毯式排查，对上级下交的重点人员和辖区居家观察重点人员全部立档建册，实行各驻村民警、辅警每天早中晚 3 次"零报告"制度，确保不漏一户，不漏一人。战"疫"期间他吃住在所，废寝忘食连续奋战 70 余天，对全镇 6127 户常住居民开展逐一走访后，排查出省内外返乡人员 200 余户共计 500

余人，其中：省内返乡人员300余人，其他省外返乡人员200余人，国外返乡人员10余人。并对重点疫区返乡人员进行严格管控、集中隔离，交出了辖区内返乡人员登记零误差、零感染的满分答卷。随着疫情不断反复，张宇航在所里成立了疫情防控党支部，充分发挥党支部堡垒作用。

习近平总书记说，雷锋是时代的楷模，雷锋精神是永恒的，我们既要学习雷锋精神，也要学习雷锋的做法，把崇高的理想信念和道德品质追求转化为具体行动，体现到平凡的工作生活中，作出自己应有的贡献，把雷锋精神代代传下去。张宇航将习近平总书记的话内化于心、外化于行，立足岗位用实际行动践行和弘扬雷锋精神，他曾先后获得"全国优秀人民警察""辽宁省最美警察""辽宁省优秀人民警察""辽宁省公安机关十佳青年民警""辽宁省优秀青年志愿者""辽宁省孝老爱亲好青年""抚顺市雷锋式政法干警""抚顺市青年五四奖章"，抚顺市公安局"警营雷锋"等荣誉称号，荣立个人二等功2次、三等功7次，获嘉奖9次。

坚守从警初心，扎根农村一线，张宇航诠释了新时代青年的追求与奋斗；15年，在一个所，守一片乡土，一步一个脚印，张宇航更加明白了"对党忠诚、服务人民、执法公正、纪律严明"的深刻内涵。他是乡亲们信得过的党员干部，是老百姓离不开的警营雷锋！

辽宁省公安厅供稿

扎根农村的"警营雷锋"

◎ 邬春阳

辽宁抚顺，是雷锋精神的发祥地；后安，是抗联革命老区。在这里，有一名"警营雷锋"家喻户晓。15年里，他两次放弃进城工作，足迹遍布老区的田间地头⋯⋯

他就是辽宁省抚顺县公安局后安派出所所长张宇航，一名扎根农村、用实际行动践行和弘扬雷锋精神的"最美基层民警"。

"我是土生土长的农村娃，乡亲们的事儿就是我的事儿。"怀揣着这样朴素的念头，2007年，从警校毕业的张宇航回到家乡抚顺市后安镇，成为一名基层民警。

初来乍到，为了能尽快和乡亲们打成一片，张宇航琢磨着制作了一张警民联系卡，上面留下名字、照片，还写上自己的手机号，走村入户时就把卡片贴到老百姓的炕头。

很快，"炕头"警务就发挥了作用。联系卡贴出去几百张，主动联系张宇航的群众越来越多，邻里间的家长里短也成了他每天都要处理的紧要事。

农村工作最怕啥？最怕矛盾纠纷激化。

张宇航很快发现，化解邻里小矛盾对维护乡村和谐稳定至关重要。爱动脑筋的他马上结合辖区村民纠纷特点，创新公安与司法共同参与的"公调对接"新模式，让懂法律、有威望的群众做人民调解员，和民警一同配合调处纠纷、化解矛盾。

如今，"公调对接"早已成为后安派出所和谐邻里关系的重要法宝，炕头上的警民联系卡也发放了万余张。张宇航和同事累计成功调解矛盾纠纷 400 余件。

"我不愿意走，我要一直扎根在这片生我养我的土地上。"村里条件艰苦，张宇航不在意，并且两次放弃了调回城里工作的机会。他常说，自己受雷锋精神的影响很深，觉得自己就该是一颗螺丝钉，钉在最需要他的地方。

2015 年，张宇航被抚顺市公安局评为"警营雷锋"。其实，生

◎ 张宇航带领志愿者服务队拾垃圾

在雷锋精神的发祥地抚顺、长在红色抗联老区后安镇，张宇航的学雷锋之路很早就开始了。从决定扎根派出所那天起，他就一直带领所里的民警、辅警学雷锋。

为了更好带动全镇百姓弘扬雷锋精神，张宇航发起成立了后安派出所三块石学雷锋志愿服务队，将雷锋精神注入群防群治工作，用心建设和谐美丽乡村。

志愿服务队很快就壮大到上百人，不仅机关干部、村民踊跃参加，队伍里还有产业工人和个体经商户，连以前老闹矛盾的邻里如今也成了一个队里的队员。

如今，志愿服务队成了后安地区的"万事通"。除了山地救援、辖区巡逻、守护环境，队员们还积极参与派出所组织的帮扶群众、义务理发、植树造林等活动，在守护家乡、传递爱心的同时，也成了守望平安的治安联防员。

一次，休息在家的张宇航接到志愿服务队队员的电话，称一名醉汉在她家门口拿斧子砸摩托车车锁。张宇航闻讯后立即赶赴现场进行盘查，谁知醉汉拒不配合，还借着酒劲儿跟张宇航扭打在一起。

最终，张宇航在附近巡逻民警和闻讯赶来的志愿服务队队员的配合下，将醉汉制伏。等回到所里，他才发现自己身上被对方拿螺丝刀划伤了10余处。

"在一个所，守一片乡土。学习雷锋精神，就是要把崇高的理想信念和道德品质追求转化为具体行动，在平凡的工作生活中作出自己应有的贡献。"张宇航表示，自己爱这片乡土，要坚守从警初心，一直做乡亲们信得过的党员干部，做百姓离不开的"警营雷锋"。

《人民公安报》2022年10月4日

何 欢

何欢：在边陲户籍窗口架起警民"连心桥"

何欢，中共党员，大学本科学历，2014 年参加公安工作，现任吉林省集安市公安局户政管理大队民警。先后获得"吉林省优秀人民警察""吉林省十佳群众满意户籍内勤""吉林省警爱民模范""通化市警爱民模范""通化市优秀青年志愿者"等荣誉，荣立个人三等功 1 次，获嘉奖 3 次。

"您好，请问您要办理什么业务"，吉林省集安市公安局户政大厅内，一位年轻俊俏的女警官向每一位前来办事的群众热情地打着招呼。

她叫何欢，是集安市公安局户政管理大队民警。8 年来，她对待工作精益求精，对待群众热情诚恳，始终坚守在公安局户政大厅窗口服务岗位上，时刻牢记"全心全意为人民服务"的宗旨，用无私奉献架起了一座警民"连心桥"。

面对组织给予的诸多荣誉和辖区群众的交口称赞，何欢腼腆地说："作为一名党员，这都是我应该做的。"

敢为人先，她是创新服务的"领路人"

近年来，吉林省公安机关在便民服务方面不断深化改革，其中，异地办理居民身份证便是一项重要便民举措。为了搞好和推广这项工作，省公安厅将集安市公安局定为全省试点单位。何欢得知此消息后，主动向局领导请战，要求由她来完成这项业务的测试工作。局领导考虑到此项业务使用的是全国统一的新系统，各省现有的设备不同，测试中经常会出现程序不兼容、设备不匹配、数据不流转等问题，要想解决这些难题，需要做大量艰苦细致的工作。何欢本职工作本来就很忙，根本没有时间和精力来完成此项任务，开始没有同意何欢的请求，准备专门成立一个攻关小组来开展此项工作。可是何欢坚决说，现在局里人手紧张，一个萝卜顶个坑，这项工作就交给我吧。白天没有时间我可以晚上干，保证完成任务！看到何欢如此的决心，局领导便答应了她的请战。

从此，被同事称为"工作狂"的何欢白天热情接待每一位前来办理业务的群众，晚上加班到深夜搞测试，仅十几天就瘦了十几斤，有一次因过度劳累竟晕倒在办公室。也不知道过了多久，当她醒来时却发现自己躺在冰凉的地上，她坐了起来，望着空旷的大厅，感觉自己很无助也很后悔，当初怎么就非要接这个活，想着想着竟放声哭了起来，哭够了，准备第二天向领导报告，放弃这项工作。就在她走出大厅的刹那间，停住了脚步，心想我不能放弃，全局民警的目光都关注着我，况且自己还向领导立下了军令状，假如自己半途而废，岂不辜负了领导一片苦心，想到这她擦干眼泪，不服输的劲头又上来了，返回办公室再次钻研起来。

此后，何欢查阅了大量的资料，虚心向技术人员请教，经过近半个月不眠不休的艰苦努力和反复不断的安装调试后，终于攻破了各个难题，在全省第一个成功受理了外省异地居民身份证办理。从黑龙江来集安务工的杨女士激动地说："居然不用返回老家就把证办了，这在以前我是连想都不敢想！"

在省公安厅举办的全国居民身份证异地办理业务培训班上，何欢介绍了工作经验，并分享了精心制作的系统安装调试操作手册、业务办理指南等经验资料，推动了吉林省顺利开展此项工作。与此同时，何欢还代表吉林省完成了与广西、新疆、西藏等地联调联测任务，推动了在全国更大范围内实现居民身份证异地办理，助力吉林省成为全国第一个与所有省份实现异地身份证受理的省份。

一次在外宣传时，一名白发苍苍的老大娘接过何欢发放的宣传单，边看边说："哎，人老不中用喽，眼花看不清了。"就是这一句话，让何欢陷入了沉思。

于是，何欢便开设了"集安户政微直播"和"集安户政微播报"栏目，何欢以群众喜闻乐见的直播、播报形式向群众广泛宣传常见业务办理流程，并利用微信、抖音、美篇等平台向群众讲解户政推行的各项便民措施，这些作品创意新颖、通俗易懂，深受广大群众的喜爱。

面对群众的喜爱，何欢没有止步不前，而是带领更多同事共同进步，她在提高自身业务水平的同时，多次通过"微课堂""微直播"等线上培训方式，为全市户籍民警授课。听过何欢授课的民警都说："感到受益匪浅，对我们提升业务水平十分有帮助。"

渐渐地，何欢的名声传出去了，她先后两次受邀参加省公安厅组织的户政业务培训，为全省户政部门同行授课，介绍先进工作经验。她精心整理制作的培训课件，内容丰富、新颖、实用，多部课件被省公安厅采纳并推广使用。

因业务能力强，同事们亲切地称她为"何大拿"。何欢的先进事迹还曾被人民公安报和吉林日报、北方法制报报道。

情系百姓，她是服务群众的"暖心人"

何欢在集安市算是个"名人"，来公安局户政大厅办理过业务的都知道有这么一位乐于助人的美女警官，她用热情的笑脸、耐心的话语、贴心的服务打造了集安市公安局为民服务的一张名片。

为了让群众能够随时随地了解、咨询、预约户籍业务，她率先开通了"7×24小时线上服务"，将自己的手机号码作为"咨询预约电话"对外公布，同时组建了12个便民服务微信群，通过发布通知、答复咨询，使群众可以提前了解业务办理程序、随时预约办理时间，真正让群众"最多跑一次"就能办理业务。

2021年8月16日，史女士通过微信向何欢求助，称其在国外工作，因居民身份证到期，银行卡、微信等使用受限，受疫情影响，无法回国办理，焦急万分。何欢了解情况后，立即向史女士介绍了公安机关新推出的因疫情无法回国人员委托国内近亲属代办身份证期满换领业务，并线上指导史女士准备所需材料，顺利为其办理了证件。

◎ 何欢走访慰问辖区群众

几天后，视频通话再一次接通，已经收到证件的史女士眼含热泪，哽咽着对何欢说："何警官，谢谢你！在我身处异国他乡倍感无助的时候，是你帮助我解决了大难题，让我感受到了人民警察热心的服务和祖国的温暖！"

一个早晨，何欢远远地看见一名男子焦急地在户政大厅门口徘徊，走上前询问得知，该男子的女儿是当年的高考考生，高考临近，昨天晚上发现女儿身份证丢失了，因为怕证件丢失影响高考，这名家长一晚上都没睡好。何欢见此情形立即向该名男子介绍户政部门开辟的高考考生办证"绿色通道"，这名男子才安心。看着这名男子重重的黑眼圈，何欢的脑子里又出现了一个新的想法。

在她的努力下，"高考生服务群"成功组建，第一时间掌握考生的办证需求，提供预约办证和紧急办证服务，老师和学生们纷纷为其高效便民的服务点赞。

为了方便年迈患病等行动不便的群众办理户籍业务，主动提供"上门服务"也是何欢经常做的工作。2020年8月13日，居民张某打电话求助，称其母亲在办理医保时发现身份证丢失，但母亲年迈患病，无法到公安机关窗口办理。中午下班后，何欢携带设备、冒着大雨来到了张某家中为老人上门办证。张某一家十分感动，张某的母亲拉着她的手激动地说："好孩子，你辛苦了。"

多年来，何欢共办理各类户籍业务2万余件，通过线上答复群众咨询问题2万余个，提供预约服务600余件，得到了辖区群众的广泛好评。

何欢不仅有一套服务群众的本领，她还是个胆大心细、文武双全的女汉子。那是2021年8月的一天，她在窗口为群众办理业务，细心的她发现在窗口办业务的一名男子形迹可疑，但她不动声色在为这名男子办理开具证明业务时，确认该男子是一名网上在逃人员，她假借上卫生间立即通知男民警一起将此人抓获，同事们纷纷称赞道：何欢真是个文武双全的"何大拿"。

勇毅前行，她是"疫"无反顾的"逐光者"

2022年5月，集安市暴发新冠肺炎疫情，为全面做好疫情防控工作，集安市陆续启用20个隔离点。

何欢所在的户政大队负责隔离点的执勤安保工作。为做好执勤民警的后勤保障工作，何欢奔波往返于多个隔离点之间，搬运物资、搭建帐篷。

隔离点工作人员说："别看她身板瘦弱，干起这些重体力活她一点也不比男同志差，始终冲在前面。"

隔离点内的执勤民警不但任务繁重，还面临着一定的感染风险，思想和心理上都容易产生波动。为缓解执勤民警的心理压力，何欢利用休息时间与执勤民警谈心，安抚大家情绪，了解大家的难处和需要，全力帮助大家解决后顾之忧。民警们都说，何欢一来，一片欢声笑语，让人都不觉得累了。

其实，何欢的身体并不算好，胃病、关节炎等疾病长期困扰着她。疫情防控期间，何欢每日穿着密不通风的防护服，忙起来三餐不定时，休息时间更是不固定，但她从不叫苦喊累，每当病痛发作时，她就偷偷吃几粒药丸顶一顶，始终坚守在抗疫一线。

与此同时，何欢心系即将参加高考的考生，为身份证丢失、因疫情居家隔离无法前来办理的考生开辟办证"绿色通道"，采用"线上办理＋送证上门"的服务形式为考生解决高考用证问题。考生和家长纷纷表示，集安公安太给力了！

"我是一名民警，我代表的不仅是我自己，还代表了集安公安的形象，我得好好干，要做一束光，带给群众便利和安全，决不能给集安公安丢脸。"何欢说。

何欢的爱人也是一名公安民警，疫情防控期间，夫妻二人将年幼的女儿托付给了何欢年迈患病的公婆照顾。因工作连续多日无法同女儿见面，实在想念时，何欢就通过微信视频和女儿说说话。

"妈妈，我好想你，你什么时候回来？"看到女儿哭成个泪人，何欢也哽咽着对女儿说："好孩子，妈妈也想你。你要听爷爷奶奶的话，等把疫情赶走了，妈妈就回家看你，给你买你最爱吃的沙琪玛！"

真诚善良，她是群众的"贴心人"

何欢的真诚与善良不仅体现在日常工作中，也体现在生活中，早在 2016 年，她就加入了集安市爱民志愿者协会，多年来她一直利用业余时间深入辖区特困家庭、敬老院等对特殊群体开展帮扶活动。

何欢多年来都是利用周末时间，与志愿者协会的同志们一起到敬老院为孤寡老人们打扫卫生、包饺子忙个不停，还把自己创作的舞蹈跳给老人们看，每次都带来新节目，这些孤寡老人都笑得合不拢嘴。

辖区居民徐大娘提起何欢满是赞誉。徐大娘多年独居，生活十分贫困，性格较为孤僻，不擅长与人交流。何欢在一次走访中认识了徐大娘，从此和徐大娘结下了不解之缘。何欢先后多次到徐大娘家中"拉家常""套近乎"，帮助她做家务、收拾院子，每次去都不空手，买米面油送给老人。渐渐地，老人盼着何欢来，把她当成了无话不谈的"亲闺女"。

为了解决徐大娘生活拮据的问题，何欢主动联系民政部门，想为徐大娘办理低保，在为徐大娘准备办理低保手续的过程中，她发现徐大娘多年前在办理户口迁移时遗失了迁移证件，但却一直未申请补办，所以至今还没有落上户口。了解此情况后，她立即向领导请示汇报，并着手为徐大娘完善补录户籍手续，在为徐大娘办理了户口和身份证后，又帮助徐大娘成功办理了低保。当把这些证件送到徐大娘手中时，刚强的徐大娘流着泪，一把将何欢搂在怀中……

徐大娘并不是个例，作为志愿者协会助学组的成员，何欢和其他组员一起，常年资助多名贫困学生，定期送去爱心钱款和物品。

2019 年，品学兼优的小王即将升入集安市重点高中，但因其家庭困难，上高中的费用成了一家人的负担，为了让小王顺利上学，3年来何欢和助学组成员们定期为小王送去助学款，解决小王学费和生活费问题。

近日，小王给何欢发来了喜讯，其高考成绩已超出重点本科分数线，被延边大学录取。得知这一消息，何欢鼓励小王："上大学后一定要努力学习，不负众望，姐姐等着你的好消息。"小王也回复道："一定，将来要和何欢姐姐一样，做一个帮助别人的人。"

从警 8 年，何欢不知度过了多少个忙于工作的不眠之夜，数不清为群众解决了多少烦恼、办了多少实事，但群众满意的笑容永远刻在了她的心里。为民服务，这是何欢从警的初心，她用无悔青春诠释了一名人民警察的爱民情怀。

吉林省公安厅供稿

绽放在户籍窗口的"最美警花"

◎ 刘 巍

2022 年 9 月，中宣部、公安部向全社会发布 2022 "最美基层民警"先进事迹。38 名最美基层民警，一个个闪亮的名字、一桩桩感人的故事，刻写下人民警察不忘初心、恪尽职守的奋斗历程，展现着基层民警对公安事业和责任使命的无悔担当。

光荣入选的 38 人中，吉林省集安市公安局户政管理大队民警何欢名列其中。

说起何欢，集安市公安局户政管理大队的民警们都会竖起大拇指，夸她是个"名人"，因为许多群众手机里都有她的电话号码、给她打过电话。

自 2017 年起，何欢便将自己的手机号码作为户籍业务"咨询预约电话"对外公布，"7×24 小时线上服务"不打烊，累计答复群众咨询问题 2 万余个，通过线上提供预约服务 600 余件，让群众"最多跑一次"就能把事办好。

◎ 何欢为办事群众发放警民联系卡

敢于攻坚，她是创新服务的"领路人"

近年来，吉林省公安机关持续深化"放管服"和"最多跑一次"改革，相继推出多项便民举措。2016年，省公安厅以集安市公安局为全省试点，开展全国居民身份证异地办理工作。

办理此项业务使用的是全国统一的新系统，各省当时现有设备不同，测试期间会出现程序不兼容、设备不匹配、数据不流转等问题。想要解决这些问题，需要做大量艰苦细致的工作。

得知此消息后，因业务能力突出而被同事昵称为"何大拿"的何欢主动找到领导："这项工作就交给我吧，白天没有时间我可以晚上干，保证不耽误正常工作，也保证尽快完成任务！"

此后，何欢白天热情接待群众、办理业务，晚上加班到深夜搞测试。她抓紧一切时间查阅大量资料、虚心向技术人员请教，反复安装调试系统设备……半个月后，部分浏览器无法正常办理、指纹仪注册后无法正常采集指纹等难题被逐个攻破，集安市公安局在全省率先开通了全国居民身份证异地办理。

情系百姓，她是爱民助民的"贴心人"

从警 8 年来，何欢始终坚守在公安户政大厅窗口服务岗位，牢记"全心全意为人民服务"的宗旨，用热情的笑脸、耐心的话语、贴心的服务打造了集安市公安局为民服务的一张名片，架起了一座警民"连心桥"。

2021 年 8 月 16 日，焦急万分的史女士通过微信向何欢求助，称其在国外工作，居民身份证到期，受疫情影响无法回国办理，银行卡、微信等使用受限。何欢了解情况后，立即向史女士介绍了公安机关新推出的因疫情无法回国人员委托国内近亲属代办身份证期满换领业务，并线上指导史女士准备所需材料，顺利为其办理证件。

不久后，视频通话再一次接通，已经收到证件的史女士眼含热泪，哽咽着对何欢说："何警官，谢谢你在我身处异国他乡倍感无助的时候帮助我解决了大难题，让我感受到了人民警察热心的服务和祖国的温暖。"

何欢的真诚与善良不仅体现在工作中，也体现在生活里。早在2016 年，她就加入了集安市爱民志愿者协会，多年来她一直利用业余时间深入辖区特困家庭、敬老院等特殊群体开展帮扶活动，资助多名贫困学生，定期送去爱心钱款和物品。

勇毅前行，她是"疫"无反顾的"逐光者"

2022 年 5 月，集安市发生新冠肺炎疫情，为做好疫情防控工作，集安市陆续启用 20 个隔离点。

人民至上，生命至上。何欢所在大队关键时刻"疫"无反顾，担负起隔离点执勤安保工作。为做好执勤民警的后勤保障工作，何欢奔波往返于多个隔离点之间，搬运物资、搭建帐篷。

隔离点工作人员说："别看她身板瘦弱，干起体力活一点儿也不比男同志差，始终冲在前面。"

在隔离点内执勤不但任务繁重，还面临着一定的感染风险。为缓解执勤民警的心理压力，何欢利用休息时间与执勤民警谈心，安抚大家情绪，全力帮助大家解决后顾之忧。民警们都说："何欢一来，一片欢声笑语，大家都不觉得累了。"

其实，何欢的身体并不算好，胃病、关节炎等疾病长期困扰着她。疫情防控期间，何欢每日忙起来三餐不定时，休息时间更是不固定，但她从不叫苦喊累，每当病痛发作时，她就偷偷吃几粒药顶一顶，始终坚守在抗疫一线。

"只要看到群众满意的笑容，我就心满意足了。"这是何欢最真切的话语。她用无悔青春坚守了这份初心，以实际行动诠释了人民警察的爱民情怀。

《吉林日报》2022 年 9 月 28 日

2022
最美基层民警

路博阳

路博阳：与犬共舞，
青春在奋斗中闪光

路博阳，辽宁省新宾县人，1987 年 1 月生，中共党员，大学学历，2012 年参加公安工作，现任哈尔滨市公安局刑事技术支队警犬队副队长。2022 年 5 月荣获"全国优秀人民警察"，2022 年荣获哈尔滨市第 38 届劳动模范，2021 年 4 月被共青团黑龙江省委评为"全省首届杰出青年卫士"，2014 年以来多次被评为公安部沈阳片区警犬破案能手，所带警犬被公安部三次评为功勋犬，2019 年荣立个人二等功，2018 年全国第五届警犬技术比武室内搜捕个人单项第一名。

人"忠"犬"诚"，千锤无悔，
骨子里不服输的倔强

清晨 6 点，哈尔滨市道里区薛城路，警犬基地。在这个远离城市喧嚣的城乡接合部，一人一犬正在紧张训练，坐、卧、立、搜、快跑、跳圈、跳跃障碍……此时，他们已经训练了一个多小时，早已大汗淋漓。清晨到黄昏，酷暑到严寒，这是他们的常态，也是他们的坚守。

他叫路博阳，全国优秀人民警察。2012 年毕业于中国刑事警察学院警犬技术系，此后在基地埋头训犬，一干就是 10 年。因为路博阳是基地的负责人，训犬又是最棒的，所以战友们公认他是"龙警训犬王"。作为战斗员，路博阳亲手训练的"考本""无敌""尼莫"3 只警犬都是公安部功勋犬；作为指挥员，他带领全队训练出功勋犬总计 10 条。训犬工作的艰苦与特殊挑战令很多人望而却步，但路博阳对于警犬专业却有着无限热爱，在汗水、伤痛与疑难任务考验中，他与无言的战友共同见证了绝对忠诚、绝对纯洁、绝对可靠的信仰力量。

路博阳和他现在训练的警犬"考本"结缘在 2015 年。那时候，"考本"只有 6 个月大，刚刚断奶。好犬如烈马，让路博阳的手臂疼了好几天的一排大牙印，就是"考本"送给他的见面礼。警犬的启蒙训练对于警犬的潜能开发至关重要，为此，路博阳一连几个月 24 小时地忙着对幼犬的熟悉、照顾和启蒙训练。那段日子，也是路博阳本科自考考试的日子，时间上发生了冲突，路博阳毅然选择了放弃当年的考试——这也是"考本"名字的由来。为了把"考本"训练好，路博阳可是下足了功夫，清理卫生环境，合理搭配饮食，训练上拜访名师，路博阳是件件努力，事事用心。光是路博阳求教过的中外名师就有十几位。

路博阳的心中笃定一个理念，那就是光阴不负汗水。一次不行就十次，十次不行就一百次，只要功夫深，就没有做不成的事。路博阳不服输的性格潜移默化地感染着"考本"。人能拼，犬也拼，人犬合一，一拼到底。千锤虽辛苦，百炼终成钢。2018年，路博阳带着"考本"，参加他们的首次比赛——五年一度的全国警犬技术比赛。在100多对警界精英的激烈角逐中，路博阳和"考本"崭露锋芒，脱颖而出，以超过第二名4倍速度的绝对优势夺魁，一举收获了室内搜捕项目冠军。

路博阳的警犬战友不仅有"考本"，还有他亲手训练的搜捕犬"无敌"、血迹物证犬"尼莫"，它们都是公安部功勋犬，在他的带动下，全队已经训练出功勋犬10头。山林搜捕一度是全国搜捕警犬训练的弱项。2015年10月至2016年3月，路博阳和其他地区的9名警犬训导员，参加公安部全国山林地搜捕研究班，先后在北京怀柔和沈阳苏家屯进行研讨，目的是为全国更加有效地开展此类训练提供理论指导。路博阳在研讨期间，撰写论文《犬的猎捕动力与防御动力及转换时机的把握》，被《中国工作犬》杂志刊发。路博阳还在全国首创研发出了警犬多功能气味搜索训练箱，现已无偿向全国警犬技术行业提供技术支援。路博阳也入选了全国警犬技术人才库，成为公安部刑事技术青年人才、黑龙江省青年岗位能手、黑龙江省委组织部"百佳工匠"。

冲锋无畏，多跑一次、细搜一点，
就会找到线索

比赛只能检验训练成果，实战才是真正的舞台。多年来，在执行追踪罪犯、鉴别物证、搜索、押解看守、巡逻防暴、警卫等警务任务中，路博阳和他训练的功勋犬密切协作，屡屡发挥关键作用。

战场上的路博阳有一股狠劲儿、一股犟劲儿和一股专劲儿，他坚信，只要他和警犬多跑一次、细搜一点，就会找到线索。

在 2018 年的一起杀人灭门案中，路博阳带队追踪 17 公里，3只追踪犬接力追踪，连续两天两夜高强度作战，终于将嫌疑人逃跑路线锁定；在 2014 年的一起纵火案中，路博阳利用硬地面追踪，从外围提取的足迹气味开始追踪连续一个多小时，追踪距离长达 3 公里，直至追到一可疑人员家中，认定了犯罪嫌疑人张某，为村民直接挽回 20 多万元经济损失；在 2014 年的一起室内杀人抛尸案中，路博阳带犬室内搜索，在不足 20 平方米的地方搜索了几百次，最终，在一处拐角缝隙找到了一小块残留的血迹，经过比对直接认定了杀人第一现场；在 2020 年的一起强奸幼女案中，嫌疑人坐公交车逃离现场，也是路博阳带的警犬，在作案现场获得嗅源，为快速侦破案件指明了追踪方向。

◎ 路博阳带犬搜证

10 年来，路博阳带犬共计参加安检警卫和大型活动保卫任务 4000 多场次，利用警犬提供破案线索 80 多条，成功破案 45 起。

甘为训犬献青春，唯有热爱方能坚持和成就

路博阳与犬结缘还是从童年开始。那时候，外公养了一只不知道是什么品种的犬，后来外公去世，那只犬不吃不喝最终饿死在门前。忠犬可以对主人生死追随，这让懵懂的路博阳非常震撼，也是从那时候起，他也深深地喜欢上了这种忠诚的动物。于是，对警察职业充满热爱之情的路博阳考上中国刑事警察学院时，毫不犹豫地选择了警犬专业。

选择容易坚守难。路博阳说，训练警犬工作，3 年入行，5 年懂行，10 年才算出名堂，他无论遇到困难还是面对诱惑都没有过转行的念头，凭借着一腔对于警犬事业的热血，一心扑在业务训练和使用上，研究各种先进的训练方法，带领同志们埋头苦练，一人最多的时候就带了 6 只犬，分别训练搜爆、追踪、血迹、搜捕。训练警犬是个技术活，也是个危险活。训犬必须激发警犬的兴奋度甚至是迅猛程度，这对训犬员来说非常危险，像扑咬科目训练，训导员被咬伤是再平常不过的事了。路博阳在省公安厅担任黑龙江首届护卫犬训练班教官时，在一次扑咬训练中，有只攻击性强、脾气凶悍的犬在训练中误伤了他，幸亏路博阳反应及时，用手顶住了犬的鼻子，虽然未被咬到脖子，但是左手大拇指骨头被咬碎了。至今，他被犬咬伤 8 处。每当谈及此事他都笑称伤疤是"战士的勋章"。

唯有热爱，方能坚持和成就。训练警犬，脏、累、险、苦是常

态，孤独也是常态，长年累月跟这些无言的战友在一起，他身上有一股永远也洗不掉的"狗味"，别人可能会嫌弃，但是路博阳却常跟队员们讲，要是哪天谁的身上没了这个味，他也就不再是一名合格的警犬训导员了，因为这是这个职业的味道和光荣的味道。

路博阳刚刚接回幼犬"考本"的时候，他的爱人刚刚怀孕，为了照顾"考本"，不得不忽视了对爱人的照顾，直到临产都没能见上几面。于是妻子给女儿取名允来，意思就是期盼丈夫每一次允诺都能如期归来。但是远远比口头抱怨更多的，却是行动上的默默支持。女儿来来开口会说的前几句话就是奶声奶气的"爸爸、妈妈、'考本'哥"……

警犬无言，忠诚无声。其实，警犬无法理解工作的意义，只知道这样做，训导员会很高兴，于是警犬就会拼命照做，这就是警犬对训导员的服从和忠诚。

其实，路博阳最体恤警犬，警犬挨累受伤，路博阳最心疼。但是路博阳知道，警犬和他一样，也是一名战士，必须要不惜代价，刻苦训练，打击犯罪，守护安宁。

黑龙江省公安厅供稿

名副其实的"龙警训犬王"

◎ 刘 丹

清晨 6 点，黑龙江省哈尔滨市，警犬基地。一人一犬正在紧张训练，快跑、跳圈、跳跃障碍……此时，他们已经训练了一个多小时，大汗淋漓。

训犬的人叫路博阳，是哈尔滨市公安局刑事技术支队警犬队副队长，也是战友们公认的"龙警训犬王"。他亲手训练的"考本""无敌""尼莫"3 条警犬都被公安部评为功勋犬。

路博阳和"考本"的缘分始于 2015 年。那时候，"考本"刚刚断奶，只有 6 个月大。但好犬如烈马，"考本"和路博阳刚见面，就在他的手臂上留下了一排牙印当见面礼，路博阳疼了好几天，但他还是坚持每天陪着"考本"，对它进行启蒙训练。

那段日子，路博阳正在准备本科自考考试，与训犬时间发生冲突。路博阳毅然选择放弃考试机会——这也是"考本"名字的由来。

路博阳心中笃定：光阴不负汗水。一次不行就十次，十次不行就百次，只要功夫深，没有做不成的事。2018 年，路博阳带着"考

◎ 路博阳与"考本"

本"首次参加全国警犬技术比赛，就以超过第二名 4 倍速度的绝对优势夺魁，获得室内搜捕项目冠军。

比赛只能检验训练成果，实战才是真正的舞台。战场上的路博阳有一股狠劲儿、一股犟劲儿和一股钻劲儿，他坚信，只要他和警犬多跑一次、搜细一点，总会找到线索。

2014 年侦办一起室内杀人抛尸案时，路博阳带犬搜索，在不足 20 平方米的地方搜索了几百次，最终在一个缝隙里找到了一小块残留的血迹，助力认定了杀人第一现场。

2018 年侦办一起杀人灭门案时，路博阳带队追踪 17 公里，3 条追踪犬接力追踪，连续两天两夜高强度作战，终于将嫌疑人逃跑路线锁定。

从警 10 年来，路博阳带犬共参加安检警卫和大型活动保卫任务 4000 多场次，利用警犬提供破案线索 80 多条，成功破案 45 起。他被评为全国优秀人民警察、公安部警犬破案能手。

唯有热爱，方能坚持和成就。

训练警犬，脏、累、险、苦是常态。路博阳担任黑龙江首届护卫犬训练班教官时，在训练中曾被一条攻击性强、脾气凶悍的犬误伤。当时路博阳反应迅速，用手顶住了犬的鼻子，未被咬到颈部，但他左手大拇指的骨头还是被咬碎。至今，路博阳共被犬咬伤8处，他笑称每一处都是"战士的勋章"。

因为长年累月跟无言的战友在一起，路博阳身上有一股洗不掉的"狗味"。但路博阳常跟队员们讲，要是哪天谁身上没了这个味，那他就不再是一名合格的警犬训导员，因为这是职业的味道，是光荣的味道。

路博阳认为，训练警犬工作，3年入行，5年懂行，10年才算出名堂。因为对警犬事业的热爱，路博阳一心扑在警犬业务上。他研究各种先进的训练方法，带领战友们埋头苦练。

山林搜捕一度是全国搜捕警犬训练的弱项。2015年10月至2016年3月，路博阳参加公安部全国山林地搜捕研究班，撰写论文《犬的猎捕动力与防御动力及转换时机的把握》，被《中国工作犬》杂志刊发。由他首创的警犬多功能气味搜索训练箱，现已无偿向全国警犬技术行业提供技术支援。

千锤虽辛苦，百炼终成钢。路博阳入选了全国警犬技术人才库，成为公安部搜捕犬特聘教官、公安部刑事技术青年人才、黑龙江省青年岗位能手。

在汗水、伤痛与疑难任务考验中，路博阳与无言的战友共同见证了绝对忠诚、绝对纯洁、绝对可靠的信仰力量。

　　路博阳刚接回"考本"时，他的妻子正在孕期。路博阳为了照顾"考本"，直到女儿降生，都没能和妻子见上几面。为此，妻子给女儿取名允来，意思就是期盼丈夫每一次允诺都能如期归来。

　　比起内心的期盼，妻子做得更多的，是行动上的用情支持。就连路博阳的女儿刚会开口说话时，喊的都是奶声奶气的"爸爸、妈妈、'考本'哥"……

　　　　　　　　　　　　　《人民公安报》2022 年 10 月 6 日

2022
最美基层民警

陈建强

陈建强：守护全世界最大轨交路网的"最美"背影

20 条线路、508 座车站、831 公里里程、1200 万日均客流……他所守护的，是全世界路网里程数第一、客流规模第一的城市轨交，却举重若轻，屡创佳绩。

识别难度更大、流动程度更高、时间覆盖更广……他所面对的，是轨道交通区域更为复杂的违法犯罪态势，却迎难而上，创新破局。

他就是陈建强，全国优秀人民警察，上海市公安局城市轨道和公交总队刑侦支队三队队长。

多年来，陈建强始终牢记习近平总书记"人民城市人民建，人民城市为人民"的殷殷嘱托，用奉献诠释忠诚，用担当彰显为民，形成轨交大客流下的精准打击模式，带队抓获扒窃违法嫌疑人 1000 余名，实现上海轨交区域扒窃类案件接报数清零式下降、重大节点"零发案"，扒窃案件破案率达 100%。在夏季治安打击整治"百日行动"中，他和队友加大社会治安防控和隐患清零力度，深入开展防范电信网络诈骗宣传，确保轨交区域扒窃"零发案"，开创了"发案低、秩序好、更舒心"的全国轨道交通治安管控新局面。

无名者：最美的永远是背影

抓扒手难，在轨交区域抓扒手更难。与贼过招，最怕自己"曝"掉。刚当反扒队员那会，陈建强就因直勾勾盯着对方看而暴露了自己，被扒手带着兜圈子戏弄了一番。交过"学费"后，陈建强的自我保护意识深入骨髓，他常和队员们说："岗位的特殊性，决定了我们反扒民警最美的永远是背影。"

上海轨交日均客流量高达 1200 万人次，线路多、车站多、换乘多、里程长，加之地形复杂，是许多扒手的首选作案地。在陈建强看来，大客流是把双刃剑，人多意味着难以发现扒手，但人多也便于隐藏自己。他经常身着素色衣裳，手上拎个环保袋，把自己装扮成乘客甲或乘客乙，隐身于人群之中伺机出击。他不允许自己的队员在公开场合扎堆结伙，因为"警察的集体气场太强，容易被贼察觉到"。他还要求大家努力把自己的颜值和"气质"降到最低值，最好泯然众人。

轨交区域熙熙攘攘的人群中，总会有几双火眼金睛潜伏着。陈建强眼睛很有神，但说话时并不看着对方，而是四处乱瞟，这不是他不尊重对方，而是长期形成的职业习惯——不和人对眼，一个经验丰富的反扒民警遇上一个手段老到、经验丰富的贼，只要彼此一对视，铁定互相暴露，同时，他时刻巡视和观察周边环境，这亦是一种职业素养。

陈建强随身带着"三件套"：警官证、手铐、口罩。口罩是给嫌疑人准备的。每每抓到嫌疑人，第一时间用口罩蒙住他的眼睛，既能防止嫌疑人逃脱，也能更好地保护被害人，还可以防止民警曝光。

和扒手对战，真的是斗智斗勇斗毅力。

章某是上海扒手圈的"爷爷级"人物，贼龄是陈建强警龄的4倍，前科累累，无子女、无住房，每天晚上在不同的浴室"打游击"。轨交区域的扒手分3种："半轮"（偷站台上准备上车的乘客）、"全轮"（专偷车厢里的乘客）、"倒半轮"（在车厢里偷下车的乘客）。章某是个"全轮"。

章某反侦查意识极强，他从来不直达目的地，而是多坐一站地铁，再从对面倒乘回来，俗称"甩尾巴"；他经常利用地铁站里通道、立柱、楼梯等特殊地形，习惯性回看，借此查看有没有被人盯梢；也永远在地铁车厢门关闭前的最后一刻才上车；明明回住处的路只有2公里，他却会七拐八弯，故意绕上四五公里远的路。

章某最为得意的，是有过一次因证据不足而无法处理的经历。他一度叫嚣："抓不到现行，你们谈都不要和我谈。"

对这个老奸巨猾的家伙，陈建强定下的工作原则是"宁愿掉，不可曝"，宁愿跟丢了他，也绝不能惊动他。

扒手常常会混迹于站台上排队的乘客中。这时，怎么排兵布阵十分有讲究，陈建强会根据扒手在队伍中的位置采用不同的方案。而一旦扒手挤上车，哪怕车厢再拥挤，陈建强也得硬挤上去。地铁和地面不一样，地面没跟上，还可以借助汽车等其他交通工具继续跟；地铁里的机会永远只有一次，没及时上车就意味着跟丢。

第一天，章某兜来兜去，一会儿9号线一会儿11号线一会儿7

号线，一会儿东一会儿西，"跳站"、换车、绕圈样样有，就是没有动手。一天下来，陈建强的运动步数高居榜首。

第二天，章某故技重施，还增加了折返、逆行等花样，陈建强还是不慌不忙地跟着。

一直跟到第三天，章某上了4号线，物色到一个背双肩包的男子。他假借刷手机，眼睛却滴溜溜利用窗户玻璃的反光进行观察。确认四周安全后，他左手搭件衣服作掩护，迅速拉开双肩包拉链，偷出个手机，又把拉链拉上。

殊不知，这一幕已被陈建强全程用手机录下。为了固定证据，陈建强他们个个练就了高超拍摄技巧，第一视角、多机位、无死角、一镜到底。其中最难的是，为了不引起对方警惕，眼睛要望向他处，手机摄像头却始终聚焦扒手，这就需要通过经验来控制拍摄方向，借助车厢晃动及时调整角度。

多年来，陈建强他们形成了"就近原则"，谁离嫌疑人近谁动手，而陈建强往往就是最近的这个人。战友间的默契可谓心有灵犀，只要给一个眼神就足够。

章某"出货"后陈建强果断出手，把章某双手连同裹在衣服里的那部手机及时控制住——漂亮的人赃俱获。

这一回，陈建强问"你认不认？"，章某只能悻悻地低下头。

还有个惯偷花某，自称是扒手界的"天花板""业务全能"，"全轮""半轮"都做，混车厢、挤人群、打掩护样样在行。他把钱包偷出后取走其中1万多元现金，竟又把空钱包放回去，现金被他第一时间存进自动存取款机。被陈建强抓获时，他竟两手一摊："不是我干的，除非你能证明这卡里的钱是偷的。"面对挑衅，陈建强毫不退让。他连夜调阅银行 72 小时的取款录像，走访当天取款市民 40 人次，创新使用银行 ATM 机清分系统与人民币冠字号作为证据，最终将他绳之以法。

抓贼是硬道理，破案是试金石。不知多少个宵小之徒被陈建强斩于马下，他却通通秘而不宣，甘做无名英雄。舍得了名利，耐得住寂寞，这既是对工作岗位的要求，也是对个人品质的考验。陈建强始终坚守这份喧哗背后的寂寞，名利两忘，甘苦自享。

孤勇者：带着光驯服每一头怪兽

名师出高徒。陈建强在警校读书时，被二级英模、反扒女警陈峥的一次宣讲所打动。更没想到，两人日后竟然成了师徒。师父把轨交反扒的好传统、好作风、好本领毫无保留地传授给了陈建强。

从警第一天，师父就告诉陈建强，干反扒，就要学会面对"苦累脏危难"。从警 10 年，陈建强深以为然。说到"苦"，轨交反扒主要靠徒步跟，日行 3 万步，一年穿坏 3 双运动鞋，最长的纪录是连续跟踪 12 小时，换乘 7 条线路途经 68 个车站；说到"累"，快节奏、高强度、连轴转，他们刚抓获一个扒手，又开始跟另一个扒手，四天四夜，24 小时不断人，累得坐着都能睡着；说到"脏"，许多扒手身上有艾滋病、梅毒、肺结核等传染病，还有的携带甲肝乙肝病毒；说到"危"，许多扒手在最后时刻会狗急跳墙、铤而走险；说到"难"，发现难、跟踪难、抓捕难、取证难，任何一个环节稍有疏忽，便会前功尽弃。

陈建强的从警生涯，与危险同路。

◎ 陈建强在轨交站内寻找可疑人员

　　一次，一位失主报案称他一部用了多年的手机在地铁上"遗失"了，但后来却被人在世纪大道站捡到，可此站他从来没去过。怎么回事？对此，陈建强的判断是，小偷行窃后发现旧手机卖不出价钱，随手丢在了车站里。

　　一个连小偷都看不上的旧手机能值几个钱？可陈建强并不这么想，勿以恶小而不除，乘客的一针一线都不允许偷。很快，他通过队所联动，精准布控，迅速在茫茫客流中锁定了扒窃嫌疑人。

　　这天，该人再次作案时被陈建强人赃俱获。搭档去找被害人取证，陈建强把嫌疑人控制在墙壁前，刚准备上铐，没想到对方竟突然一发力，拿头狠狠撞向陈建强的下颌，他被撞得眼冒金星，对方则趁机挣脱开来，拔腿狂奔。陈建强被带倒在地，重重摔了一跤。不服输的陈建强爬将起来，穷追不舍，终于在几百米外将其死死压在地上。

增援的队友赶到后，发现陈建强脚上竟然只剩了一只鞋，并且满嘴是血。这时，陈建强才发现自己下巴脱臼了，一阵剧痛袭来……

嫌疑人的袭击是一次性的，"职业暴露"的危险却是一辈子的。

陈建强得知，有个扒手拿"艾滋病"当护身符，在3号线上海火车站附近大肆行窃。他绝不能容忍自己的辖区发生这样的事，于是设法将其逮了个现行。不料，就在抓捕时，对方突然掏出把锋利的刀片，往自己头上一划——血溅得到处都是，还喷到了陈建强裸露的手臂上。

陈建强一面让周边乘客远离现场，一面迅速控制好对方。

妥善处理好对方后，陈建强才赶去医院做检查。至今他还记得医生的责怪，医生说："你怎么现在才来？你知不知道，只要皮肤上有个小伤口你就完了。你怎么对自己、对家人这么不负责任？"在听说陈建强的职业后，医生不再说话了。如果有下一次，陈建强还是会冲出来，成为挡在乘客面前的那道防火墙！

回到单位宿舍，陈建强把手臂看了又看，生怕遗漏了什么伤口，心里七上八下。他给妻子打了个电话，借口说自己有个新案子，要加班住在单位。好在他以前一周在单位住上个三四天是常事，妻子并未生疑。在等待报告的日子里，陈建强度日如年。他在想，万一不幸染上了，那患癌的妈妈、年幼的女儿怎么办？我那些未尽的理想怎么办？

所幸，这一次是虚惊一场。陈建强拿到报告的当天就重返岗位。陈建强表面上若无其事，暗地里却吃了一个月阻断药。

从警10年，陈建强不知遇险过多少次。他曾像警匪片一样飞身穿越八车道，将嫌疑人扑倒在绿化带里，面对对方掏出的匕首毫无惧色；他曾和嫌疑人死死僵持不愿放手，好不容易上完铐后虚脱发冷，手背上绷出一道道淤青，而扒手藏在怀中的镊子都因用力过猛而弯曲了；还有一次，他和搭档两人不小心误闯贼窝，面对8个不怀好意的家伙，他俩临危不惧，成功把赃物带回。

警察是一项高危职业，而反扒民警则是高危中的高危。有哪个扒手肯轻易就擒，又有哪个扒手不会拼死一搏？任何一次小小疏忽，都可能给自己带来生命危险。但陈建强宁愿把危险留给有准备的自己，也不愿让没有准备的乘客受伤。舍命，和文化程度、收入待遇无关，它只与使命感、责任心紧密相连。这就是人民警察的担当！

破风者：为轨交治安难题寻求破解之道

2019年，是陈建强反扒生涯中最难熬的一段日子。那段时间，轨交区域扒窃案高发，他和队友们疲惫不堪。

车厢站台、自动扶梯、售票处、进出站闸机、地铁进出口，都成了扒窃高发区域。拔耳机线偷手机，车厢里割包、开包，趁人多拥挤摸口袋，用镊子夹口袋内财物，作案手法多种多样。陈建强甚至开始关心天气：每逢下雨天，地铁出入口案件便会高发，因为下雨时乘客要用一只手撑伞，一侧的口袋处在失控状态，容易给扒手可趁之机。

陈建强想，一味靠拉长工作时间、人工发现是治标不治本的，必须依托信息线索提质增效，走精准打击之路。

"破其一点，断其一线。"他立下军令状，改用新打法。他一头扎进上海火车站、人民广场站等 24 座扒窃案件高发车站，走访 12 家派出所、200 余家车站商铺、500 余名车站工作人员，研究扒窃案件发案规律，最终形成队所联动反扒打击"一站一方案"，逐步形成了轨交大客流下的精准打击模式。一旦发生扒窃案件，反扒力量精准介入，确保 90% 以上的扒窃案件能在 3 小时内明确嫌疑人、24 小时之内完成抓捕。就这样，短短一年间，陈建强和队友捣毁盗、销团伙 30 个，抓获团伙成员 157 人，重点车站扒窃立案数下降超过 80%。

2021 年以来，陈建强更是秉承"科技＋人力"理念，将反扒工作主动融入以风险防控"一平台、三体系"为主体的新型现代警务机制，动态隐患清零和精准打击犯罪"两手抓""两手硬"，使上海轨交扒窃案件呈清零式下降。2019 年，上海轨交区域扒窃案件数为 1.7 万多起，2020 年降为 6000 余起，2021 年降为 300 余起，现在已是零星的个位数。数字的大幅下降，源于日益精准的打击。

扒窃案件大幅下降后，新的犯罪手法随之出现，但对陈建强来说，无论扒窃还是其他违法行为，只要影响乘客安全感、满意度，都是他的打击重点。他和队友主动出击，紧盯轨交区域猥亵、侵犯他人隐私、"隔空飞投"、"名借实骗"等新型治安问题，快查快处，净化治安环境，持续确保了轨交区域更安全、更有序、更干净。

不久前的一个傍晚，乘客雷小姐在换乘通道里遇到一个帅小伙搭讪，问她暂借 200 元应急。雷小姐加微信转钱几天后竟被他拉黑，电话也不接，200 元打了水漂。而在同一个地铁站，男大学生小曹也遇到两个美女借钱，套路一模一样。

陈建强敏锐感觉到，这两起案件不像是偶发，结合受害人对"借钱"人员的口音、话术、穿着等细节描述，他初步判断这是利用轨道交通客流量大、选择面广等条件，针对乘客实施的一种"名借实骗"的新型诈骗行为。

但其难点就是案值太小，难以证明嫌疑人的主观恶意。陈建强跳出固有思维，不再就案论案，拘泥于一人一事的个案，而是改从整体上来分析犯罪特点；但要从整体上来分析，就需要查找并询问大量被害人。

也许，嫌疑人当时就是觉得警察不会"拿大炮打蚊子"才胆大妄为的。可是，他们遇到了陈建强。像和扒手斗智斗勇一样，陈建强和这帮诈骗分子杠上了。串案并案、反复甄别、走访线索、深挖数据……为了这个案子，陈建强带队走访、查实了上百名受害人，最后一举将10名犯罪嫌疑人抓获，查获赃款20余万元。

千万不要低估警方除恶务尽的决心！陈建强经手的案子，大多案值不大，最小的一起案值才5毛钱，但在他心中，没有小案子，只有小案值，案大案小都连着民心，都涉及群众利益，都必须竭尽全力，他每一天的工作都是在践行共产党员的初心和人民警察的使命。

追光者：为人民群众点亮"平安之光"

"破案抓人，固然是刑警荣耀；但追赃挽损，同样是人民警察的高光时刻。"

陈建强曾抓获一名扒手。到案后，对方拒不交代被盗手机去向。

为完璧归赵，他想尽办法。他发现扒手手机里有几张图片，拍的是公园里的一处风景。陈建强灵感乍现：会不会是扒手怕自己忘记，拍下的藏匿处？陈建强对照手机图片仔细寻找，按图索骥，果真找到了被扒手埋在公园里的两部被盗手机。两位失主拿到失而复得的手机，不禁笑逐颜开。

据统计，仅 2021 年以来，陈建强就为市民追回手机 96 部、钱包和其他卡类 80 余件，累计追赃挽损 126.3 万元，追赃率达 90% 以上。他先后收到感谢信 21 封，锦旗 31 面。

来自上海交大附中的邓女士曾来信讲述过一件暖心事。

那天，邓女士从金沙江路站上地铁后发现手机不见了，她严重怀疑是上车时被盗，于是报了警。陈建强迅速开展侦查，但反复查看公共视频还原邓女士进站上车过程，既没有发现疑点，也没有嫌疑人员对象出现在画面中，很可能是邓女士自己在车站不慎将手机遗失了。

陈建强没有就此停手。通过对公共视频一帧帧地寻找，最终发现邓女士匆忙上车的一瞬间，一个黑影从她口袋滑落，掉入地铁道床。"等地铁运营结束后，我去帮你找回来。"陈建强给了她一个承诺。

邓女士在感谢信中说，民警耐心细致的宽慰就像一束光，照亮了我布满阴霾的心。邓女士说，她感受到的不仅是警方办事的高效，还有贴心的温情，"让我感到'人间值得'"。

有案必立，有案必侦，有案必破。扒窃犯罪的大幅下降，让陈建强和同事有更多精力为市民寻物。在陈建强心中，无论是破民生小案，还是为百姓解忧，不管以何种方式挽回群众损失，都是在践行人民警察全心全意为人民服务的宗旨。

可是，让许多人不解的是，陈建强不仅会帮助群众，有时甚至还帮起了扒手。

不久前，一位李女士前来报案说丢了手机，表示只要能拿回来，出多少钱都可以。说着说着，她禁不住抽泣起来。原来，她把不幸离世的女儿的所有照片都存在了手机里，这部手机对她有特别的情感价值。陈建强一阵唏嘘。

陈建强很快锁定了一个"重操旧业"的老惯偷，在其再次动手时将其抓获。但他死也不交代手机藏在哪里。

陈建强得知他的儿子刚考上大学，即将报到后，展开攻心战。"将心比心，儿子是你的心头肉，但女儿也是妈妈的心头肉，女孩已经不在了，而你却偷走了母亲的手机，毁了母女间的记忆……"老惯偷被打动了，终于将藏在树下的手机交了出来。

后来，陈建强放心不下老惯偷，他找相关部门联系，帮他盘下一个爱心早餐店。几个月之后，他走过地铁站厅外的小吃摊，听到店主在热情地招呼他吃早餐，竟是此人……虽然是大冬天，但陈建强心里暖暖的。许多曾在他们这里挂了号的老扒手都改邪归正，有了正当职业。

"反扒民警不仅要'护百姓安心'，还要'劝迷途者返'。"陈建强笑称，这才是从源头上解决问题。

从警十年磨一剑。陈建强也经历过犹豫、徘徊，一度想要放弃，觉得反扒这个岗位吃力不讨好，苦累不说，办的还都是小案，遇到旁人不支持不理解是常事，甚至还有误解和委屈，而每每看到当刑警的其他同学不断破获大案时，这种心理落差就更大了。直到后来，他突然领悟到，这些"民生"小案才最贴近群众，被偷的现金里有很多是救命钱，被盗的钱包里有家人的合影，被窃的手机里存有珍贵照片和公司文件。这些物品，对乘客来说不仅有价格，更有价值——情感价值、商业价值，还有无比珍贵的安全感价值。从此，他觉得自己的工作非常有意义。

家庭的支持是他前行的后盾。作为"常态化"披星戴月、全年无休的反扒民警，陈建强常年无法顾家：每一次家庭聚餐，他永远是最晚到的那个；每一回的短暂陪伴，都是他给父母妻女的"奢侈品"；每一次合影，他最喜欢露出的是侧脸；他常常缺席"小家"的天伦之乐，而在为"大家"奔波。所以，他见缝插针回家时总要拼尽全力多做些家务，弥补一下心中愧疚。他也牵挂女儿的学习成绩，惦记每个月为生病的母亲去医院开药，结婚纪念日也要和妻子浪漫一下。既然陪伴的时间有限，那他就用诚意来弥补。

群众的理解是他前行的动力。一个外地来沪出差的老师在目睹他与扒手殊死搏斗后，主动站出来要求作证；一次他孤身与一个人高马大的扒手对抗，旁边路过的 3 个男乘客挺身而出上前帮忙；一个打工妹在陈建强他们为她追回 1000 元工资后非要买个西瓜表示谢意；而那一面面锦旗、一封封感谢信，更是代表了群众满满的谢意。最让他难忘的是，有一次在车厢里抓贼，当他和队友将对方按倒在地时，满车厢的乘客竟然集体鼓掌。那掌声如同天籁之音，让他如痴如醉。

内心的信仰是他前行的支柱。从警十年，陈建强鲜有机会公开露脸，低调保密是他一招制敌的法宝；他也很少有机会穿警服，但他其实和许许多多便衣警察一样，时时刻刻把警服穿在心里，分分秒秒把人民安危记在心中，和 5 万余上海公安民警日夜守卫在党的诞生地和初心始发地，为上海安全韧性城市建设枕戈待旦，为加快建设具有世界影响力的社会主义现代化国际大都市奋力拼搏！

英雄无名，志在安宁。

上海市公安局供稿

十年坚守，只为"轨交无贼"

◎ 宋灵云

20 条线路、508 座车站、831 公里里程、1200 万日均客流……上海市公安局城市轨道和公交总队刑侦支队三队队长陈建强和队友们守护的，是全世界路网里程数第一、客流规模第一的城市轨交。

2012 年从警以来，陈建强常年坚守便衣反扒一线，带队抓获扒窃违法嫌疑人千余名，实现上海轨交区域扒窃类案件接报数清零式下降、重大节点"零发案"，扒窃案件破案率达 100%。

"岗位的特殊性，决定了反扒民警最美的永远是背影。"陈建强个子不高、身材精瘦、眼睛很有神，经常身着素色衣裳，手上拎个环保袋，把自己装扮成乘客，隐身于熙熙攘攘的人群中伺机出击。

"反扒要甘于无名、安于寂寞，勇于直面'苦累脏危难'"——这是从警第一天，师父对陈建强的叮嘱。从警 10 年，陈建强对这句话有了更深的感悟。

日行 3 万步，一年穿坏 3 双运动鞋，上海市每一条轨交线路、每一座轨交车站，都留下过陈建强和队友们的足迹；他曾飞身穿越

8条车道，将嫌疑人扑倒在绿化带里；也曾连续跟踪嫌疑人12小时，换乘7条线路途经68个车站；最长一次，他跟踪一个扒手四天四夜，任务结束后坐着就睡着了……

反扒抓人难，取证更难。

有个扒窃违法嫌疑人自恃"技艺精湛"，把乘客钱包偷出后取走1万多元现金，又把空包放回去，现金被他第一时间存进自动存取款机。被抓时，他两手一摊：不是我干的，除非你能证明这银行卡里的钱是偷的。

面对挑衅，陈建强连夜调阅银行监控录像，走访当日取款市民40人次，核对相关数据信息，最终让扒窃违法嫌疑人心服口服。

2019年，有一段时间轨交区域扒窃案件频发。陈建强意识到，一味靠拉长工作时间、人工发现治标不治本，轨交反扒必须依托信息线索提质增效，走精准打击之路。

◎ 陈建强在地铁上与同事们商量对策

"破其一点，断其一线。"陈建强立下军令状，一头扎进上海24座扒窃案件高发车站，走访12个派出所、200余家车站商铺、500余名车站工作人员，研究扒窃案件发案规律，最终形成队所联动反扒打击"一站一方案"，逐步形成轨交大客流下的精准打击模式，一旦发生扒窃案件，反扒力量精准介入，确保90%以上的扒窃案件能在3小时内明确嫌疑人、24小时之内完成抓捕。

就这样，短短一年间，陈建强和队友捣毁盗、销团伙30个，抓获团伙成员157名，重点车站扒窃立案数下降超过80%。

2021年以来，陈建强秉承"科技＋人力"理念，坚持动态隐患清零和精准打击犯罪"两手抓""两手硬"，使上海轨交扒窃案件数呈清零式下降。

扒窃案件数大幅下降后，新的犯罪手法随之出现，但对陈建强来说，无论扒窃还是其他违法行为，只要影响乘客安全感、满意度，都是警方的打击重点。他和队友主动出击，紧盯轨交区域猥亵、侵犯他人隐私、"名借实骗"等新型治安问题，快查快处，持续确保了轨交区域更安全、更有序。仅2021年以来，陈建强就为市民追回手机96部、钱包和其他卡类物件80余件，累计追赃挽损126.3万元，追赃率达90%以上。

《人民公安报》2022年10月7日

2022
最美基层民警

孙益海

孙益海：为民踽步二十六载 踏出生命最强音

孙益海，1969 年 10 月生，中共党员，现为江苏省盐城市公安局盐都分局郭猛派出所一级警长。先后荣获"全国特级优秀人民警察""全国公安系统二级英雄模范""中国好人""全省李树干式派出所民警""全省人民满意的公务员""江苏最美警察""盐城市优秀共产党员""盐城市十佳政法干警""盐城最美警察"等多项荣誉称号，是江苏省盐城市首位荣获英模表彰的公安民警。荣立个人一等功 1 次、三等功 3 次，其家庭被评为"江苏省文明家庭""全国五好家庭"。

在儿子心里，他是《老人与海》中那个可以被打倒、但绝不会被打败的硬汉；

在同事眼中，他是那个坚忍不拔、迎难而上的"铁警"榜样；

在乡亲嘴边，他是"拿群众的事当自己事"的"老熟人""家里人"。

他叫孙益海，盐城市公安局盐都分局郭猛派出所一级警长，左腿在一次缉枪行动中受伤被高位截肢。他扎根基层、独腿行走乡间二十六载、行程 2 万多公里，打造 365 天"永不打烊"的户籍大厅，为群众办理户籍 5 万余人次，牵头组织"益海志愿联盟"，帮助困难家庭 16 个，开展反诈宣传 80 余次，防范化解矛盾隐患 1500 余起，用一条腿撑起百姓的一片祥和天，用一颗心诠释着"人民公安为人民"的铮铮誓言。

枪声击不碎从警初心
铁军精神催生不屈力量

2022 年 2 月 3 日，农历正月初三，孙益海早早地来到派出所户政大厅。村里有位老人去世，要办理户口注销。孙益海提前告知老人家属所需材料，一次性办好了手续。

"证件收好啊。"孙益海边说边站起来，左手下意识地摸了下大腿根部，那是在调整假肢的关节。

这些额外的动作，孙益海早已习惯，郭猛镇的村民也已习惯，仿佛一切都在默契中。

孙益海所在的郭猛镇，是一个以烈士名字命名的红色乡镇。

1933 年，时年 20 岁的新四军战士郭猛在第五次反"围剿"的永新石灰桥战斗中右手负伤致残，但他并未停下英雄的脚步，用一只手继续战斗，人称"独臂团长"。后来在一次战斗中不幸中弹，壮烈牺牲。

"一个人失去一只手臂是难受的，但不影响整个机体的健康。思想残废，人就无用了。"在盐都郭猛烈士生平展厅，郭猛看望受伤战友彭寿生时说的话，一字一句印在墙上，也印在孙益海的心里。

对于"铁军精神"，从小深受烈士事迹影响的孙益海，有着更为深刻的理解。

那一年，孙益海26岁，从军营到警营刚满2年，新婚才9个多月。阳光青春的他，爱打篮球爱冲锋，接警办案总是冲在第一。

1995年11月30日，命运的车轮陡然转弯。在收缴非法枪支行动中，孙益海左腿主动脉不幸被火药枪炸烂，紧急抢救时血压两次降为0，最终不得不高位截肢，才保住性命。

失去一条腿，意味着什么？尤其是对于一个热爱运动的青年，一个热爱公安事业的人民警察……

"我是幸运的。因为有组织的关怀，家属的支持鼓励，战友的关心，更大原因是受新四军郭猛烈士铁军精神的感染，我是红色儿女，是人民警察，必须站起来！"回想当初那段灰暗的日子，孙益海从容坚定。

恢复的过程漫长而艰难。拄拐，戴假肢，摔倒，爬起，再摔倒，再爬起……经过反复练习，浑身疼痛的孙益海终于重新学会了"行走"！

从醒过来，到站起来，再到能走路，孙益海的每一次进步，都牵着亲人和战友的心，凝聚着他们的期待和鼓励，彰显着顽强不屈、坚忍不拔的生命意志。

这份坚忍不拔，是军人的本色，是警察的底色，更是铁军精神的传承。

1998年年初，怀揣着对公安事业的热爱、对群众的情怀、对生命的执着，孙益海再次和命运叫板，他想用那条幸运的右腿再向前

"迈一步"。

孙益海申请,重新返岗!

36 颗钢珠磨炼钢铁意志
26 年为民服务始终如一

"嘀、嘀、嘀……"2016 年的一天,要坐飞机外出的孙益海在安检口被拦下。安检员反复检查,没看出什么异常,但安检仪就是响个不停。

孙益海解释,自己体内有钢珠,当年受枪伤时留下的。

一共 36 颗。

"他是个强人。当时,他体内一共有 60 多颗,先后做了 5 次手术,取出了 30 多颗,还留下 36 颗,实在无法取出。"给孙益海做过手术的朱宝国医生回忆,当年给孙益海取完钢珠后,针脚密密麻麻,几乎在孙益海肚子上"绣了朵花"。

1998 年年初,孙益海带着这 36 颗钢珠重返岗位。他下定决心,要好好书写属于自己的《钢铁是怎样炼成的》。

单位反复考虑,同意孙益海负责派出所里办户口、办二代身份证、档案管理、统计报表、化解矛盾纠纷等各种"杂事小事"。

"干就干到最好,做就做到极致!"孙益海一开始就给自己定下"硬杠杠"。由于历史原因,当时辖区内户口登记信息错误较多,有时为查实一个时间,孙益海开着残疾人三轮车,挨个找村干部、卫生院多方查证。"每改好一条信息,都很有成就感。"孙益海说。

2005 年,集中换发二代身份证,有年老体弱和行动不便的村民，孙益海就带着照相器材上门拍照。有一次，天刚下过雨，乡间小路泥泞，他走路不小心摔了个跟头，假肢都摔掉了，看得周边村民都心疼不已。跌倒了，站起来，就这样，孙益海一个月办了1.2万多张身份证，无一差错。

功夫不负有心人。那年年底，全县16个派出所考核，郭猛派出所身份证工作排名第一！

薄薄户籍看似轻，但关系着群众生活的方方面面。在申请转岗到户籍大厅后，孙益海坚持从小事做起，把户籍窗口视为了解社情民意的平台，当作为群众排忧解难的桥梁，办好一张证、解开一个结、熟悉一个人、结下一段缘。这是孙益海总结出的"四个一"工作法。

一次走访中，孙益海得知辖区84岁的颜老爹没有户口，影响生活保障。一了解，老人一生未娶，无儿无女，年轻时在外漂泊，如今回到家乡，落叶归根。为了给颜老爹恢复户口，孙益海多次向老人曾经工作、生活过的地区相关部门发公函、打电话，终于帮老人上了户口。拿到户口簿和身份证的那一刻，老人流下了激动的泪水。

这样的故事还有很多。村里的困难户要给孙子上户口，他"顺藤摸瓜"，不仅帮助其同样没有户口的孙女也上了户口，还自掏腰包送去米和油；冒着高温，他从村头访到村尾，为长期漂泊在外的兄妹俩核查情况；他多方对接、排除万难，帮助70岁独居老人解决遗属补助金……

从1.6万公里到2万多公里，孙益海独腿行走乡间的历程越来越长，结下的缘也越来越多，手机里的好友越来越多。许多去了外地的，遇到事情喜欢打电话咨询他。"有困难，找孙警官"成了乡亲们的口头禅。

他付出着，也收获着。孙益海不仅收获了群众的满意和肯定，2014年还荣获"江苏最美警察""全国公安系统二级英雄模范"称号。

荣誉激励奋斗，孙益海为民服务的脚步从未停歇。

在长期的基层实践中，孙益海发现农民习惯早起办事，几乎没有周末休息的概念，因此他坚持每天提早1个小时到班，户籍大厅365天"不打烊"；为了方便群众，他一有时间就开车下乡，把自己的车当成了"流动服务车"，把服务窗口设到了老百姓家门口。

身份证从他的手中一张张递出，而支撑他的拐杖，磨了一截又一截，断了一根又一根，前前后后总共换了8根。这8根拐杖，见证的是笃定的执着和坚守，是深厚的为民情怀，是炽热的忠诚和担当。

止疼药，孙益海随身带着。因为不知道36颗钢珠带来的疼痛什么时候发作。"说起来有点奇妙，在为老百姓办事的时候，疼痛会变轻。"孙益海摸了摸腹部钢珠的位置说。

笑对命运之痛吻
"益海志愿联盟"播撒大爱

郭猛派出所365天"不打烊"的户籍大厅，孙益海每个月也会有那么1至2天"空缺"。

由于钢珠留下的伤痕结痂，会堵死尿道，他几乎每隔20天就要去做一次尿道扩张手术——用一根8毫米粗的扩张器扎进尿道。痛苦可想而知。

"他比任何肢体健全的人都更有力量。他非但不需要任何人予以同情，还默默帮助了无数人，无论是生活中还是精神上。"派出所副教导员赵大成感觉孙益海身上有一种力量，一种高昂向上、蓬勃生长的力量。

从架起拐杖行走，到装上假肢行走，再到学会开三轮摩托车，再到学会开车，孙益海离群众的距离越来越近，服务也越来越高效；从档案室创建拿优秀，到派出所身份证工作拿第一，再到户籍工作名列前茅……每一步，孙益海走得既艰辛又坚定。

妻子武红梅说，这些年看似是她包揽了家务，照顾着孙益海。实际上，孙益海却一直在精神上引领着她和儿子。

儿子孙武眼中，爸爸是海明威笔下可以被打倒、但绝不会被打败的硬汉。

伉俪情深连理枝。妻子武红梅的付出和坚守，也赢得了社会广泛赞誉，先后荣获"中国好人""全国好警嫂"。儿子孙武在孙益海的感染下，也成为一位光荣的人民警察，参与侦办多起大要案件。

小爱有界，大爱无疆。孙益海如同一棵郁郁葱葱的大树、一颗熠熠闪耀的星辰，感染着家庭、影响着社会。他和村里的独腿单身汉王某推心置腹交朋友，"共穿一双鞋"，并鼓励其创业；他默默资助病逝辅警的儿子，每年为孩子购置衣物文具；他先后手把手、口传身教带过六七个徒弟，徒弟凭借从他身上习得的坚强、执着和细心纷纷走上骨干岗位，传承铁军精神、传递"益海"力量……

这些年，孙益海还坚持与时俱进、与民同行，发扬新时代枫桥经验，在基层社会治理中发挥"好人效应"，牵头成立"益海志愿联

◎ 孙益海在益海工作室与同事交流

盟"，组建了益海户政、益海调解、益海服务、益海宣传 4 个团队，动员社会志愿力量，汇流成河、聚沙成塔，为这片革命先烈用热血浸润过的红土地，编织平安扣、绘下幸福图。

"益海户政"坚持"快速办、想法办、联系办、下乡办、网上办"，以用心贴心换群众满意放心；

"益海调解"发挥"中国好人"口碑效应，警民联手、群策群力，让打架要债、家庭纠纷等矛盾隐患化解在田间地头；

"益海服务"汇小爱成大爱，招募志愿服务者，合力帮扶 16 个困境家庭，让失学孩子重返校园；

"益海宣传"紧盯治安形势，组织辅警、志愿者创新开展反诈宣传、季节性安全防范宣传，捂紧群众钱袋子、拧紧生命安全阀，让美丽乡村更平安。

"命运以痛吻我，我却报之以歌。"从 1995 年那个发生意外的深秋早晨跋涉至今，孙益海一步一步、笃定前行，用忠诚和执着诠释担当，用坚忍和付出书写初心，在为民服务中踏出生命最强音，让生命和爱的力量震动、影响身边的每一个人。

天蓝云白，绿油油的田野上，拄拐踽步前行的孙益海，如同在梵高式的油画中折射出的一股强大生命张力，震撼着心灵。

江苏省公安厅供稿

独腿行走在为民路上

◎ 袁　猛

"嘀、嘀、嘀……"2016 年的一天，孙益海在机场安检口被拦下，安检员反复检查，没看出什么异常，但安检仪就是响个不停。孙益海解释，自己体内有钢珠，是当年受枪伤时留下的，一共 36 颗。

孙益海是江苏省盐城市公安局盐都分局郭猛派出所民警。1995年 11 月 30 日，在收缴非法枪支行动中，他左腿主动脉被火药枪炸伤，接受紧急抢救时血压两次降为 0，最终高位截肢才保住性命。

那一年，孙益海 26 岁，从军营到警营刚满 2 年。阳光青春的他，爱打篮球爱冲锋，接警办案总是冲在最前面。

"我是人民警察，必须站起来！"回想起当初那段灰暗的日子，孙益海从容坚定。恢复的过程漫长且艰难。拄拐、戴假肢、摔倒、爬起、再摔倒、再爬起……经过反复练习，浑身疼痛的孙益海终于重新学会了行走。

1997 年年底，孙益海申请返岗，他想用那条幸运的右腿再向前"迈一步"。返岗后，孙益海担起派出所里办户口、办二代身份证、档案管理、化解矛盾纠纷等"杂事小事"。"干就干到最好，做就做到极致！"孙益海给自己定下"硬杠杠"。

由于历史原因，当时辖区户口登记信息错误较多，有时，为查实一个时间，孙益海开着残疾人三轮车，挨个找村干部、卫生院等多方查证。"每改好一条信息都很有成就感。"孙益海说。

2005年，当地集中换发二代身份证，遇到年老体弱和行动不便的村民时，孙益海就带着照相器材，为他们上门拍照。申请转岗到户籍大厅后，孙益海坚持从小事做起，把户籍窗口当作了解社情民意的平台以及为群众排忧解难的桥梁。办好一张证、解开一个结、熟悉一个人、结下一段缘——这是孙益海总结出的"四个一"工作法。

时光荏苒，孙益海独腿行走乡间的历程越来越长，手机里的好友越来越多，结下的缘也越来越多。许多去了外地的群众，遇到事

◎ 孙益海走访村民

情还是喜欢打电话向他咨询。"有困难找孙警官"成了乡亲们的口头禅。孙益海收获了群众的满意和肯定，2014 年荣获"江苏最美警察""全国公安系统二级英雄模范"称号。

在长期基层实践中，孙益海发现农民习惯早起办事，几乎没有周末休息的概念，因此，他坚持每天提早 1 个小时到岗，户籍大厅 365 天"不打烊"；为了方便群众，他一有时间就开车下乡，把自己的车当成了"流动服务车"，把服务窗口设到了群众家门口。

身份证从他的手中一张张递出，而支撑他的拐杖，却磨短了一截又一截、断了一根又一根，前前后后总共换了 8 根。这 8 根拐杖见证的是他的执着和坚守，是他深厚的为民情怀，也是他炽热的忠诚和担当。

孙益海总是随身带着止疼药，以防体内钢珠带来的疼痛发作。"说起来也奇怪，在为群众办事的时候，疼痛会变轻。"孙益海摸了摸腹部钢珠的位置说。

"他比任何肢体健全的人，都更有力量！"郭猛派出所副教导员赵大成感觉孙益海身上有一种力量，一种高昂向上、蓬勃生长的力量。

从架起拐杖行走，到装上假肢行走，再到学会开车，孙益海离群众的距离越来越近，服务也越来越高效；从档案室创建拿优秀，到派出所身份证工作拿第一，再到户籍工作名列前茅……每一步，孙益海走得既艰辛又坚定。

这些年，孙益海坚持与时俱进、与民同行，践行新时代"枫桥经验"，牵头成立"益海志愿联盟"，组建了益海户政、益海调解、益海服务、益海宣传 4 个团队，动员社会志愿力量，努力服务更多群众。从 1995 年那个发生意外的深秋跋涉至今，孙益海一步一步笃定前行，用忠诚和执着诠释担当，用坚忍和付出书写初心，在为民服务中奏响生命最强音。

《人民公安报》2022 年 10 月 8 日

梁晓丽

梁晓丽：勤耕出入境
用心花自开

扎根出入境窗口 21 年，她在日复一日、年复一年的工作中练就了一身为民服务的"硬功夫"：依靠细致、精致、极致的工作作风，确保了超 17.5 万份受理审核证件"零差错"；凭借贴心、热心、暖心的服务举措，赢得了办证人员、企业和单位的良好口碑。

她就是浙江省新昌县公安局出入境管理大队大队长梁晓丽，一位在基层一线忠诚践行"对党忠诚、服务人民、执法公正、纪律严明"总要求的模范人民警察，忠实实践"三能"要求的基层优秀党员代表。

从警 27 年，梁晓丽荣获全国优秀人民警察、全国三八红旗手、浙江省优秀共产党员、浙江省优秀人民警察、浙江省模范人民警察、浙江省政法系统先进个人等荣誉，荣立个人一等功 1 次、三等功 3 次。在 2022 年召开的浙江省第十五次党代会中，梁晓丽被选举为出席中国共产党第二十次全国代表大会代表，系浙江公安系统唯一。

以家人般的关心给群众带去温暖关怀

2021 年，新昌县入选浙江省高质量发展建设共同富裕示范区首批试点单位。从全省次贫县到全国百强县，再到共富改革示范点，凝聚着新昌人民的辛勤劳作。而在共富路上，不能忽略一些特殊的身影——外国媳妇和儿童。

新昌县镜岭镇岩泉村村民阿甄与越南女子小琛于 2013 年 11 月结婚，2016 年生下儿子小甄。阿甄和小琛都称呼梁晓丽为"亲阿姨"，阿甄说："我结婚前不知道要准备哪些材料，是'阿姨'帮我弄好的。她当时还跟我说，如果遇到经济上的困难就让我去找她。真的比我父母、亲兄弟还关心我！"

从 2013 年到 2022 年的这 9 年里，梁晓丽像走亲戚一般，每年都会行经蜿蜒的山路，登门看望这对夫妻。就在 2022 年，梁晓丽帮小琛申办好了浙江一卡通和绍兴·越海通公交卡。"公交卡里还给我们充了 50 块钱，如果'阿姨'不说我们也不知道有这张卡"，阿甄说。

在新昌，像小琛这样的"外国媳妇"共有 16 名，"外国儿童"38 名，梁晓丽每年都会定期上门倾听他们的呼声，了解他们的困难，帮助解决就学、就医、买房等问题。

只有"心中常常牵挂"，才有"时时放心不下"。立足岗位，梁晓丽尽自己所能帮每一位群众解决燃眉之急，架起通往平安、幸福的连心桥。

2022 年 7 月 1 日 17 时 22 分，临近下班时，4 名神情焦虑的群众来到新昌县政务服务中心出入境窗口求助。当事人潘先生告诉梁晓丽，他的儿子小杰（化名）将于 7 月 2 日出发去日本留学，登机需要一份 72 小时内日方格式的核酸检测证明。本以为是很容易办到的事，他们花了半天时间跑了 3 个地方却都没有办成。

小杰 7 月 2 日下午就要去上海浦东机场登机，万事俱备唯独缺少一份日方格式的核酸检测证明，加之鼻咽核酸检测证明至少需要 3 小时以上才能出具，这可急坏了一家子。"怎么办啊，真是急死人啊！"潘先生着急地说道。

梁晓丽在了解情况后，立即帮忙联系了新昌县中医院院领导，希望院方能帮助留学生解决燃眉之急。经过多次沟通联系，中医院安排他们当天晚上前往医院做鼻咽拭子。7 月 2 日上午，小杰顺利拿到了鼻咽核酸检测证明，当天值班的出入境管理大队民警许静又帮助他们按照日方要求的格式打印好核酸检测证明，让他们去中医院签字盖章。

当天下午，小杰拿着这份来之不易的核酸检测证明，顺利登上了前往日本的航班。

潘先生难掩内心的感激之情，7 月 11 日，他将自己手写的感谢信送到了出入境管理大队，向帮助过他们的梁晓丽表示真挚谢意。"我真心非常感谢梁队，感谢出入境管理大队和中医院梁院长的大力帮忙，让我儿子 3 日顺利到达日本，解决了我们全家的大难题，非常感谢！"在这个数字化的时代，这封伏案手写的感谢信显得尤为质朴且珍贵。

以一站式服务为外籍人才免除后顾之忧

优质的政务服务是地方政府吸引人才、留住人才、助力经济发展的金名片。新昌县有涉外企业 97 家，在全国打响了"小县大科技"的名头，但近年来受疫情和动荡的国际局势影响，人才的"引进来"和"走出去"遇到诸多阻碍。

为此，梁晓丽秉持"疫情要防住、经济要稳住、发展要安全"的理念，建立涉外企业服务直通车和外籍人才服务警官制，为高新、重点企业配备涉外警务助理，常态化开展走访，帮助企业纾困解难。为海外高端人才办理长期居留许可、永久居留提供一对一的个性化服务，让外籍人才免除后顾之忧。

浙江捷昌线性驱动科技股份有限公司是国家高新技术企业，牵头起草了中国直流电动推杆电动升降桌行业标准，填补了行业标准空白，推动了行业标准化、产业化进程。捷昌总部设立于浙江省新昌县，在亚太、欧洲、美洲等地区都开设了子公司和生产基地，因此企业外籍员工众多、涉外业务广泛。

其中捷昌董事、医疗事业中心总经理余斌便是加拿大籍华人，回想起刚来新昌入职办理手续时的情景，他直言"两眼一抹黑"。"第一次去派出所办理手续时认识了梁警官，她主动跟我来对接，帮我办理好手续。平常她会在微信上给我们发一些方便我们生活的信息，让我感觉到了这个陌生的地方后，是有人在关心帮助我们的，好让我们在这儿安心工作。"

对此，余斌不禁发出感慨："梁警官常说她做的只是一些小事情，但这些小事情对我们来说都是大事、麻烦事。"

在之后的接触中，梁晓丽给余斌留下了"非常热心、急人所急"的深刻印象。"她没有官僚作风，无论是微信还是电话询问，她都反馈及时而且有结果。即使晚上八九点去询问，她都会及时回复。这

◎ 梁晓丽耐心为群众解答问题

放在国外是不可能的。"

像这样的"小事"梁晓丽做了不少。万丰集团有关负责人用"一站式服务"形容梁晓丽的工作。"我们在做外籍员工的工作签证时，不清楚要对接哪些部门，她会帮我们列好材料清单，材料清单很清晰，一看就知道该怎么做。有时情况紧急，她就会派民警过来，手把手帮我们。让我们的外籍员工免除入境、居留等后顾之忧，真正把'硬要求'做到了'软着陆'。""她就是一张不断践行'最多跑一次'、打通'最后一公里'的金名片！"

以"工匠精神"把工作打磨到极致

择一事，爱一生。梁晓丽二十余年如一日的坚守和专注，铸就了她精湛的职业素养与高度的职业敏感。

2021 年以来，梁晓丽与新昌县公安局改革办紧盯群众办业务时照片重复提交、反复拍照、规格不一等现象，与人社、文旅等 14 个部门一一对接，向他们征集需要用到照片的业务，最后共梳理出 140 项高频业务。

之后，新昌县公安局以出入境人像照片为采集标准，创新打造了跨场景、跨部门、跨业务的"一照通用"系统。系统能提取使用者的身份证照片，使用者只需选择一寸照、二寸照、出入境证件等规格和照片底色，系统就能生成证件照片，既可扫码打印，也能原图下载，并且全部免费。

"一照通用"系统上线以来，累计应用访问量超过 76.3 万人次，照片下载量 24.1 万余张。该系统受到浙江省发改委高度重视，将其作为浙里民生关键小事典型案例之一向媒体发布推荐，同时入选全省数字社会第二批最佳应用名单。

出入境管理部门不仅是公安机关服务群众的重要窗口，也是守护国门的关键岗哨。

2022 年以来，梁晓丽强力推进打击妨害国（边）境管理犯罪"獠猎"行动，深入开展"三非"外国人治理，破获妨害国（边）境刑事案件 9 起，采取强制措施 17 人，查处 7 起"三非"案件，其中 3 名外国人被拘留审查，7 名被处以罚款，同时，加大对培训机构、娱乐场所、劳动密集型企业、建筑工地、出租房屋等重点场所的清查力度，查处 7 起外国人违反住宿登记规定案件，12 起旅馆不按规定办理住宿登记案件，有效防范化解了涉外安全风险隐患。

2022 年 2 月，她从拟出境人员洪某的材料审核中，发现其存在偷渡去缅甸的嫌疑。她循着这条线索，对同航班人员、出入境信息进行分析研判，掌握了确凿证据并通报相关部门，最终抓获了洪某等7名犯罪嫌疑人，目前法院已对7人判刑。通过这样的研判，新昌县公安局出入境管理大队在2021年已协助侦办3起偷越国（边）境案件，抓获犯罪嫌疑人11名。

一个人的优秀不是真正的优秀，一个团队的优秀才是真正的优秀。身为出入境管理大队大队长，梁晓丽强化党建统领，创新"12345"党建工作法，打造"境界"党建品牌，大队成立11年来一直保持"零违纪"。她以身作则，践行"三能"要求，成立梁晓丽工作室，示范带动和培养梯队人才，全力锻造一支有"境界"的"三能"警队。

在她的带领下，出入境管理大队荣立集体二等功、三等功各1次，获得"全国巾帼建功先进集体"、全省"三能榜样·最美警队"、全省出入境系统一类文明窗口等荣誉。她带着团队从优秀冲向卓越，一路奔跑争先，在历次全市出入境系统岗位练兵比武中，多次获得团体第一的优异成绩。

浙江省公安厅供稿

手机是 24 小时服务热线

◎ 谢俊思

扎根出入境窗口 21 年，浙江省新昌县公安局出入境管理大队大队长梁晓丽工作细致、追求极致，经过她手受理审核的 17.5 万份证件"零差错"。凭借贴心、热心、暖心的服务举措，她赢得了当地群众的交口称赞。

德国籍华人许欣对梁晓丽的热情和专业印象深刻。3 年前，刚到新昌的许欣只是随口问了问办理居住证件的事，没想到 3 天后梁晓丽就上门给他送来了"人才一卡通"。许欣对此欣喜万分，"这张卡给我的生活带来了很大的便利，非常感谢她！"

越南女子小琛 9 年前嫁至新昌后，梁晓丽从各个方面帮助她，让小琛在中国有了归属感，梁晓丽也成了小琛夫妻口中的"亲阿姨"。9 年间，梁晓丽像走亲戚一般，每年都会登门看望小琛夫妻。

就在 2022 年，梁晓丽帮小琛申办好了浙江一卡通和绍兴·越海通公交卡。"公交卡里还给我们充了 50 块钱，如果阿姨不说，我们也不知道有这张卡。"小琛的丈夫阿甄说。

在新昌，像小琛这样的"外国媳妇"有16名，此外还有"外国儿童"38名，梁晓丽会定期上门倾听他们的心声，了解他们的困难，帮助解决入学、就医、买房等问题。

为及时解决群众生活中遇到的难题，梁晓丽把窗口咨询电话在非工作时间段转接到自己的手机上，当起了24小时接线员，认真对待处理每一位群众的求助。在新昌，她的手机就是24小时服务热线电话。

新昌县有涉外企业97家，但近年来受疫情和国际局势影响，人才的"引进来"和"走出去"遇到很多困难。

为此，梁晓丽秉持"疫情要防住、经济要稳住、发展要安全"的理念，建立涉外企业服务直通车和外籍人才服务警官制，为高新、重点企业配备涉外警务助理，常态化开展走访，帮助企业纾困解难。为海外高端人才办理长期居留许可、永久居留提供一对一的个性化

◎ 梁晓丽为某企业外籍员工解答相关政策

服务，让外籍人才免除后顾之忧。

回想起刚到新昌工作时的情景，加拿大籍博士余斌直言当时就是"两眼一抹黑"。"第一次去办理手续时认识了梁警官，她主动跟我对接，帮我办好手续。"余斌说，在之后的接触中，梁晓丽给他的印象是"非常热心、急人所急"，"无论是微信还是电话询问，她都反馈及时而且有结果。即使晚上八九点去询问，她都会及时回复。"

截至 2022 年 10 月，梁晓丽所在的大队已结对服务企业 900 余家次，帮助企业和外籍人员解决困难 680 余件。

只有"心中常常牵挂"，才有"时时放心不下"。为解决群众办理业务时照片重复提交、反复拍照、规格不一等现象，梁晓丽主动参与打造"一照通用"系统。

该系统瞄准群众办理证照时需重复提交照片这一症结，梳理出相关业务 140 项，通过跨部门数据共享，实现证件照一次提交、多领域应用。系统上线以来，累计应用访问量超过 76.3 万人次，照片下载量 24.1 万余张，并作为典型案例在全省推广。

出入境管理部门是公安机关服务群众的重要窗口，也是守护国门的关键岗哨。今年以来，梁晓丽积极投身打击妨害国（边）境管理犯罪的"獴猎"行动，破获妨害国（边）境刑事案件 9 起，查处"三非"案件 7 起。

2022 年 2 月，在对一份出境人员的材料审核中，梁晓丽发现相关人员有偷渡嫌疑。她循着这条线索，对同航班人员及出入境信息进行分析研判，在掌握了确凿证据后通报相关部门，最终抓获了洪某等 7 名犯罪嫌疑人。通过这样的研判，新昌县公安局出入境管理大队在去年还协助侦办了 3 起偷越国（边）境案件，抓获犯罪嫌疑人 11 名。

作为一名共产党员，梁晓丽发挥先锋模范作用，先后获得全国优秀人民警察、浙江省优秀共产党员等荣誉，并当选为党的二十大代表。"党的二十大召开在即，我无比激动，同时也倍感责任重大。我会认真履职尽责，积极建言献策，为党和国家建设贡献力量。"梁晓丽说。

《人民公安报》2022 年 10 月 9 日

2022
最美基层民警

朱明

朱明：自学成才的 "大数据专家型"经侦卫士

在高手如云的全国经侦"论剑"大比武赛场上，来自安徽省芜湖市公安局经侦支队的民警朱明，演示着自己领衔研发的"芜瑕"分析串通投标案模型。当他在台上以娴熟流畅的演示和来自一线的实战案例讲解赢得评委和全国各地同人阵阵掌声，最终获得了"特殊贡献奖"的荣誉时，有谁能想到9年前，朱明还是一位从部队刚刚转业的经侦"小白"。

2010年，告别光荣自豪的10年军旅生涯，20岁参军的朱明恰好步入而立之年。今后的人生该做些什么？脱下军装后，朱明反复思考，最终他选择了继承父辈的使命，像父亲一样，脱下军装就穿上警服，走一条能继续守护社会与人民群众安宁的职业之路。

部队大熔炉锻炼了朱明钢铁般的意志、不服输的精神，也让他养成了讲政治守规矩的优良品质。但人民警察与人民军队相比，虽然也是为人民服务、守护一方平安，但为经济社会发展保驾护航，保护人民人身财产安全，却有着自身职责的特殊性，不同警种对相应素养与技能又有着各自专业的高标准严要求。这些要求对朱明提出了新的挑战，而且是人生道路上一次重要的挑战。

回忆成为民警之初，朱明感受到干好一名普通民警的工作是迎接一次挑战。不过，面对困难从不服输的军人本色让朱明很快在基层工作中脱颖而出。经过派出所短短的历练后，他服从上级安排，调入芜湖市公安局弋江分局经侦大队成为一名经侦民警。与普通岗位民警相比，经侦民警对专业素养与技能要求更高，朱明遇到了前所未有的挑战，军人转业的他，法律水平和办案经验不足以让他轻易面对即将到来的经侦工作。困难反而激起了他的斗志，"不会就学，要学透，要成为经侦方面的专家"。朱明在心里对自己下了"死命令"。

重信守诺，朱明做到了。他创新大数据追逃战法，助力"猎狐行动"，积极在侦查串通投标犯罪领域研发模型，在针对买卖银行卡犯罪方面，他又研发出有效研判分析模型，在打击跨境赌博违法犯罪上为专项行动助力。十年磨一剑，朱明从一名经侦"小白"成长为被大家誉为最懂大数据破案的经侦专家。

从警 10 余年来，朱明始终奋战在打击经济犯罪一线，因工作成绩突出，先后被评为安徽省公安机关"忠诚卫士"、"全省打击银行卡先进个人"、"全省公安信息化技术专家"、"芜湖市最美退役军人"，荣立个人一等功 1 次、二等功 2 次、三等功 3 次。

情系百姓感受为警初心，
"大数据""猎狐"有所成

从转业军人到经侦尖兵，这一转变背后是朱明不断自我学习、自我提高的艰辛之路，更是对人民警察初心和使命的深刻认知。这种对初心和使命的认知来自他在经侦岗位上侦破的第一起案件。那是一起普通的合同诈骗案件，涉案金额不大，刚刚达到立案标准，报案人是一位家庭经济条件并不太好的老大妈。初到经侦战线不久的朱明被领导指定为案件主办人，在战友们的帮助下，几经周折，最终成功抓获了犯罪嫌疑人，并帮老大妈追回了被骗走的2万元钱。当朱明将追回的钱发还给老大妈时，老大妈激动地拉着朱明的手，不停地说谢谢。老大妈那种真情实意感激的表情让朱明感受到一种作为人民警察成功破案的自豪，感受到人民警察事业价值所在。在那一刻，朱明切实理解了经侦民警的使命——守护好老百姓的钱袋子！

不仅要追求破案，更要尽全力挽回群众损失。此后，在服务破案的同时，朱明通过公布手机号码、建立微信群、QQ群等方式，24小时听取经济受损群众心声，全天候帮助涉案受损群众解决困难。

当朱明切实感受到从事经侦工作的使命感，身上那股军人不服输的狠劲就愈发激励着他。他盯着书本，从最基础的法律知识开始学习，不断熟悉掌握相关办案程序和规定，他盯着队里的老同志，虚心求教案件办理过程中的难点问题，不断积累办案经验。现行的案件不够学，他就盯着案卷档案，将全队所有侦办过的案卷都从档案室里搬出来翻阅学习，在以往的案件中学习经验，从未破的案件中吸取教训。他在案中学，把逃犯当作对手，向对手学习隐匿行踪的方法，又尝试去破解这种方法。在一次次失败中总结教训，在一次次成功中复盘细节，不断突破自己，他学习运用各种手段分析逃犯踪迹。最长的一次，他追踪一个逃犯达3年之久，在这期间，他

◎ 朱明查看案件卷宗

已经从分局经侦大队调动到经侦支队一大队工作，但他仍然不放弃，最终将其抓获，这其中斗智的过程，让他积累了大量的追逃经验。

学是为了破案，是为了完成肩负的使命，是为了更有能力守护人民群众的财产安全。朱明在办案过程中，不论大案小案，只要涉及群众利益，朱明都特别上心。他秉持破案、追赃、挽损、惠民的执法思路，力求执法社会效益最大化。

近年来，一些违法犯罪分子得手后便逃往国外逃避打击，留给受害人无尽的伤痛。有的报案人得知骗子跑到国外、损失难以追回后，号啕大哭，痛不欲生。一个个受害人家庭的惨状深深刺痛了朱明的心，他暗暗发誓，绝不能让骗子逍遥法外，无论跑到哪里也要把他们抓回来接受惩罚。

2015 年，朱明参与了"猎狐 2015"专项行动，作为支队负责境外追逃工作的联络员，全程参与了境外逃犯的追逃工作。在支队领导的带领下，他协调相关部门对境外逃犯进行仔细分析、研判，发挥了突出作用。在追捕过程中，他通过调取、梳理相关资料记录，不断缩小侦查范围，为最终发现嫌疑人的位置提供了第一手资料。在实地抓捕犯罪嫌疑人冯某、杜某的过程中，他不畏院内传来的阵阵犬吠声，率先翻越2米多高的围墙冲进院内成功抓获犯罪嫌疑人。当朱明带队连夜将冯某和杜某押解回芜湖时，已经是第二天早晨。一夜无眠的朱明正准备休息，突然接到新的任务，让他赶赴境外抓捕一名涉嫌合同诈骗的逃犯王某。朱明立即和队友登车出发，就这样，他辗转山西、安徽、江苏、北京等地，然后赶赴境外，连续作战。初到境外，来不及休整，朱明就投入到新的战斗中，语言不通，气候不同，没有执法权，在这些困难面前，朱明没有退缩，最终将犯罪嫌疑人顺利带回，并将20余万美元赃款全部追回，为群众挽回了损失，出色地完成了任务。

在近年来追捕境外经济犯罪逃犯的"猎狐"行动中，朱明综合运用公安大数据系统开展研判，创新大数据追逃战法，成功抓获境外逃犯13人。案件侦结后，他认真总结追捕境外逃犯的规律特点和成功经验，撰写的《境外追逃四步法》在全省推广。

2019年，芜湖市发生一起抢劫案，该案告破后，负责侦办的刑警发现案件另有隐情，据犯罪嫌疑人周某交代，被抢劫的人员黄某系"1040"传销组织的"大头目"。刑警立即将该线索移交到经侦支队，经过进一步调查发现，该传销组织的人员分布在芜湖市多个小区，涉及人员众多。传销犯罪团伙就像可以再生的癌细胞一样，如果不能根除，每一个"老总"级甚至"经理"级人物都可能成为一个新的衍生团伙的创始人。为彻底铲除这一特大传销组织，接手该案的朱明充分将数据化情报导侦和传统侦查手段相结合，紧密围绕重点人员开展研判，对组织成员进行大起底。在朱明数据研判的基础上，芜湖市公安机关集中警力一举出击，成功破获"4·29"特大传销案，抓获传销"老总"级39人，彻底铲除了一个长期盘踞在当地的3000余人传销团伙，彻底清除了这一毒瘤。

心中装着人民，责任就扛在肩上。从橄榄绿到藏青蓝，变的是职责，不变的是初心。守护好人民的钱袋子，这一使命感驱使着朱明在经侦战线上笃行不怠!

守护人民城市建设，
"芜瑕"模型不断完善大放异彩

芜湖市是安徽省域副中心、第二大城市。2021年，芜湖市生产总值增速领跑长三角地区，增长11.5%以上，迈入4000亿元大关。经济起飞，芜湖市委市政府不忘改善人民生活，近年来，全面掀起芜湖市民生重点项目建设热潮。而一些违法犯罪分子视民生工程为猎物，呼朋引伴，相互勾结，在合法的外衣掩盖下，采取串标方式对政府招标的民生工程进行围猎。

在长期打击经济犯罪的过程中，朱明发现一些不法分子利用招投标控制项目建设，严重破坏了招标环境，进而扰乱了芜湖的经济建设秩序，成为招投标领域的一股暗流。对于串标犯罪行为，由于犯罪分子作案手段极为狡猾，常规侦查手段很难发现。对于经侦部门来说，传统侦办方法工作量大，成本高，破案时间长，如何甄别潜在的串标犯罪行为，打击震慑犯罪分子，避免造成国家损失呢?

一向善于思考的朱明紧盯串通投标易发风险环节，希望能够找到一个对付串标的办法。

2018 年，他接手一起串通投标案，报案单位用车拉来了半房间的招投标资料。朱明花了半个月的时间，也没能从海量庞杂的数据里理出蛛丝马迹，这让他明白在大数据时代，要想不被海量数据淹没，就必须要学习在数据海洋里游泳的本领。向书本学、向同行学、向互联网学，学历不高的他全身心投入研究案件侦破，技术攻坚。其间，他更是足足一个月没有出过办公楼，把以前积累的用大数据破案追逃的办法应用到分析招投标数据上，最终，建成一套串通投标案分析模型，也就是"芜瑕"分析串通投标案模型的雏形。

模型诞生之初，适逢排查采购类存疑项目。因为这些项目招投标数据资料数量庞大、情况繁杂，仅靠人力很难在短时间内取得突破。接下任务之后，朱明和同事们大胆应用模型，仅用 1 天时间就从 1459 个项目中筛查出串通投标犯罪线索 32 条，后续通过对线索的继续研判和调查取证，公安机关共立案 22 起，采取强制措施 31 人。

在一次次真刀真枪的较量中解构研判流程、完善系统逻辑、优化数据算法，"芜瑕"分析串通投标案模型逐渐成熟。2019 年，"芜瑕"模型在全国经侦论剑大比武中获特殊贡献奖，被公安部经侦局列装。2020 年，"芜瑕"模型再次在全国公安基层技术革新练兵成果比武总决赛中荣获三等奖。2020 年，朱明的团队又通过"芜瑕"模型研判，筛查出工程建设领域项目串通投标犯罪线索 42 条，立案 35 起，对犯罪嫌疑人采取强制措施 105 人。2021 年，他和同事们应用"芜瑕"模型快速厘清 4 个工程建设项目串通投标事实，案件涉及中标金额 15.4 亿余元，抓获主要犯罪嫌疑人 3 人。2022 年 7 月，通过运用"芜瑕"模型研判，破获一起特大串通投标案件，打掉了一个职业围标团伙，案件涉及多个民生工程，案值近 20 亿元。

"芜瑕"模型的投入使用，对招投标行业产生了强大的震慑效应，为维护健康的市场秩序提供了强有力的技术手段，现在这款软件已成为震慑串通投标犯罪、净化公共资源交易市场环境的一把利剑。

其行也远，其路也艰，虽千万里，吾往矣！朱明在应用大数据破案的道路上坚定向前，随着犯罪手段的不断变化，他正带领着团队将"芜瑕"升级到新的版本，迎接未来的挑战！

扫黑除恶打击跨境网赌反电诈，大数据"模型"屡立奇功

打击违法犯罪是公安机关的天职。朱明和同事们研发、运用各类数据模型服务侦查破案，在扫黑除恶、打击跨境网赌、打击电信诈骗等重点工作中屡立奇功，为维护社会治安大局稳定贡献了团队力量。

在扫黑除恶专项斗争中，朱明的大数据分析手段也立下了赫赫战功。黑恶势力不总是以原始打打杀杀的手段积累财富，当捞偏门积累到原始金钱后，他们已经不在满足于用暴力手段来攫取金钱，也想成为"生意人"。但其本性决定了他们不可能做勤劳致富的"生意人"，串通投标这种犯罪手段得到了他们的青睐。

2020 年，一条扫黑除恶线索牵涉到招投标项目。如何从招投标项目找出隐藏的犯罪线索，这让专案组原来的侦破计划陷入僵局。芜湖市公安局指派朱明加入专案组，朱明不负众望，发挥奇兵作用，

他应用"芜瑕"模型，迅速厘清多起看似正常的招投标项目下掩藏的串通投标犯罪事实，以此为突破口，助力打掉了以李某为首的恶势力犯罪集团，并破获刘某等人受贿案，追缴赃款 3600 余万元，为该涉恶专案侦破工作取得突破立下了赫赫战功。

跨境网赌作为近年来的一种新兴赌博方式，隐蔽性强，套路多样，给人民群众造成严重经济损失，危害我国经济安全和社会稳定，损害国家形象。打击治理跨境网赌犯罪，是党中央和国务院高度重视的一项工作。

2021 年，芜湖市公安局在侦办部督 57 跨境网络赌博案件过程中，发现该案涉及的地域广、人员多、不可控的证据灭失性较大。为顺利侦破此案，朱明再次被调入专案组，他主动放弃休息时间，通过细微的线索数据进行扩线工作，查找资金流向、刻画组织架构、关联嫌疑人信息。在历时 2 个月的深度综合分析研判中，朱明和他的同事们善用大数据工具，助力破获打掉地下钱庄团伙 3 个、网络赌博推广团队 2 个、技术团队 1 个，抓获犯罪嫌疑人 40 余人，追缴赌资 1000 余万元。

在打击电信诈骗违法犯罪工作中，朱明发现银行卡是电信网络诈骗和跨境网络赌博等犯罪的重要媒介和工具，犯罪团伙的犯罪所得需要依靠银行卡提现。银行卡因为体积小容易隐藏，越来越多的买卖银行卡违法犯罪行为通过寄递业这条隐秘渠道悄悄蔓延，流向全国各地形成灰色产业。2021 年，经过对多起该类案件的侦办和研判，朱明紧扣买卖银行卡犯罪活动，围绕宏观生态和微观手法，研发出寄递业研判模型，实现了批量筛查全国买卖银行卡犯罪线索的突破。2021 年 3 月，他从一张被买卖的银行卡入手，以团伙间各种交流数据为突破口，循线在多地开展收网，实现了对卡农、中间商、取卡马仔、跨境物流从业人员、跨境卡商的全链条打击，成功破获叶某等人特大妨害信用卡管理案，抓获犯罪嫌疑人 26 人，查获银行卡四件套 300 余套，依法冻结资金 400 余万元。并延伸拓展出 3 个买卖银行卡团伙，涉及全国 14 个省 76 个地市 185 人，进而通过公安部"云端"开展集群打击，全国共立案 28 起，打掉团伙 21 个，抓获犯罪嫌疑人 156 名，取得了重大战果，在打击电信诈骗犯罪工作中贡献了来自经侦队伍的力量。

近年来，朱明依靠敏锐的数据分析研判能力，设计搭建各类数据模型，服务侦查破案，先后侦破芜湖首例部督妨害信用卡管理案、部督特大地下钱庄洗钱案、部督网络制售假币案等各类经济犯罪案件 500 余起，为国家和人民群众挽回损失 10 亿余元。

破案是警察的使命，也是警察的荣耀，当使命和荣耀烙印在朱明的骨子里，他不高的身躯就迸发出强大的力量，面对每一起疑难复杂案件，他都有着攻坚克难的信心！

使命在身事业家庭不能双兼顾，
忠诚汇就奋进力量行稳致远

2022 年 4 月，芜湖市突发新冠肺炎疫情，全城实施静态管控。关键时刻，朱明主动请缨参加市疫情防控指挥部流调专班，在电脑前连续奋战 14 天。他发挥自身研判特长，在纷繁的数据中运用模型工具快速筛查各类信息 2000 余人次，为迅速实现全城动态清零发挥了重要作用。朱明的家庭是双警家庭，此时，他的妻子也在为全局防控疫情的后勤保障工作而忙碌，孩子只能丢给老人在家看护。双警家庭总是有着不同于常人的付出，也有着常人不同的心心相印。

夫妻二人同在一栋大楼里上班，办公室仅隔了一层楼。说起来很近，但有时，朱明为了破案连续加班，不仅不能回家，因为保密的原因，出差也不能说去哪里。往往是说走就走，都来不及下楼看一眼妻子。团圆时刻，朱明会问妻子："你怪我吗？"同是警察的妻子总是按下委屈宽慰他说："你的事我放心！家里的事你也要放心！"

朱明的妻子刘蔚是一名警务保障民警，在自己的岗位上工作也十分出色。她说："朱明虽然因为工作原因对家庭的陪伴少了一点，但是他对工作的热情也感染着我，让我在自己的工作岗位上尽职尽责，我也支持他在工作上取得更多的成绩！"

事业和家庭的天平不总是平衡的。2019年，朱明的父亲突发心梗，抢救期间，朱明恰逢出差执行抓捕的紧急任务，父子二人错过了临终一面，这让朱明深感内疚。2020年第一个中国人民警察节，朱明被评为芜湖市最美警察，颁奖时刻，他依然在出差办案的路上，妻子刘蔚代他上台领奖。担任颁奖嘉宾的是朱明父亲生前部队里的战友，也是公安队伍里的同事，曾经担任过芜湖市公安局三山分局政委的叶有文。颁奖台上，叶老深情地说道："作为父辈，看到朱明的成长，看到他取得的成绩，我十分放心，也替他的父亲开心，我们公安事业后继有人！"

拒腐蚀、永不沾是每一名共产党员的政治责任，也是经侦民警在工作中会遇到的考验。在日常的办案过程中，朱明严格遵守各项纪律，拒礼拒贿，展示了经侦民警敬业、公正、廉洁的良好形象。

2018 年，朱明在办理某专案过程中，犯罪嫌疑人李某在家人陪同下向公安机关投案自首。李某到案后，其家属找到朱明，称李某涉案情节较轻，希望公安机关能对其取保候审，并将 4 张面值 1000 元的超市购物卡塞到他手中。朱明当即将 4 张超市卡退还给家属，并宣讲了公安机关的纪律规定和公安机关严厉打击非法集资犯罪的态度和决心。当日中午，该名家属向朱明提交公司账目时，又将 4 张购物卡强行塞到朱明的办公室抽屉里，希望民警给予"关照"。朱明再次表明了态度，并当着专案组民警的面将购物卡退还给李某家属。

忠诚于党，忠诚于人民公安事业，朱明传承着来自先辈的忠诚，来自家庭的支持让他内心始终有着强大的力量，践行着对党忠诚、服务人民、执法公正、纪律严明的铮铮誓言。

10 余年的经侦工作像一把尺子，衡量着朱明奋斗的足迹；如一架天平，称量着他累累的战果；更像是一面战鼓，时刻激励着他不忘初心，砥砺前行。在重任和困难面前，他总是无畏挑起大梁；在成绩和荣誉面前，他却始终说是大家的功劳。未来的日子，朱明将继续发挥经侦利剑的作用，坚定不移做党和人民的忠诚卫士。

安徽省公安厅供稿

"经侦利剑"锋芒毕露

◎ 常 汝

2019年，在高手如云的"论剑2019"全国公安经侦部门实战大练兵总决赛暨"锻造全新警种　建设经侦铁军"现场推进会上，安徽省芜湖市公安局经侦支队一大队副大队长朱明从容不迫地演示由他带头研发的"芜瑕"分析模型，赢得现场专家和观众的阵阵掌声。难以想象的是，就在9年前，朱明还是一位半路出家的经侦"小白"。

2010年，告别十年军旅生涯，而立之年的朱明经常思考，怎样有意义地度过今后的人生？警服给了他答案——继承父辈的使命，走一条服务人民群众的奉献之路。

经过基层实习锻炼后，朱明服从组织安排，成为芜湖市公安局弋江分局经侦大队一名经侦民警。经侦民警对专业素养与技能要求很高，法律知识、计算机技能、财务术语……这些都是朱明必须翻越的一座座山峰。朱明给自己下了一道死命令：必须刻苦锤炼，一定要成为经侦方面的专家。

君子一言，驷马难追。从创新大数据追逃战法，助力"猎狐行动”，再到利用大数据打击跨境赌博违法犯罪，朱明始终奋战在打击经济犯罪一线，业务能力快速提升。

从警以来，朱明先后获得"安徽省公安机关'忠诚卫士'""全省公安信息化技术专家"等荣誉，荣立个人一等功1次、二等功2次、三等功3次。十年磨一剑，朱明从一名经侦"小白"，快速成长为一名业内知名的专家。

2015年，朱明作为负责追逃工作的联络员参与"猎狐2015"专项行动，看着被犯罪分子害得家破人亡的受害者，朱明暗暗发誓："绝不能让犯罪分子逍遥法外，哪怕追到天涯海角也要将他们绳之以法！"在办理一起案件时，朱明协调相关部门开展分析研判工作，通过梳理相关资料，挖掘嫌疑人的蛛丝马迹。抓捕过程中，他翻越2米多高的围墙，冲进院内抓获2名犯罪嫌疑人。次日，他又接到另一起案件的抓捕任务，立即和队友登车出发，最终抓获犯罪嫌疑人，追回赃款20余万美元。

案件侦结后，朱明认真总结追捕境外在逃人员的经验，撰写了《境外追逃四步法》，在全省得到推广。

"不仅要追求破案，更要全力挽回群众和企业的损失。"朱明在每一起案件办理中都竭尽全力。在破案的同时，他通过公布手机号码、建立微信群等方式，24小时听取经济犯罪受害群众的心声，帮助他们解决困难。

2018年，他接手一起串通投标案，报案单位用车拉来堆成小山的资料，而朱明花了半个月的时间，也没能找到有用的线索。这让他意识到，在大数据时代，如果不想被海量的数据淹没，就必须学会在数据海洋里游泳的本领。

◎ 朱明与同事探讨案情

"向书本学、向同行学、向互联网学。"朱明连续一个月吃住在办公楼开展钻研。他在一次次实战中不断完善系统逻辑、优化数据算法，战果频出。2020 年，朱明带领团队筛查出工程建设领域项目串通投标犯罪线索 42 条，对 105 名犯罪嫌疑人采取强制措施。2021 年，他和同事快速厘清 4 个工程建设项目串通投标事实，案件中标金额 15.4 亿余元。2022 年 7 月，他们又破获一起特大串通投标案件，涉及多个民生工程，案值近 20 亿元。

坚定不移做党和人民的"经侦利剑"，守好人民群众的钱袋子。朱明用奋斗践行着对党忠诚、服务人民、执法公正、纪律严明的铮铮誓言。

《人民公安报》2022 年 10 月 10 日

2022
最美基层民警

施晓健

施晓健：守护群众"钱袋子"的"反诈先锋"

"这些都是爸爸妈妈辛苦为我筹集的学费啊！"2022年8月10日，在福建省漳州市公安局龙文分局返赃仪式上，贫困学生小林接过施晓健从诈骗分子手里追回的2万元时，流下了激动的泪水。

习近平总书记在闽工作期间，曾亲切地赞誉"漳州110"为"人民的保护神"。在这支"时代楷模"荣誉警察队伍中，有这么一位民警，始终奋战在基层一线，在执法中重拳打击电信诈骗网络犯罪，在业余时间投身公益寻亲，在抗击疫情中挺身"逆行"，把"漳州110"党性至上、敢为人先、永不止步的精神特质融入血脉、传承发光。他就是福建省漳州市公安局蓝田经济开发区派出所警务三队队长、龙文区反诈骗中心主任施晓健。

从警12年来，他深入践行"四专两合力"理念，凸显青年担当、青年智慧，创新打造反诈"云平台"，探索全息反诈技战法，取得了卓越的打防管控成效，以其名字命名的"施晓健工作室"成为当地家喻户晓的警务品牌，带动辖区掀起"全民反诈"热潮，得到了人民群众的衷心拥护和喜爱，各级主流媒体纷纷报道其先进事迹，形容他为正能量"顶流"。

由于工作成绩突出，施晓健先后获评中国社会福利基金会"公益事业推动者奖"、全国"平安之星"，荣立个人二等功1次、三等功2次，当选漳州市青年联合会委员。

"再快一秒"打造反诈"云平台"

"您好，我是龙文公安分局民警，您是否有收到诈骗短信？"

"没有没有，我不知道你说什么！"

"您好，我是龙文公安分局民警，您……"

"你这死骗子假冒的吧，刚才还有警察跟我说会有假警察打电话过来，还真的打过来了。"

"我们是老百姓钱袋子的'守护者'，在防范打击电信网络诈骗这条路上与时间赛跑、与骗子斗智。早一秒也许可以阻止一场骗局，晚一秒也许就会多一人上当。"施晓健经常说，只有比犯罪分子更快一步，才能确保人民群众少受骗、不受骗。

但在与时间赛跑的路上并非一帆风顺，有的群众接到民警预警电话时将反诈民警误认为骗子；有的群众清楚是反诈民警，却听信骗子"不要将此事告诉警察"；有的群众已经知道自己被骗，但碍于面子不肯承认……这是施晓健时常遇到的情形。

为了提高群众的信任感和识别度，施晓健吸收"四专两合力"理念成功经验，将打击防范电信网络诈骗"四专两合力"理念融入工作实践，成立专班专题研究"智能化预警对抗专业化电诈"思路，内部整合公安数据资源，外部联合中国电信接入启用全国反电信网络诈骗专用号码 96110，创新打造全息反诈"云平台"，实现"诈骗短信智识别、预警电话智呼出、宣防指令智下达"等智能化功能。平台实施 24 小时智能监测，按高、中、低对诈骗风险进行分级分类，第一时间对涉诈电话自动进行电话和短信预警，对高等级警情同步指令属地派出所民警上门见面宣防，取得了良好劝阻效果。

"您好，这里是漳州市龙文区反诈骗中心智能预警平台 96110，您可能正在遭受电信网络诈骗，请保持高度警惕……"2022 年 7 月，龙文区反诈骗中心预警系统智能监测到辖区黄女士接到诈骗电话，"云平台"第一时间智能呼叫黄女士进行先期预警。

就差一步！尽管黄女士还未反应过来遇到什么状况，还是下意识地停下最后几位支付密码的输入，为后续劝阻赢得了宝贵的时间。此时，骗子不断加码诱导，黄女士再次陷入圈套。在"云平台"实时监测下，提高风险等级的信息同步推送到施晓健手机，他立即组织紧急上门预警，但是属地派出所先期工作并不顺利，黄女士不在家里，且在电话里一直强调自己仅是刷单返利，后面干脆连民警的电话都不接，直接失联了。

情况万分火急，施晓健立即通过数据研判，发现黄女士购买了一张动车票，还有 30 分钟就要发车。他抓起车钥匙飞奔出办公室，驱车赶往动车站，在登车前一刻找到了又在转账的黄女士，此时的她在高利返现的诱惑下，已向亲朋好友筹借了 30 万元。

"要不是施警官及时出现，我现在肯定都不知道该怎么活了。"第二天，黄女士将一面绣有"人民卫士　反诈先锋"的锦旗送到了施晓健手中，她激动地说道："连续糊涂了两次，差点输入转账验证码了，幸亏有施警官，真是太感谢他了。"

在施晓健的日常工作中，这样"以快制快"的模式已经成为常态。全息反诈"云平台"智能监测、自动预警功能，相比传统手动联络，大大精简了操作流程，为劝阻止付、上门宣防争取了宝贵的一分一秒，有效解决同时段、批量式同步预警难题，做到"电话劝阻＋上门见面"双保险，构筑起了反诈立体防控面。

开展夏季治安打击整治"百日行动"以来，"云平台"共预警8000 余人次，发送短信预警 40958 条，见面预警 3021 人次，成功为辖区群众预警劝阻止损 125 万元。

"全息作战"创新打防管控机制

"你们谁知道这个团伙用的诈骗软件怎么查找数据啊？"

"已经是银行下班时间了，这个资金流水来不及调取了，只能等明天了。"

在龙文区反诈骗中心，反诈民警们正热火朝天地办理着案件，但传统单打独斗的侦查方式，在飞速发展的犯罪技术和诈骗手段面前日益捉襟见肘。

"最好的防守就是进攻。"这是施晓健心中的执念。除了要快人一步抓好先期预警，出重拳、下狠手才是对电信诈骗网络犯罪分子的最好威慑。探索创新侦查手段，如何实现"全链条"打击，成为摆在施晓健面前的新课题。

2021 年起，施晓健积极组建专班开展优化调整电信网络诈骗犯罪打击防范工作专题研究，探索以警种合成打击电信网络诈骗"全链条"技战法，成功推动反诈骗中心与合成作战中心、大数据中心、法制等部门的协同配合，有效打破警种链条壁垒。后来，经过不断摸索打造的"市—区—队"三级全息反诈技战法和"本地公安—银行机构—外地公安"闭环协作法迅速成为指向电信诈骗网络犯罪分子的一把"尖刀利刃"。

"这都是老人家的养老钱啊……"2022 年 3 月，龙文区反诈骗中心接到辖区一老人家属的报警。施晓健了解到，这位老人刚学会使用智能手机支付，就被人以推销药品为由诈骗了一万块钱，一气之下卧床不起。施晓健通过电话安抚好老人家的情绪，立即带领反诈专班开展专案侦查，从对方账号和资金流迅速研判出嫌疑人身份信息，并查实嫌疑人落脚在安徽后，施晓健将案件及嫌疑人信息同步推送给安徽当地公安机关。

当天，施晓健带队赶往安徽实施抓捕，在当地公安机关配合下，精准定位到嫌疑人居住地，在飞机落地仅半小时就将犯罪嫌疑人抓获，并顺利牵出幕后链条，成功打掉涉诈团伙，为老人家追回了全部被骗走的存款。事后，老人家还专门送来了感谢信。

"百日行动"期间，在侦破一起被诈骗 400 余万元的专案中，受害人在诈骗分子的诱导下将相关软件信息全部删除，为案件侦办带来极大挑战。

面对重重困难，施晓健并没有因此退缩，他组织相关警种和多家网络信息技术公司，寻找数据信息修复方法，最终成功突破案件瓶颈，恢复被删除的软件信息。通过认真梳理软件信息，研判查明了涉案账号、涉诈软件开发人员等关键信息，两天内快速锁定 23 名犯罪嫌疑人身份信息，带领来自各警种的骨干联合展开收网抓捕。

"我不知道，你们抓错人了，我要告你们侵犯人权！"嚣张的诈骗分子企图蒙混过关，拒不承认犯罪事实。为打掉犯罪分子的嚣张气焰，施晓健带领团队一头扎进信息技术中心，饿了就啃块饼干，困了就用清水洗洗脸，在庞大复杂的网络流和资金流中分析梳理嫌疑人之间的链条关系和团伙构架。最终在铁的证据面前，犯罪分子供认不讳。从案发到审讯完毕历时仅 5 天，施晓健便成功打掉了这个大型诈骗团伙，摧毁 2 个洗钱窝点、1 个技术引流犯罪窝点、1 个技术支撑犯罪窝点，抓获犯罪嫌疑人 23 名，及时追赃止付 280 余万元。

施晓健非常善于学习，是"四专两合力"理念的积极践行者，他带头编写的《打击电信网络诈骗"四专两合力"理念实践运用工作法》《全市反诈骗中心重大案件紧急追查涉案资金机制》等一批机制文件已在全市推广运用。2022 年以来，龙文区电诈案件破案率同比大幅上升，破案率达 64.39%，"两卡"线索核查率达 100%。

"群策群力"掀起全民反诈热潮

"我们深知，贵单位施晓健同志利用业余时间对打拐、寻人公益作出突出贡献，你们的无私奉献和大力支持，成就更多人的团圆梦。"中央广播电视总台《等着我》栏目的感谢信上这样写道。

近年来，施晓健积极投身公益寻亲事业，组建爱心志愿队发动参与公益寻亲活动，累计为全国 1445 名寻人求助者提供有价值线索，协助找到 1878 人，帮助 1079 个失散家庭实现团聚，助力全国818 名民政救助人员回到亲人身边，中央广播电视总台《等着我》栏目多次发来感谢信，并为其颁发了"施晓健工作室"的牌匾，这是该栏目组在福建省唯一的工作室，是当地家喻户晓的寻亲品牌，施晓健也成为百姓交口称赞的"寻亲达人"。但施晓健没有止步于荣誉，"立足漳州、走出福建、辐射全国"是他的理想。

一直以来，他始终思考着如何将反诈骗宣防与公益寻亲做到有机结合。"我觉得，依托工作室的品牌影响力提升全民参与反诈的热情，构建'全民反诈''全社会反诈'的工作格局，大有可为。"施晓健这么说，也是这么做的。

在一次入户宣传活动中，施晓健发现，反诈宣传，年轻人喜欢看短视频，中老年人喜欢聊天。为了更具体地了解受众的想法，施晓健利用业余时间上街进行随机问卷调查，深入工厂、夜市等人员聚集的地方走访调查，了解他们所想，为受众量身定做宣传品，让原本冰冷、生硬的"提示""告知"有了活力、温度和吸引力。

◎ 施晓健为小学生开设反诈小课堂

"刷单被骗，冇厝冇车。"施晓健和同事一起将网络诈骗分门别类草拟了剧本，利用业余时间拍成了带有闽南本地特色、诙谐幽默的系列反诈小短剧，并以"施晓健工作室"名义，通过微信、抖音进行推广传播。由于群众反响热烈，原本每集 5 分钟、预定拍摄 6 集的反诈故事，已经在筹备拍摄第 10 集了。"大爷您看，最近很多老年诈骗是这样的案例，我给您讲讲。"对于中老年群体，施晓健定期和同事们到老年活动中心等地，与长辈唠家长里短，普及防诈知识。

2022 年以来，施晓健还带领爱心志愿队在全区持续开展防范电信网络诈骗主题宣传，积极会同社区乡村 110、护企 110 等队伍一起开展进社区、进农村、进家庭、进学校、进企业"五进"宣讲活动，同步依托新媒体发布本地鲜活案例和典型案例，开通数字电视开机广告画面进行反诈宣传，通过"线下＋线上"模式，全方位开展反诈宣传教育。

"百日行动"期间，在"施晓健工作室"的带动下，龙文区反诈骗中心又吸引了 110 名反诈志愿者的加入，共开展集中宣传活动 12 场次，推送发布反诈宣传警示案例 143 条，有效提升群众防骗识诈能力，电信网络诈骗警情数同比下降了 43.2%。

福建省公安厅供稿

愿"天下无诈""天下无拐"

◎徐　婷

　　"漳州 110"这支光荣警队培养出一批优秀民警，其中有这样一位：他扎根在基层，奋战在执法办案一线，用心用情用力解决人民群众"急难愁盼"问题；他是刑侦战线上的"反诈先锋"，也是深受当地群众喜爱的"寻亲达人"，他的名字叫施晓健。

　　施晓健，2010 年 9 月至 2012 年 5 月任职于"漳州 110"，现任福建省漳州市公安局蓝田经济开发区派出所警务三队队长、龙文区反诈骗中心主任。从警 12 年来，他先后获评中国社会福利基金会"公益事业推动者奖"、全国"平安之星"，荣立二等功 1 次、三等功 2 次。

　　"我们是老百姓'钱袋子'的守护者，早一秒就可以阻止一场骗局。"施晓健常说，只有比犯罪分子更快一步，才能确保人民群众少受骗、不受骗。

　　为提高群众的信任感和识别度，施晓健将打击防范电信网络诈骗"四专两合力"理念融入工作实践，成立专班专题研究智能化预警对抗电诈思路，整合公安数据资源，接入全国反电信网络诈骗专用号码

"96110"，创新打造全息反诈"云平台"，实现诈骗短信智识别、预警电话智呼出、宣防指令智下达等智能化功能，为劝阻止付、上门宣防争取时间，做到"电话劝阻＋上门见面"双保险，构筑起反诈"防火墙"。

夏季治安打击整治"百日行动"开展以来，全息反诈云平台共预警8000余人次，发送预警短信4万余条，见面预警3020余人次，为辖区群众止损125万元。

科学技术更新迭代快，电信网络诈骗的手段也层出不穷。如何创新侦查手段、实现全链条打击成为摆在施晓健等反诈民警面前的新课题。

2021年起，施晓健积极组建专班，探索打击电信网络诈骗全链条技战法，打破警种链条壁垒，推动反诈骗中心与合成作战中心、大数据中心等部门协同配合。经过不断摸索，施晓健打造的市—区—队三级全息反诈技战法和本地公安—银行机构—外地公安闭环协作法迅速成为打击犯罪分子的一把尖刀。

施晓健还将自己的经验总结起来，牵头编写《打击电信网络诈骗"四专两合力"理念实践运用工作法》《全市反诈骗中心重大案件紧急追查涉案资金机制》等，并在实战中得到推广运用。今年以来，漳州市龙文区电信网络诈骗案件破案率达64.39%，同比大幅上升。

"反诈先锋"施晓健的另一个身份同样受到当地群众交口称赞——"寻亲达人"。

2017年，因一次警务协作，施晓健接触到了公益寻亲，自此踏上了帮助群众寻亲的道路。

近年来，施晓健积极投身公益寻亲事业，组建爱心志愿队，发

◎ 施晓健开展义务寻亲助力团圆

动、参与公益寻亲活动，累计为全国 1445 名寻人求助者提供有价值
线索，协助找到 1878 人，帮助 1079 个失散家庭实现团圆。

"你们的无私奉献和大力支持，成就了更多人的团圆梦。"2018
年，一封来自中央广播电视总台《等着我》栏目的感谢信寄到漳州
市公安局龙文分局，施晓健投身公益寻亲一事被同事知晓，同时吸
引了更多人加入。

随着"施晓健工作室"揭牌成立，施晓健将寻亲这项公益事业
做得更实、更深、更专业。他带领团队通过"寻人行动"，在公安
部部署的"团圆"行动中，助力更多失散家庭实现团圆。

愿"天下无诈"，施晓健践行着人民公安的责任与担当；愿"天
下无拐"，施晓健践行着人民公安的初心和使命。

《人民公安报》2022 年 10 月 11 日

2022
最美基层民警

艾金凤

艾金凤：情暖高墙的白衣天使

她是人民警察，惩恶扬善、维护正义；她是退伍军医，白衣为甲、使命必达。她在看守所医务民警岗位一待就是 13 年，累计巡诊 10 万人次，在没有鲜花和掌声的阵地，舍弃了家人的期盼，用心用情用力做好在押人员健康监测和管理服务工作。她就是艾金凤，一个身材娇小却目光坚定的医务女警，在她的不懈努力下，看守所内在押人员发病率和出所就医率逐年下降。

2020 年，面对突如其来的新冠肺炎疫情，作为南昌市第二看守所唯一一位医务民警，艾金凤用努力和汗水构筑了一道坚不可摧的防线，维护了监管阵地的安全，以实际行动践行了白衣天使的初心使命和人民警察的铮铮誓言，也谱写出情暖高墙的最美篇章。

"把好了病患关，监所安全风险就降低了一大半"

2009 年从部队退伍后，艾金凤就穿上了藏蓝警察制服，成为南昌市第二看守所的一名医务民警。在这个中型看守所里，只有艾金凤一名医务民警，不仅要履行好监管民警的责任，还要协调协作医院医生做好嫌疑人入所体检和在押人员健康监测、疾病治疗。

从部队战士到人民警察，从临床医生到看守所医务民警，转变的是身份，不变的是时刻放心不下的责任。艾金凤发挥部队细致严谨的作风，时刻把在押人员健康安全放在心上，为实时掌握在押人员的健康状况，及时给予跟踪治疗，每天坚持上、下午对监区进行巡诊，并研究出了"四查"工作法，即对患有严重疾病的在押人员做到每天"重症必查"，对新入所患病人员做到连续三天"病情追查"，对所内患有基础性疾病的在押人员进行每周一次的"疾病复查"，对全所在押人员每月进行一次"全面筛查"。通过"四查"工作法，南昌市第二看守所内发病率和出所就医率逐年下降，真正做到小病不出所，大病快处置。

为了更好地服务办案民警，解决关押难的问题，艾金凤把医务工作前移，主动对接办案机关，耐心细致做好嫌疑人入所前体检咨询工作，方便办案民警尽快办理入所手续，有时一天回复咨询电话三四十个、咨询信息上百条，力求把在押人员病患风险降到最低。

2021年2月春节前夕，因危险驾驶正在取保候审阶段的黄某即将入所执行刑罚，艾金凤按照规定对其进行入所问诊。她发现黄某的心电图提示心肌缺血，立即致电办案民警建议加做一个心脏彩超。当得知黄某在体检过程中有胸痛和后背出冷汗情况后，艾金凤凭多年临床经验怀疑这是心绞痛急性发作的症状，当即告知办案民警，黄某存在猝死风险，须立即实施抢救。

一个小时后，艾金凤接到了办案民警的感谢消息，图片中黄某已经被送入手术室。"当时心脏彩超结果还没出，办案民警找到黄某后立即将他带到了急诊，几分钟后对方就突然陷入昏迷，如果不是抢救及时，非出大事不可。"艾金凤回忆起那一次争分夺秒的抢救过程，依然心有余悸。

"我的专业就是我的事业，
我的岗位就是我的战位"

艾金凤在部队当了8年军医，在老年病领域有着丰富的诊疗经验。到看守所后，艾金凤便白天上班、晚上学习，刻苦攻读全科医学专业知识及监所管理业务知识，很快实现了从一名医生到医务民警的转变，并探索出集"健康检查、疾病筛查、重症预防、心理咨询"于一体的监所医疗管理办法，总结出6类重点病患管理办法。

"艾科长，昨晚关押的刘某抽筋晕倒了"，对讲机里传来值班管教的紧急呼救。艾金凤一路跑到监室，看到刘某还在抽搐，嘴角都是白沫，四肢不停挣扎，左侧脸有明显的伤口，4个室友死死压着他的四肢。艾金凤立即上前，松开他的衣领扣子，轻轻将他的头转向右侧，3分钟后刘某清醒过来，立即感到头痛、脸痛、四肢痛。艾金凤发现，由于在押人员和管教民警没有足够的经验，在处理癫痫病发病时，容易造成患病在押人员二次受伤。

癫痫病容易反复发作，医生不可能第一时间到达现场，怎样做才能妥善处理好癫痫病人？于是，艾金凤向领导申请组织管教民警进行了一次专业的急救培训，制作了"艾姐抢救癫痫小卡片"，让民警熟悉癫痫病人处置的"二保护、三不要"。此外，针对心血管疾病在押人员寒冷季节头部血管收缩易加重病情的情况，艾金凤又推出"艾姐保暖帽",给他们每人配发保暖帽,保护头部不受寒冷侵袭,有效降低了心肌供血不足、心绞痛、心肌梗死等发病率。

医得了在押人员身体上的病痛,还要医得了他们心里面的伤口。艾金凤深知要做好看守所的医务科长,"医身和医心密不可分,对可能判处重刑、家庭关系紧张、心理负担重等在押人员,有针对性开展心理疏导,让他们敞开心扉、宣泄情绪、化解压抑、放下包袱,发挥药物难以达到的作用"。艾金凤努力学习心理学知识,参加心理辅导培训,取得了二级心理咨询师资格证,随即在看守所内建起了"艾姐心理驿站"。

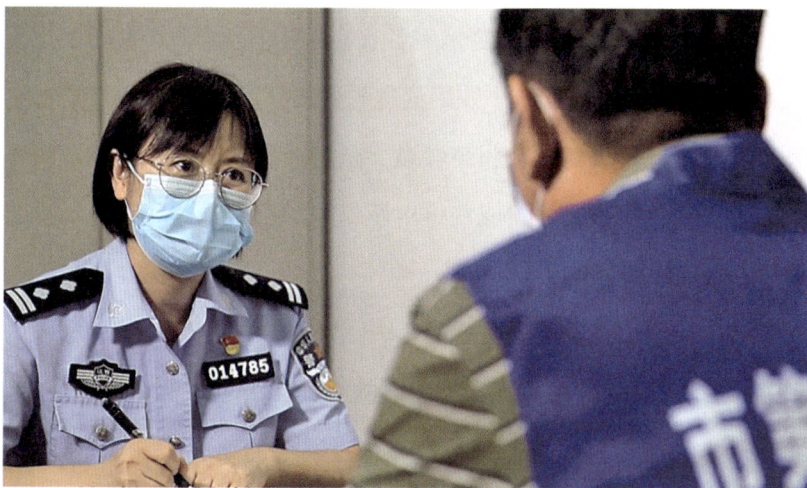

◎ 艾金凤对在押人员进行心理辅导

故意杀人的死刑犯张某,患有严重的高血压,思想情绪极不稳定,药物控制效果差。艾金凤每天利用换药的机会和他聊天,点点滴滴撬开他的心结。原来张某因为吸毒,导致夫妻关系破裂,前妻和儿子都离开了他。临刑前,他唯一的愿望就是见妻子儿子一面。

为了完成张某的心愿，艾金凤一边从生活上关心他，一边通过办案民警打听他妻儿的消息，但他妻子对他失望至极，已经带着儿子离开了南昌，不知所踪。虽然艾金凤最终没能实现张某的愿望，但张某却真切体会到她的关心关爱，最终放下内心执念。在药物和心理的双重治疗下，血压趋于平稳。执行死刑前，张某流着眼泪对艾金凤说："我荒唐一生，但从你身上我看到了善良，如果有来生，我一定要好好报答你！"

"装病、自残，在我这关就过不了"

"我是一名医务科长，更是一名监管民警，既要配合驻所医生全力救治病患，也不能让一个装病的逃脱处罚。"一些在押人员通过憋气升高血压、咬破口腔黏膜装咳血、全身抽搐装癫痫、自残自伤等欺骗手段，企图逃避处罚或获得出所就医的机会，这些都逃不过艾金凤的"火眼金睛"。

2019 年，在押人员喻某连续一个星期测出收缩压 190、舒张压 120。测量血压时，喻某一个不起眼的小动作引起了艾金凤的注意，喻某双脚在桌子底下轻微地抖动，虽然测出的血压与之前一样高，可是血压和他的脉搏跳动感觉不一样。艾金凤判断喻某是在装病。艾金凤对其血压进行了重新测量，并让其把脚放平、姿势不动，并触摸他肌肉是否鼓劲。果然，这次测出的血压正常。为了验证自己的判断，她在不同时段用同样的方法进行了 3 次测量，3 次血压都正常。在确凿的证据面前，喻某终于承认了自己为增加放风时间刻意装病的事实。

2015 年 8 月，16 岁的王某因寻衅滋事被刑拘。入所当天晚上，他趁值班民警不备，突然对着墙撞上去，昏倒在地，鲜血直流。听到报警器中的呼叫，艾金凤和管教民警立即冲进了监室，发现王某头皮有挫裂伤。她一边通知 120，一边检查伤口止血。在医生进行必要的体格检查时，王某似乎昏迷不醒。但细心的艾金凤发现，当疼痛刺激的时候，王某会皱眉和头微微侧向一边。伤者很有可能存在意识，只是在装。在医院止血清创缝合时，王某的脚趾因为疼痛而翘起，紧闭着的双眼眼球也在转动，这些进一步印证了艾金凤的猜测。艾金凤在他的耳边轻轻问了一句"痛吗？"王某下意识回了一句："痛！"原来王某在社会上混的时候，听别人说用刀片或者撞墙导致头破血流，便可以逃避关押，没想到第一次表演就被艾金凤识破了。

"我是医务科长，我不上前谁上前"

2020 年，一场新冠肺炎疫情打乱了所有人的生活。"我是一名医务科长，疫情来了，我不上前谁上前。"艾金凤除了日常医务工作外，还挑起了看守所疫情防控工作的重担，带头参加看守所封闭勤务，监测体温、发放物资、普及防控知识，忙得脚不沾地，一待就是四五十天。她针对入所、隔离、防护、勤务、谈话、出所、医疗等关键环节和重点工作，细化了 7 类 30 条硬性措施，将各区域、各岗位工作标准要求和操作流程进行统一规范，严格落实在押人员个人防护、分餐用餐、日常活动等规定，最大限度降低交叉感染风险。

2020 年 3 月，在押人员帅某报告自己胃病发作好几天，吃什么吐什么。因看守所医疗条件有限，艾金凤只能给他常规治疗，但没有明显好转，还逐渐停止了排气排便。艾金凤根据症状判断帅某肠梗阻的可能性大，向所领导报告必须出所就医，否则可能危及生命。当时，正值疫情最严重的时期，监所实行最高等级勤务模式，送帅某去医院治疗存在巨大的感染风险，领导为难了。"我去！"艾金凤主动请缨，"我是学医的，病人情况我最熟悉，疫情防控措施我也懂。"监管医院 CT 检查提示肠道有占位病灶，有梗阻，必须马上手术。她立即将情况向所领导汇报，领导指示马上安排去上级医院检查明确诊断，同时与办案单位联系安排警力协助安全戒护，与法院联系办理取保候审，在医院办理帅某的入院手续……从下午 2 点开始，她穿着防护服与各方进行协调，等到办案单位接手帅某的安全戒护，办完住院手续，这时已经是晚上 8 点。虽然是 3 月，脱下穿了 6 个小时的防护服，艾金凤的毛衣还是湿透了，寒风一吹，不禁打了个寒战。累得快要虚脱的她，这时才想起大半天没喝一口水、没吃一口饭。

艾金凤的丈夫也是一名军人，常年驻守部队，夫妻俩分居两地，孩子都是交给长辈轮流照顾。2012 年，丈夫转业到街道办事处任副主任，俩人经常忙得见不到人影，几天见不到一面。以前是"家很远，回不去"，现在"家就在身边，却回不去"。他们的儿子在别的孩子还在妈妈怀里撒娇时，就能自己爬梯子换灯泡，有时妈妈下班回来，还能炒上一盘香喷喷的蛋炒饭孝敬妈妈。

2019 年 8 月，艾金凤发现自己腹部有个包块明显凸起，作为医生，她知道不是什么"好事"，下班后便一人前往医院检查，发现子宫肌瘤异常增大至 9cm，医生要求必须立即住院，进行手术切除，不排除恶性肌瘤的可能。当时全市打击犯罪专项行动进入攻坚阶段，关押量达到历史最高点。斟酌再三，艾金凤还是将病情隐瞒了下来，重新投入工作，连轴转了 2 个月时间，直到国庆安保任务结束才去医院做了肿瘤切除手术。丈夫和孩子知道后又心疼又生气，肿瘤万一是恶性的，就意味着黄金治疗时间被耽误了。她却笑着说："我的身体我知道，所里任务重，一个人当两个人用，这时候我不能当逃兵呀。"

从警 13 年，从橄榄绿到藏青蓝，艾金凤以军人的执着勇毅、医生的无私奉献、警察的凛然正气，心系在押人员的生命健康和监所安全，用青春和热血践行了一名医务民警的责任担当，也谱写了监所民警情暖高墙的最美篇章。

江西省公安厅供稿

情暖高墙的医务女警

◎ 邬春阳

她是人民警察，惩恶扬善、维护正义；她是高墙里的"白衣天使"，敬畏生命、守护生命……

她就是江西省南昌市第二看守所医务科科长艾金凤，在看守所医务民警这一鲜为人知的岗位上一干就是 13 年，始终用心用情用力做好在押人员健康监测和管理服务工作。

新冠肺炎疫情发生以来，作为南昌市第二看守所唯一一位医务民警，艾金凤用努力和汗水构筑了一道坚不可摧的防线，有力维护了监管阵地安全。

如何做好一名医务民警？这个念头从入警开始就萦绕在艾金凤心头。

2009 年，从部队退伍后，曾是军医的艾金凤换上了藏蓝制服，成为一名医务民警。在南昌市第二看守所，艾金凤不仅要履行好监管民警的责任，还要协调协作医院医生做好嫌疑人入所体检和在押人员健康监测、疾病治疗。

在高墙内，这绝不是一份轻松的工作。

"把好了病患关，监所安全风险就降低了一大半。"来到看守所后，艾金凤充分发挥自己细致严谨的特点，为实时掌握在押人员的健康状况、及时给予跟踪治疗，她每天坚持上、下午对监区进行巡诊。入警13年，艾金凤累计陪诊10余万人次。

正是在一次次的巡诊工作中，艾金凤总结出一套方法，即"四查"工作法：对患有严重疾病的在押人员做到每天重症必查，对新入所患病人员做到连续三天病情追查，对所内患有基础性疾病的在押人员进行每周一次的疾病复查，对全所在押人员每月进行一次全面筛查。

通过艾金凤和战友们的不懈努力，在押人员的发病率和出所就医率逐年下降，做到了小病不出所、大病快处置。

"我的专业就是我的事业，我的岗位就是我的战位。"情暖高墙，心系监所，13年来，艾金凤用一次次冲锋诠释了自己对监所工作的热爱。

为了更好地服务办案民警，艾金凤把医务工作前移，主动对接办案机关，耐心细致做好嫌疑人入所前体检咨询工作，有时一天要回复几十个咨询电话、上百条咨询信息，力求把在押人员病患风险降到最低。

2021年2月春节前夕，因危险驾驶罪正在取保候审阶段的黄某即将入所执行刑罚，艾金凤按照规定对其进行入所问诊。

问诊过程中，艾金凤发现黄某的心电图提示心肌缺血，随即要求办案民警给黄某加做心脏彩超。当得知黄某在体检过程中伴有胸痛和后背出冷汗的情况后，凭借多年临床经验，敏锐的艾金凤怀疑

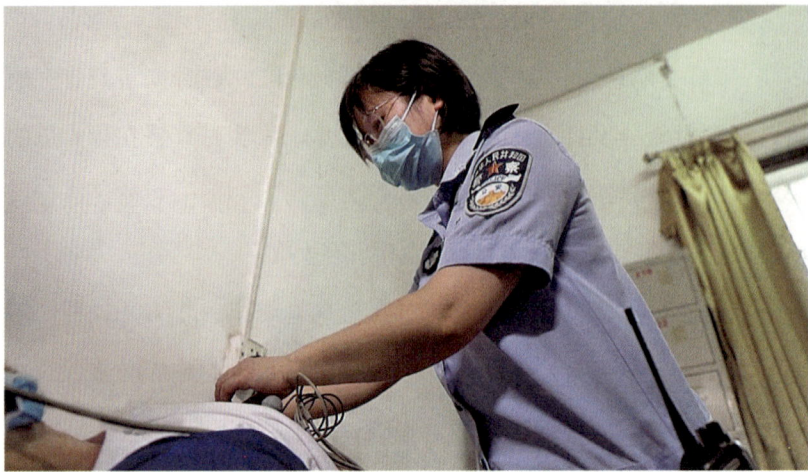

◎ 艾金凤对在押人员开展急救

这是心绞痛急性发作的症状，当即告知办案民警，须对黄某立即实施抢救。

1个小时后，艾金凤收到了办案民警的感谢信息，黄某已经被送入手术室。"听了我的建议，办案民警立即把黄某带到了急诊室，几分钟后黄某就突然陷入昏迷，如果不是抢救及时，非出事不可。"艾金凤说。

在抗击新冠肺炎疫情中，艾金凤主动承担起看守所疫情防控工作的重担，监测体温、发放物资、普及防控知识，常常忙得脚不沾地。

针对入所、隔离、防护、勤务、谈话、出所、医疗等关键环节和重点工作，艾金凤细化了7类30条硬性措施，将各区域、各岗位工作标准要求和操作流程进行统一规范，严格落实在押人员个人防护、分餐用餐、日常活动等规定，最大限度降低监所内交叉感染的风险。

从警 13 年，艾金凤以军人的执着勇毅、医生的无私奉献、警察的凛然正气，积极投身公安监管事业，始终心系在押人员身体健康和监所安全，用青春和热血践行了一名医务民警的责任担当，以实际行动谱写了情暖高墙的最美篇章。

《人民公安报》2022 年 10 月 12 日

张连波

张连波："云端"上的守护

泰山是五岳之首。对于来自五湖四海的游客来说，除了登泰山欣赏祖国山河的壮美外，还有一种深沉的寄托和朴素的心愿，那就是中华民族对"国泰民安"的深沉追求。

泰山极顶是岱顶，这是八方游客汇聚而来攀登泰山的目的地，也是登高望远、"一览众山小"的经典景点。驻扎在这里的山东省泰安市公安局景区分局岱顶派出所，被人们称为"云端上的派出所"。现任所长张连波，2004年从部队转业，脱下军装换上警服，从军营来到警营，在岱顶派出所一干就是13年。

张连波深深懂得，作为一名坚守在泰山之巅的人民警察、一名共产党员，让游客高高兴兴而来，平平安安归去，意义更加重大。这13年里，他像泰山上的"挑山工"一样，埋头苦干、勇挑重担、永不懈怠、一往无前，带领全所同志忠诚履行"巅峰守护、护佑平安"的职责，守护着中外游客的安全。岱顶派出所先后荣获"全国公安机关爱民模范集体"、山东省首批"枫桥式公安派出所"等殊荣。张连波本人也多次立功受奖，他用自己的双肩挑起了群众的平安。

坚守岱顶 13 年，旅游旺季每天工作 18 个小时

泰山日出，是泰山的四大奇观之一。红日喷薄而出的那一瞬间，其无与伦比的巍峨壮美，让慕名而来的游客为之赞叹倾倒，然后心满意足地踏上归途。张连波就这样目送着天南海北的游客们来了又走、走了又来，而他自己在岱顶 13 年，却没有看过一次完整的日出。

针对岱顶特殊的自然环境和游客登泰山观日出的特点，冬天，他带领民警凌晨 4 点上岗，夏天则是 3 点，因为这个时间游客开始陆续涌来，急剧增加的人流很容易造成拥挤混乱。为了保证游客安全，他向科技要警力，独创"四色预警"机制，纳入"智慧泰山"综合管理，通过智慧景区热力图、一线执勤信息反馈等增强研判精度，根据游客流量、季节特点、治安状况、节假日和时段划分，将辖区的主要景点、路段、场所分成红、橙、黄、绿 4 个区，利用硬质隔离、人力疏导、分批放行、路线分流等措施，将瞬间集聚的游客及时分流至桃花源索道站等地，防止发生拥挤、踩踏等事故。

在岱顶，他穿梭在观日出的游客中间，提醒他们注意安全，提醒席地而卧的游客注意保暖，高音喇叭中不时传出他嘶哑的声音……看日出后，游客们会不约而同地唱响《我和我的祖国》，大家挥动着手中的国旗大声欢呼，而张连波则站在热情的人群中间，始终保持着高度的警觉，关注着人群中的异样、游客的物品、人流的方向、路边护栏的状况……就这样，一天又一天，从早上日出前人群聚集，到日出后人群散去，他和同事们不断喊话、劝导、疏散、处理警情……虽然自己没有看过完整的日出，但是看到大家完成了

心愿、平安返程，张连波心里就踏实了。

2022 年 8 月 4 日，张连波又度过了忙碌的一天。凌晨 3 点，闹钟准时将他叫醒，带好装备走出派出所，穿行在观日出的人流中，不断提醒游客注意安全；5 点左右观日出人群达到峰值，他带领民警维持现场秩序，喇叭不停喊话提醒；6 点左右观日出结束，人群向索道站聚集，他在沿途路口和南天门索道站全力疏导游客，一直忙到 8 点；白天登山的游客开始多起来，简单吃点早饭，连续处理丢失物品、小孩走失、游客纠纷等各类警情。午饭后开始检查岱顶商铺九小场所，处理一起纠纷警情，安排夏季治安打击整治"百日行动"夜查，一直忙到深夜 11 点……这就是他的 24 小时，全天几乎睡不了一个囫囵觉。

心里装着游客和商户，肩上挑着群众的平安

岱顶派出所辖区内有碧霞祠、唐摩崖等全国重点文物保护单位 10 处，是泰山文化景观最精华地带，"泰山日出""云海玉盘"等胜景都在这个面积只有 3.16 平方公里的狭小地带，由于特殊的地理特点，救助失足跌落游客的警情时有发生。

工欲善其事，必先利其器。在张连波带领下，全所民警立足山地救援特点，强体能，增技能，练就了一身徒手攀爬山崖、在台阶上快步如飞的过硬本领。

2021 年 11 月 2 日凌晨 3 时 16 分，正在值班备勤的张连波突然接到游客报警，有人在日观峰附近意外坠崖。他第一时间赶到现场，大声向失足游客呼喊，喊到第五声的时候，下面传来了微弱的

回应。"活着，人还活着！"张连波焦急又兴奋地对身边的同事说："快，快，快拿救援绳！"他一边把绳子迅速拴在腰间，一边朝崖下大喊："坚持住，千万别乱动！"随后像"蜘蛛侠"一样冒着生命危险"飞"下悬崖，艰难地穿过长着刺的灌木丛，下到悬崖底部将失足游客拴牢。在大家的共同努力下，人被安全救了上来，这时张连波才感到身上隐隐作痛，原来他的手臂、后背、腿上多处被石块和灌木划伤，流血不止。

这样的救人场景对张连波来说并不陌生，13 年来，他每年都要参与山岳救援十几次。与时间赛跑，与危险较量，他总是跑在最前面、出现在最危险地方的那个人。他说："我守在岱顶，就要把游客的安全放在首位，这是职责所在。"

为了能更快更准地找到报警求助又说不清位置的游客，张连波和民警们走遍了山上的角角落落，将辖区每一棵编码古树、文物古建、石碑石刻和比较明显的特殊地标，一处一处手绘到"救助图"上，一点一点记到脑子里。有了这张图，就能根据报警游客的描述，在最快时间内形成坐标、确定位置，为救助赢得主动，为生命赢得时间。

2021 年 5 月 21 日深夜，泰安市公安局指挥中心发来紧急指令：一名游客由后石坞步行下山时迷路。张连波立即联系求助人了解情况，35 岁的外省游客江某看到桃花源索道站出口旁有条小路便走了进去，不知不觉天色黑了下来，又刮起了大风，迷路的江某感到十分无助和慌恐。此时山顶网络信号不稳定，无法通过微信分享定位，为了缓解游客的紧张情绪，张连波在电话中不停和他对话，同时，让其描述周边的环境，根据其提供的古树名牌，最终在二虎庙附近找到了疲惫不堪的游客。

张连波常说："游客无小事，再小的事我们都得办好。"山上经常有走失的儿童，为了照顾好这些孩子，张连波就有意识地多准备些小零食、火腿肠、方便面等。旅游旺季时，山上一天各类走失警情有100多起。张连波把他们找到后，安置在所里，耐心安抚，送水送饭，让他们感到来到泰山就像到了自己家。

岱顶辖区景点多、游客集中，游客之间的纠纷占治安警情的85%以上。张连波在辖区沿途设置"纠纷调解室"，现场快速化解发生在游客间的小纠纷、小摩擦，让民警多跑腿、游客少走路，每年调解矛盾纠纷200余起。他还琢磨出流动"调解式"执法，依托驻山单位、经营业户，建立微信工作群，遇有游客走失，第一时间群发信息，"一呼百应"，每年找到走失游客140多人。

岱顶上43个商户和驻山单位的安全也时刻牵动着张连波的心。商户李志清深有感触地说："张所心里装着我们，我们店里的情况他比我都清楚，我们的事他比我们自己都上心。"2022年6月底，在一次治安检查中，张连波发现李志清的店里存在用电隐患，提醒他更换用电设备，但李志清忙起来忘了，张连波就主动联系来岱顶处理其他业务的供电公司电工，当天就把问题解决了，消除了安全隐患。他带领民警每天不间断地检查用电、用气和防火、防盗安全，一丝不苟，认真较真。

深化开展"百日行动"
为岱顶安全拧紧"安全阀"

与其他景区不同，泰山24小时对外开放，赶上暑期旅游高峰，游客量的增多叠加疫情防控要求，岱顶派出所民警维护旅游安全和游客安全的任务更加繁重。自夏日治安打击整治"百日行动"开展以来，张连波对辖区治安网络进行排查梳理，针对当前疫情常态化后游客数量井喷的现状，及时发现消除各类安全隐患。他充分利用良好的群众基础，巧借民力，广泛动员，警保联动，辖区的商铺老板、员工、导游都被他充分调动起来，成为"百日行动"治安积极分子。他还与南天门管区、执法局、市场管理、电力维修、索道等单位共建联动，设立12处联动报警咨询点，参与联动的积极分子多达200余人，这些广布山顶的民力大军，密织成岱顶警保联动的"移动天眼"。

2022年8月4日23时，岱顶派出所接到指挥中心指令：一名男子在岱顶失足滚落悬崖受伤求助。张连波迅速出警，因报警人徐某说不清自己坠崖的位置，为了尽快确定地点，张连波加上徐某的微信，但位置显示与实际方位偏差较大。张连波又联系徐某，听说附近有一座红色建筑物，凭借刻在脑中的"救助图"，张连波判定徐某所在位置应该就在仙人桥至瞻鲁台一带。张连波立即联动"百日行动"治安积极分子，联合管理区值班人员、消防救援人员、红十字救助站医生火速赶到。由于雾太大，又是深夜，能见度极低，民警在附近不停用喇叭呼叫，最终在仙人桥南侧的悬崖深处发现了报警人。在勘查现场、确定安全位置后，张连波索降到10米下的悬崖，经过近2个小时的努力，带领民警和救援人员，在山涧乱石、杂草树木中艰难开辟了一条通道，接力用担架安全将徐某救上来，并快速送到山下接受进一步治疗。后了解到，徐某独自一人夜晚登山行至瞻鲁台时，由于劳累虚脱，眼睛发花，身体跌过休息护栏，

◎ 张连波在山顶疏导游客

坠落到悬崖下。连夜赶到泰安的家人在医院见到平安脱险的徐某后，对民警的及时救助和悉心照料表示衷心感谢。

"百日行动"期间，张连波聚焦游客安全，联合多部门执勤力量，采取划区、分工、错时工作机制，加大夜间巡逻力度，为游客提供安全保障。2022年8月23日19时40分许，张连波和民警孔勇在天街上巡查，当巡逻至天街牌坊时，发现一个小男孩独自坐在台阶上哭泣，周围没有同行家人，张连波立即走上前询问情况。经了解，孩子11岁，下午跟爸爸从红门步行登山，到达南天门后，孩子去了一趟卫生间，返回后就找不到爸爸了。在民警的耐心引导下，孩子的情绪稳定下来，提供了家人的电话号码，民警多次拨打却无法接通。由于岱顶海拔高气温低，男孩衣着单薄，民警先把孩子领回派出所，给其准备了衣服、食物和热水。然后通过广播播报、调取监控、在派出所联动工作微信群发布寻人启事等方法寻找孩子的爸爸。经过两个小时的努力，终于联系到其父亲。原来，孩子的父亲手机没电了，见孩子去卫生间，便找地方充电，没想到几分钟的时间，孩子就不见了，在天街、南天门、十八盘来回寻找也没找到，听到了广播发布的信息才知道孩子被民警领走了。看到孩子平安无恙，孩子的父亲激动万分，紧紧地握住民警的手，对民警的热心帮助和高度责任心表示衷心的感谢。

吃苦不言苦，用执着坚守守护平安

岱顶派出所是华东地区海拔最高、气温变化最大、景点和游客最集中的派出所。辖区在泰山极顶，盘道崎岖，无法使用警车等现代交通工具，所有工作现场只能靠双脚才能抵达。一天最多的时候要走 3 万多级台阶，相当于步行上下泰山 2 趟，一年光鞋子要磨破四五双。

岱顶冬季严寒，滴水成冰；夏季潮湿，衣被湿透能攥出水，所里几乎每个人都有关节炎、风湿病、湿疹。在山顶待久了，再加上工作导致的作息饮食不规律，张连波患上了风湿和胃疼病，有时需要绑上护腰带，一连几天的工作任务，又困又乏，回到家躺在床上腰疼得翻不了身，一睡就是一整天，饭都不想吃。

最冷时的泰山，气温低至零下 30 摄氏度，遇到大雪封山，在山上坚守十天半月是常事，对家人的照顾和陪伴只是一种奢望。

每逢节假日，泰山上游客云集，特别是春节期间，不少游客都选择登山祈福，为保障岱顶安全，对张连波来说，除夕夜在山顶上度过已经成了一种习惯。从来到岱顶派出所的第一个除夕到现在，张连波没有回家与亲人吃过一个团圆饭。除夕夜，山下万家灯火，山上，张连波和家人遥遥相望，以这种特殊的方式迎接新年的到来。

入党 19 年来，无论身着军装还是警服，张连波始终牢记共产党员的第一身份，时刻以一名优秀共产党员的标准严格要求自己，用实际行动践行"人民公安为人民"的庄严承诺。作为一名派出所所长，张连波按照"抓党建带队建"的工作思路，结合地域特点，打造泰山"迎客松"型党支部，引导激励民警扎根泰山、坚守奉献。在张连波的带领和感召下，岱顶派出所 22 岁的新警张秋实通过扎实的学习和实践的磨炼迅速成长为所里的生力军。他说："身处岱顶派出所这个光荣集体中，学习了张连波所长及同事们敬业奉献和全心全意为人民服务的精神，真正感悟到一名人民警察的责任使命与担当。张连波所长就是我的主心骨，手把手地带着我干工作，有什么拿不准的事，我都会第一时间问他，平时有他在，工作起来心里感到踏实，有目标。"在参加一次重要勤务过程中，张秋实冲锋在前、表现优秀，并郑重向党组织递交了入党申请书。张连波用自己的言行潜移默化地感染着身边的民警，在他的带领下，岱顶派出所民警队伍团结奋进、坚强如钢，荣膺全省公安机关党建带队建工作"示范单位"。

就这样，日复一日，年复一年，从春到夏，从秋到冬，变化的是岁月更迭花开花落，不变的是他执着的坚守。

不平凡的高度需要不平凡的坚守，艰苦的环境是张连波初心与毅力的试金石，他像一棵青松日夜守护在游客身边，又像跋涉岱顶的泰山挑山工，日夜维护着泰山极顶的旅游安全。

面对群众的褒奖，张连波动情地说："我将忠诚践行习近平总书记提出的对党忠诚、服务人民、执法公正、纪律严明总要求，扎根泰山，守护平安，勇做新时代泰山'挑山工'，让五湖四海的游客高兴而来，平安归去。"

山东省公安厅供稿

十三年坚守，为了"云端"平安

◎ 邵　磊

山东省泰安市公安局景区分局岱顶派出所位于泰山极顶岱顶，是华东地区海拔最高的派出所。张连波从部队转业后来到岱顶派出所，从副所长到所长，已经在这个"云端上的派出所"坚守了13年。

岱顶气温一天之中变化很大，每天凌晨，登泰山观日出的游客量急剧增加，容易造成拥挤混乱。为了保证游客安全，张连波带领民警冬季凌晨4时上岗，夏季则更早。

张连波的一天，通常是这样度过——

凌晨4时许，他穿行在观日出的人流中，提醒游客注意安全；5时许，观日出的人群达到峰值，他带领民警维持现场秩序，用喇叭不停喊话进行安全提醒；6时许，观日出结束，人群开始向索道站聚集，他全力疏导游客，一直忙到8时；随后，登山的游客多了起来，他简单吃点早饭，就开始处理物品丢失、游客纠纷等警情；午饭后，他开始检查岱顶商铺九小场所，处理各种警情，一直忙到深夜11时……日复一日、年复一年，张连波就这样从日出前一直忙到深夜，

◎ 张连波为游客指路

服务群众、维护平安。

岱顶冬季严寒，滴水成冰，最冷时气温低至零下 30 摄氏度；夏季潮湿，衣物能攥出水。遇到大风大雪时下不了山，在山上坚守十天半月是常事。张连波用忠诚和毅力与艰苦环境对抗，认真履职，毫无怨言。

岱顶派出所辖区内有碧霞祠、唐摩崖等全国重点文物保护单位 10 处，"泰山日出""云海玉盘"等景点都在这个面积只有 3.16 平方公里的狭小地带，游客失足跌落的情况时有发生。

张连波带领全所民警立足山地救援特点，强体能、增技能，练就了徒手攀爬山崖的过硬本领。为了能更快找到报警求助又说不清位置的游客，张连波走遍了山上的角角落落，将重点位置手绘到救助图上，牢记到脑子里，为救助赢得宝贵时间。

2021 年 11 月 2 日 3 时许，有人在日观峰附近意外坠崖，张连波第一时间赶到现场，把绳子迅速拴在腰间，冒着生命危险"飞"下悬崖，艰难地穿过长着刺的灌木丛，在悬崖底部将失足游客拴牢。

游客被安全救了上来，这时，张连波才感到身上隐隐作痛——他的手臂、后背、腿上多处被划伤，流血不止。

像这样的救援，张连波每年都要参与十几次，几乎每次他都出现在最危险的地方、冲在最前面。"守在岱顶，就要把游客的安全放在首位。"张连波经常这样说。

泰山景区 24 小时对外开放，岱顶派出所维护旅游安全和游客安全的任务更加繁重。

岱顶辖区景点多、游客集中，游客之间的纠纷占治安警情的85% 以上。张连波在辖区沿途设置"纠纷调解室"，现场快速化解发生在游客间的小纠纷、小摩擦，让民警多跑腿、游客少走路，每年调解矛盾纠纷 200 余起。

张连波还广泛动员辖区商铺老板、员工等成为治安积极分子，与南天门管区、执法局、市场管理等部门联动，设立 12 处联动报警咨询点，参与联动的积极分子有 200 余名。这些广布山顶的民力大军，密织成岱顶警保联动的"移动天眼"。

夏季治安打击整治"百日行动"期间，张连波联合多部门执勤力量，采取划区、分工、错时工作机制，加大夜间巡逻力度，为游客提供安全保障。

13 年来，张连波像泰山上的挑山工一样，埋头苦干、勇挑重担，带领全所民警、辅警忠诚履职，以实际行动守护国泰民安。

《人民公安报》2022 年 10 月 13 日

陈民生

陈民生：用心做好一件事

有一个人，十几年如一日用心做好一件事——破案。他叫陈民生，是河南省濮阳市公安局刑侦支队大要案大队民警，三级警长。平时他鼻梁上架着一副宽大的眼镜，衣着朴素，个头不高，如果走在人群中，谁也看不出他是警察，更不会想到他是一名屡破大案的刑警。

从事刑侦工作以来，陈民生先后参与抓获网上逃犯130余人，侦办涉黑恶案件216起，抓获犯罪嫌疑人1200余人，破获命案积案16起。因屡破大案、屡立战功，他先后荣立个人一等功1次、二等功1次、三等功4次，并被授予全国特级优秀人民警察、全国百佳刑警、河南省最美基层民警、濮阳市最美警察等。

无言坚守
不破此案不罢休

"民生没别的爱好，就爱研究案件，只要是大案要案，肯定有他的身影，啥时候都是不达目的不罢休，这也是我们濮阳刑警的精神！"提起陈民生，濮阳市公安局刑侦支队支队长朱卫东脸上写满自豪。

盛夏八月，什么最美好？濮阳城内荷风苑的荷花次第开放，荷叶蹁跹，花影朦胧，幽香浮动，沁人心脾。然而，陈民生无暇观赏夏日美景，每天埋头在办公桌前，目光如炬，在犯罪嫌疑人信息库中搜寻追踪。那些多年未破的陈年积案让陈民生夜不能寐，唯有争分夺秒地工作能让自己安心。

把时针拨回10多年前。2003年3月14日22时许，濮阳市房地产开发商卢某被枪杀在自家大门前，群众议论纷纷，人心惶惶。为了侦破此案，一代又一代濮阳刑警倾注了大量心血和精力，由于现场遗留线索较少，案件始终未能取得关键性突破。

早在2004年，陈民生接手该案，对死者错综复杂的社会关系以及条件不佳的现场情况重新进行调查访问。一边积极开展调查走访，一边定期回访死者家属，向其表明警方誓破此案的信心和决心。每年春节，陈民生都要到受害人家中进行慰问，告知案件相关进展情况，十几年从未间断。

"一想到受害者80多岁老母亲那痛苦与渴望的眼神，我就觉得此案不破，没办法向家属交代。"那段时间，陈民生承受着常人难以想象的压力，总觉得犯罪嫌疑人就在眼前，他在单位看证据材料，回到家临睡前也是拿着材料反复研究。陈民生的坚守和付出没有白费。2016年此案成功告破，3名犯罪嫌疑人全部到案。他如释重负，长舒一口气。

"大胆假设，小心求证。"问起破案的秘诀，陈民生这样说。看似简单的一句话，是他熬过多少夜、流过多少汗的精粹凝结。陈民生说："任何犯罪活动都是在特定的时间和地点受大脑支配产生的，到案发现场，我把自己设想成犯罪嫌疑人，去想象去感受去推理，会有意想不到的效果。"在"3·14"持枪杀人案遇到瓶颈时，陈民生总在夜深人静时，自己跑到案件现场，静静地想象当时的情景。

虽然成绩卓著，但陈民生说："破案中取得的成绩是我们整个团队共同努力的结果，每一起积案的破获，都凝聚了战友们共同的心血。我特别幸运，有这么多支持我工作的领导和同事。"

守住初心，我的兴趣就是破案

在同事和家人眼中，平日的陈民生不善言谈。但只要提起案件，陈民生就好像换了一个人，思路清晰，滔滔不绝。"陈民生这家伙，最大的兴趣就是破案，一旦和案件磕上劲儿，就整天泡在办公室，撵都撵不走。"濮阳市公安局刑侦支队政委左献科说，同事们对陈民生无不敬佩。

"我力争把每一起经手的案件都能破获。"对于破案，陈民生对自己有着近似苛刻的要求。在某起重大案件中，一条重要线索，陈民生和战友跟踪研判了整整两年。

对于破案，陈民生有很强的钻劲。为核查一条线索，他可以连续熬上几宿，甚至苦苦追寻几个月，在一条条线索的整合、碰撞中找到案件突破点。支队长朱卫东曾经作为陈民生的大队长和他共同战斗，他说："陈民生是刑警队的长明灯。每天守在单位的肯定是陈民生。"

走进陈民生的办公室，大家都能感受到与众不同的气氛。两台电脑同时工作，办公桌上铺满了逃犯的相关材料，一杯浓茶，一起陪伴陈民生熬过了一个又一个的夜。办公桌正对面的办公柜子上，贴满了逃犯不同时期的照片。

"云剑—2020"行动向命案积案发起总攻。陈民生摩拳擦掌，冲锋在前，他根据自己多年的研究经验，立足新技术、新手段，以大数据为引领，采取传统与现代新科技相结合的方式进行综合分析研判，最终破获多起大案要案。

"功成不必在我，功成必定有我。"对陈民生来说，破了的案件就翻过去了，心中一直挂着的是那些没有破的案件。有人把破案当作事业，而陈民生把破案当成生命。

一双布鞋走天下。陈民生对吃穿不讲究，用他的话说，布鞋穿着不累脚，出差办案也方便。陈民生很"抠"，但买书却是成捆成捆地买。在陈民生家里，除了书房的一面墙全是他的业务书籍，床头、

◎ 陈民生对比物证材料

床尾同样堆满了各种各样的专业书籍。回到家的陈民生，不是在看书，就是在想案子。

生活中，陈民生交际圈很简单，除了几个要好的朋友，几乎没有其他社交。原因很简单，他把大部分精力都用在了工作中。他说："一辈子能把一件事做好就很了不起，我这辈子就喜欢研究案件。能多破几个案件就多破几个案件，破案就是我这辈子最大的人生追求。"峥嵘岁月，陈民生始终把破案放在第一，前路无所畏惧，陈民生用拼搏奉献捍卫了刑警荣誉。

淡泊名利　甘做幕后真英雄

全市优秀党员的表彰大会，因为忙着破案，他缺席了。孩子学校的家长会，因为忙着破案，他缺席了。《等着我》栏目组多次邀请他去节目现场录制，因为忙着破案，他缺席了。为此，中央广播电视总台多次给濮阳市公安局发来感谢信，感谢陈民生的无私奉献，成就了更多人的团圆梦。濮阳市公安局刑侦支队专门发出通知，号召全市刑侦系统学习陈民生默默奉献、不计个人名利的精神。

"陈民生是一个不可多得的人才。二十年如一日，不计名利，这绝不是装出来的。特别是命案积案，有时候破几年可能也没成效，有功利心是干不成的。"副支队长梁全清说。

在攻破一起命案积案时，单位要为陈民生申报个人二等功。他说："还有那么多积案没破，立啥功呀，破案要紧。再说，我年龄也不小了，这功，就让给年轻同事吧。"

在同事眼中，陈民生是一个研判型的专家。陈民生整天忙碌着研判各类信息，一旦有发现，他便毫不吝啬地把线索交给战友，就像案件破获后，他把立功受奖的机会都给了身边战友一样。他说："只要把逃犯抓到，我的任务也就完成了。这个案子破了，还有下一个案子等着我去研判。"在陈民生心里，有没有荣誉无所谓，喜悦来自下一次破案。

"案件破了，证明我的努力没有白费，这是对我的最大回报。"陈民生的点滴付出，同事们看在眼记在心。

"陈警官就是一盏指路明灯，他兢兢业业的工作态度，高超的业务能力，默默无闻、甘做幕后英雄的精神，都是我们青年民警学习的榜样。"刚入警几年的青年民警刘浩从陈民生身上学到了很多，也理解了一名刑警的责任和担当。

侠骨柔情　妻子女儿心中的丈夫爸爸

陈民生的手机中，一直保存着一幅女儿给他画的漫画像，"爸爸，快点回来，一路顺风"，在这些字旁边，还有一个流着泪的表情。

在女儿小学毕业典礼上，女儿朗诵了一首诗——《爸爸，你再不陪我，我就长大了》，等女儿朗诵结束，老师问女儿的愿望，她回答说："我想见爸爸。"当时被老师邀请到后台的陈民生，快步走上台，紧紧抱住了一脸惊讶的女儿，父女二人相拥而泣。

军功章里有你的一半。陈民生能够专心致志地投入到工作中，妻子程丽娟功不可没。程丽娟深知丈夫对工作的热爱，所以她选择了大力支持。虽然年幼时缺少了爸爸的陪伴，潜移默化中，陈民生也给女儿树立了榜样。在女儿心目中，爸爸超级帅，而且是一个大英雄。随着女儿渐渐长大，陈民生更懂得了如何做一个好爸爸。只要在家，他都要亲自给女儿做一桌可口的饭菜，女儿功课需要辅导，他也学会了暂时放下手头工作，回家辅导女儿功课，等女儿睡着了，他再继续赶回单位加班。

陈民生经常对女儿说的一句话是："我们不知道能不能成为最出色的人，但我们要做最努力的人。"陈民生告诉记者，他和女儿有一个约定，父女二人要来一场比赛，到年底比一比，看他破了多少积案，女儿成绩提高了多少分。

河南省公安厅供稿

破案是最大的人生追求

◎ 刘　丹

　　鼻梁上架着一副宽大的眼镜，衣着朴素，个头不高，走在人群中，看不出他是警察，更不会想到他是一名屡破大案的刑警。他就是河南省濮阳市公安局刑侦支队大要案大队民警陈民生。

　　在同事和家人眼中，陈民生不善言谈，但只要提起案件，他就像换了一个人，思路清晰，滔滔不绝。"陈民生最大的兴趣就是破案，他一旦和案件较上劲儿，就整天泡在办公室里，撵都撵不走。"濮阳市公安局刑侦支队政委左献科说。

　　陈民生的办公桌上总是放着在逃人员的资料，柜子上也总贴着在逃人员不同时期的照片。两台电脑、一杯浓茶，陪陈民生度过了无数个夜晚。

　　有时为了一条线索，陈民生就要追寻几个月。刑侦支队支队长朱卫东评价："陈民生是支队的长明灯，每天守在单位的肯定是他。"

　　"有些多年未破的案件让我夜不能寐，唯有争分夺秒地工作才能安心。"陈民生对自己的要求近乎苛刻，"希望我经手的每起案件都能告破。"

有这样一起案件，陈民生盯守了12年。2003年3月14日，濮阳市房地产开发商卢某被杀害。为了侦破此案，警方倾注了大量心血和精力，但由于现场遗留线索较少，案件始终未能取得关键性突破。

2004年，陈民生接手该案，对死者社会关系以及现场情况重新进行调查访问，定期回访死者家属。

"一想到受害者80多岁的母亲那痛苦与渴望的眼神，我就觉得此案不破，没办法向家属交代。"陈民生一头扎进案子里，在单位看证据材料，回到家也反复琢磨。有时案件侦破遇到瓶颈，他还会重返案发现场寻找突破口。

2016年，陈民生的坚守和付出总算有了结果，该案的3名犯罪嫌疑人被全部抓获，案件成功告破。

功成不必在我，功成必定有我。案件破了之后，陈民生说："成绩是我们整个团队共同努力的结果。"

在陈民生心里，有没有荣誉不是最重要的。攻破一起命案积案后，单位要为陈民生申报个人二等功，可他却说："还有那么多积案没破，破案要紧。"

陈民生总是这样，整天只忙着研判各类案件信息。在陈民生心里，喜悦从来不是源于荣誉，而是来自每一次破案。

"命案积案有时几年也没结果，陈民生不计名利绝不是装出来的。"刑侦支队副支队长梁全清说。

陈民生把大部分精力都用在了工作和破案中，他说："一辈子能把一件事做好就很了不起，我这辈子就喜欢研究案件，能多破几个案件就多破几个案件，破案就是我最大的人生追求。"

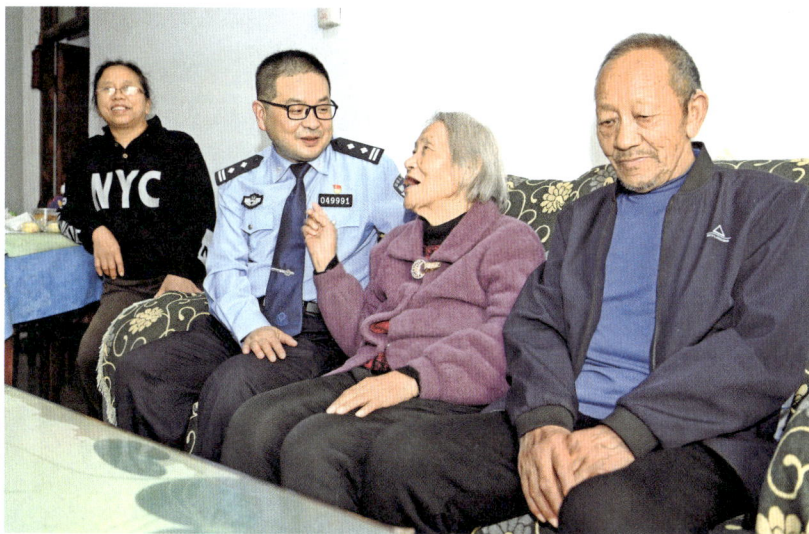

◎ 陈民生走访慰问群众

在陈民生家里，床头、床尾都堆满了业务书籍。回到家的他，不是在看书就是在想案子。

陈民生的无私奉献与付出，他的同事都看在眼里、记在心中。濮阳市公安局刑侦支队还专门发出通知，号召全市刑警学习陈民生默默奉献、不计个人名利的精神。

刚入警没多久的青年民警刘浩从陈民生身上学到了不少。他说，"陈民生就像一盏指路明灯，他兢兢业业的工作态度、高超的业务能力、甘做幕后英雄的精神，是我们青年民警学习的榜样。"

《人民公安报》2022 年 10 月 14 日

2022
最美基层民警

常　武

常武：爱岗心如痴　爱民情似火

50 岁生日那天，湖北省十堰市公安局张湾区公安分局民警常武在办公室录了段庆生视频，发给妻子。

这阵子，妻子翻出这段视频，看一遍，哭一遍。

2022 年 3 月 11 日，常武曾工作过的十堰市公安局茅箭区公安分局 8 楼荣誉室里，他的模范民警铭牌底色由蓝换黑。

3 天前的凌晨时分，常武因连续加班劳累过度突发疾病去世。

似　火

说起警校老同学，夏德鹏其实"挺烦"常武。

1990 年 7 月，夏德鹏和常武一起到十堰市公安局张湾区公安分局花果派出所报到。入所第一天，俩人就"铆"上了，不为别的，就为抢"活"。抢不到"活"，山东大汉体型的常武居然会悄悄抹眼泪。

1991 年 4 月，花果派出所辖区发生一起恶性命案，嫌疑人逃匿，专案指挥部组织民警分两路追捕。抓捕组由夏德鹏负责。案情分析会上，常武多次强烈要求参加行动未果，哭了。

夏德鹏他们破案抓回嫌疑人，本想着在常武面前炫耀炫耀——"谁知道，他小子在这期间破获了一起系列抢劫案，带队把多名嫌疑人全部抓获。"

办案质量比拼上，夏德鹏至今记得俩人分别做的第一份讯问笔录。"他本来就字写得比我好，错改按手印的地方，我有 15 个，他就 2 个。"他说。

两人还争案件线索。家离派出所不远的常武，选择住所里单身宿舍，就在夏德鹏隔壁，"就是为了抢一手线索"。

更让夏德鹏"来气"的是，常武破了案子之后的"嘚瑟劲儿"。破了大案，夏德鹏多是喊两嗓子、蹦几下，可常武不是。喜欢玩吉他的常武，破了大案或突破了案情，会凌晨 5 点爬起来弹一曲，吵得夏德鹏直骂他"疯子"。

到茅箭区公安分局工作后，话不多的常武，嘴边的话是"又破了个大案子"。

有一次，常武在电梯里碰到了现任十堰市公安局经侦支队支队长的夏德鹏。

"老夏，我又破了个大案子！"常武上前一拍夏德鹏肩膀。

"啥大案子？"

"这，不能说。"

"你都 50 岁的人了，破个案子，咋还像个孩子？"夏德鹏看着眼睛熬得通红的常武又气又爱。

如 雨

2017 年，因工作原因，茅箭区委政法委副书记徐艳与常武成了好搭档。

常武用心待人、以情动人做群众工作，徐艳看到过很多回。

一位 90 多岁的婆婆给常武打电话抱怨："你咋还没来看我？知道你常加班，我弄了些点心，你过来拿。"

原来，常武平日里有空就拎箱牛奶、提斤水果，去老婆婆家走走、看看。时间久了，俩人无话不谈。

还有一位得了乳腺癌的工作对象，很是执拗，徐艳他们上门做工作没少碰钉子、吃闭门羹。可常武却能把门敲开。常武没啥秘密武器，不过是真心以待。这名工作对象做手术后恢复期间，常武多次去医院看望。

常武"徒弟"、茅箭区公安分局民警商行常感到师父的温暖和以身作则。

为了早日破案，常武经常加班分析案卷材料，到了下班的点儿却要商行等年轻民警回家，他说得最多的一句话："你家孩子还小，回去多陪陪。"其实，常武的家人何尝不需要他多陪伴呢？尤其是跟着他生活、已经 87 岁高龄的老母亲天天盼着他能早一点回家。

商行仍清晰记得，2021 年 11 月 18 日，那天他正好值班。外地警方来十堰抓捕嫌疑人，需要协助。常武带着外地民警忙活了一天，夜里 11 点多才回来，手还因为抓捕嫌疑人被门夹伤了。

像　山

2021 年 12 月 15 日，常武从茅箭区公安分局调到张湾区公安分局。

到张湾第一天，常武还未收整好自己的物品就找到局长和政委谈工作。为充分运用公安机关警务信息资源，更有利推进工作进展，常武软磨硬泡跟张湾区公安分局"情指勤舆"合成作战中心负责人费韬"要地盘"。最终，常武如愿在合成作战中心"抢"了个席位。

2 个多月，常武很少在 5 楼自己的办公室办公，常常泡在一楼合成作战中心分析研判情报信息。

翻阅常武的战果，费韬很是佩服——80 余名涉案嫌疑人每人一个文件夹，编号、地点和研判报告清晰明了。

同事们对常武"沉浸式"办案有目共睹。2019 年侦办一起案件时，常武像做外科手术般地拿着镊子将嫌疑人扔进垃圾桶的纸条碎屑一块一块拼凑复原，为案件成功侦破打下了坚实基础。

常武的干劲儿，影响着后来者。

3 月 7 日，常武带着张湾区公安分局民警郭栋梁、胡威在外跑了一天摸线索。下午 5 点多回到分局，常武要两个年轻人先回家，自己再把线索梳理梳理。

郭栋梁看不下去了："我 30 多岁都有点扛不住了，想着他 50 多岁了，跑了一天还要加班，更吃不消。"

晚上快 10 点，常武给胡威打电话，兴奋地说"窝点终于摸清了"，并商量部署第二天的工作。

张湾区公安分局一楼监控显示，3月7日晚上10点3分，常武才离开。

第二天上午，胡威和郭栋梁早早来到分局，常武办公室门关着，合成作战中心也没看到人，很不正常。9点多，消息传来，常武走了。胡威一下子蒙了。

同样感到"不可理解"的，还有常武的妻子。

孩子出生不到40天，常武上专案，一去就是1个多月。妻子忍不住，抱着孩子到办公室找常武"闹"。可一进门，看到高过头顶的案卷背后胡子拉碴的丈夫，她什么也没说。

后来，妻子听常武同事说，他办的这个专案解救了很多无辜少女。个人二等功1次、三等功3次……看到常武的荣誉如此多，妻子也就慢慢理解了他。

3月11日追悼会当天，妻子万万没想到有那么多素不相识的人来送别常武。

2021年，妻子跟常武开玩笑："干满30年了，干脆提前退休，回来给我当个专职司机，给你开双份工资！"

"不是钱的事儿！"常武直接说了一句，没再说啥。

现在，妻子知道，常武是"舍不得那一身警服"。

如今，常武的第一任所长、花果派出所原所长王小卫给出评价——常武就是一名责任担当至上的人民警察。

湖北省公安厅供稿

以热血铸警魂　以生命担使命

◎ 赖栋才

2022 年 8 月 30 日，全国"人民满意的公务员"和"人民满意的公务员集体"表彰大会在北京举行。湖北省十堰市公安局张湾区公安分局因公牺牲民警常武荣获全国"人民满意的公务员"称号。日前，记者对常武生前的战友、十堰市公安局茅箭区公安分局民警商行进行了采访。

记者：你对常武的第一印象是什么？

商行：常武是我的师父，是我从警道路上的引路人，更是我人生的灯塔。

谈起对师父的印象，我的脑海里会出现一个词：痴迷。

刚接触办案时我经常一头雾水，师父用自己的经历给我鼓劲。从跟师父的第一天起，我们就有个"约定"：每天要做好笔记，总结当天办理的案件，梳理发现的线索，分析研判案情。

师父常说，公安工作没有捷径可走，只有把别人的教训当成自己的经验，把别人的经验变成自己的能力，这样才能快速提高。

记者：常武平时的工作习惯有哪些？

商行：师父常说，破案之要，在于细节。

有一年在侦办一起省公安厅督办案件时，我们在嫌疑人的住处蹲守了好几天，却没有丝毫收获。正当我们要放弃的时候，师父反复观看监控，发现嫌疑人此前在这个窝点仅仅碰个面就离开了，而那天中午却罕见地倒了一次垃圾。

师父顾不上跟我们解释，立即跑到垃圾桶旁，将嫌疑人扔的垃圾袋提了回来。打开垃圾袋，我们发现里面装的是100多块已经撕碎的小纸片。师父小心翼翼地清理掉上面的污物、晾干，然后像拼图一样尽力复原。果然，从拼凑起来的纸片上发现了团伙成员的联络信息。我们对这一重大线索进行深挖，一个星期后顺利侦破了案件。

记者：常武平时那么忙，他怎么协调自己的工作和生活？

商行：以前，办公楼8楼每天晚上总有一盏灯亮到深夜。楼下保安还以为有人忘记关灯了，上去查看才发现是师父在挑灯奋战，后来便习惯了那间办公室常亮着灯。

师父患有高血压需要常年吃药，但为了办案，他经常在电脑前一坐就是一整天，常常忘记吃饭、吃药。有时候实在累得坚持不住了，就窝在办公室的沙发上休息一会儿。

师父经常加班，但从来不让我们加班。每次看到我下班还没回家，他总是虎着脸"赶"我，让我回家照顾孩子。把我"赶"走后，他却留下来梳理案件线索，等到线索梳理清楚后再给我打电话，交流情况。

记者：在今后的工作中，你们将如何发扬和传承常武的精神，回应群众期待?

　　商行:师父带着对公安工作的无限忠诚和热爱离开了,但他留下了宝贵的精神财富、感人至深的故事和一颗竭诚为民的真心,还有令人敬仰的道德品质、丰富的工作经验。

　　他是在重大斗争一线冲锋陷阵的"排头兵",是在平凡岗位创造不平凡业绩的"实干家",是扎根一线、默默坚守、无私奉献的"老黄牛"……他以坚定的理想信念坚守初心,以真挚的人民情怀滋养初心,以牢固的公仆意识践行初心;他用生命践行了对党的承诺、对人民的承诺,用生命守护着人民群众的切身利益。

　　我们将牢记使命责任、勇于担当作为,化悲痛为力量,像他那样爱岗敬业、甘于奉献,知责于心、担责于身、履责于行,以钉钉子精神做实做细做好各项工作;像他那样勤学苦练、增强本领,干一行爱一行,钻一行精一行,成为本职工作的行家里手,用实际行动践行初心使命、诠释责任担当,坚决完成党和人民赋予的新时代使命任务。

《人民公安报》2022 年 9 月 18 日

2022
最美基层民警

李 江

李江：舍命追踪

小的时候，李江有一个梦，一个成为人民警察，为民除恶的梦。在追梦的过程中，他带着警犬冲锋在前，毫不畏惧。曾被罪恶的子弹打穿防弹衣射入体内，与死神擦肩而过，身体康复后继续坚守在携犬追捕的最前线。一次次的义无反顾，一次次的挺身而出，他从不后悔。

25年的拼搏，让李江从聘用制警犬训导员，成长为合格的人民警察，再到成为新中国成立以来全国公安警犬技术行业第一个也是目前唯一的"二级英模"。回忆起曾经历的生死，李江心里更加明白：选择当警察，就是选择奉献，选择担当，选择牺牲。从事警犬训导工作25年，从聘用制警犬训导员，成长为全国公安系统"二级英模"，是什么样的精神在支撑着李江执着坚守？

追梦不怕子弹飞

2014年1月30日，农历大年三十。衡阳城乡，家家户户张灯结彩。一声枪响，打破祥和。当晚8时许，常宁市公安局接到报警，兰江乡砂华村发生一起故意杀人案。刘某军用自制火铳击中村民张某头部致其死亡。案发后，刘某军逃往山中。1月31日，大年初一，在家休假的李江接到出警电话，立即带上警犬"雪碧"赶往现场。

山区丘陵连绵，地形复杂，杂草丛生，有的地方连警犬都钻不进去。连续两天，李江和战友白天搜山，晚上蹲守在刘某军邻居家。2月2日凌晨，他们突然听到刘某军家门外有异常响动。李江透过窗户发现，一个背包的黑影闪过，身上还有一杆枪。来不及迟疑，李江指挥"雪碧"出击。眼见警犬和嫌疑人拉扯，李江冲出门外，准备制伏嫌疑人。刘某军开枪拒捕，子弹近距离击穿李江身上的防弹衣，射入李江腹部。

"身体里像被砸进一柄滚烫的铁锤。"回忆起那个惊心动魄的生死瞬间，李江眉头紧锁，神情凝重，"我倒在地上，爬不起来。扯开防弹衣，摸了一下腹部，满手是血。'雪碧'意识到危险，回到我身边，不停舔我的脸，让我清醒……"

经过7个小时的手术抢救，李江才脱离生命危险，子弹距离其脊柱和主动脉仅1厘米，十二指肠、胰腺等多处内脏受损，险些高位截瘫，经过一年多的治疗才基本痊愈。2月3日下午，刘某军被抓，当场缴获3支枪、1把匕首、10发子弹。

擒凶何惧山水长

1997年，刚刚从学校毕业的李江成为聘用制警犬训导员。"有朋友听说我的工作后，常常不以为意，'哦，养狗的'。"李江说，他获得的所有功勋，都离不开"无言的战友"——警犬，也有力回击了世人的偏见。

1998 年，李江刚结束培训回到了衡阳，正逢一名重刑犯越狱，民警围捕 3 天无果。李江带警犬追击两个小时，将逃犯抓获。首次出击的胜利，坚定了李江对警犬技术工作的信心。他一边驯导警犬，一边坚持学习。2010 年，李江考上公务员，正式成为带犬民警，并逐渐成为湖南公安系统的警犬技术骨干。

"每天和警犬朝夕相处，管它吃喝拉撒，培养感情和默契。每一个动作和口令，要练习成百上千次。追捕训练时，无论阴晴雨雪，每天都要跑 10 多公里。"还要在实战训练中模拟犯罪嫌疑人，被警犬咬伤是常事。在一次训练中，李江的右手大拇指险些被警犬咬断，缝了 10 多针。

从事警犬技术工作 25 年来，李江领着警犬，一次又一次出现在搜索救援、山地搜捕的最前线。

◎ 李江开展警犬训练

2016 年 8 月 9 日，怀化洪江杨柳村发生一起命案，犯罪嫌疑人易某作案后携带凶器逃到雪峰山中。李江带领"雪碧"参与追捕，和战友在山林中开展地毯式搜索，范围达 70 多平方公里，最终将犯罪嫌疑人抓获。"这是最艰苦的一次战斗，我和'雪碧'的体力都到了极限。"李江说。

在执行耒阳市"2016·11·20"特大杀人案山地搜捕任务时，"雪碧"因连续工作，疲劳过度病倒。"我连夜开车下山，送它去医院，还是没能救活它。"提到"雪碧"，李江红了眼眶。警犬"雪碧"因战牺牲后，他与战友们为"雪碧"举行隆重的葬礼，将自己的勋章挂在"雪碧"的墓碑上。

2015 年，李江被公安部授予"全国公安系统二级英雄模范"荣誉。2017 年，警犬"雪碧"被公安部评为"功勋犬"。

2019 年，被全国扫黑办、公安部、青海省列为重点案件挂牌督办的青海省"日月山埋尸案"，由于一直未能找到被害人遗骨，案件侦破工作陷入困境。由于案发时间太久，埋尸现场地形地貌已经完全改变，要找到被害人的尸骨无异于大海捞针。公安部在全国范围调集专家，进一步缩小发掘范围，研讨制订发掘方案。同年 8 月，根据公安部的指令，以李江为主组成的湖南警犬实战团队被公安部抽调赶赴青海省协助搜寻。

受领任务时，距案发已经有 17 年之久，现场地形地貌已完全改变，工作难度突破警犬能力极限。案件现场是高海拔无人区，条件艰苦，气候恶劣。那里氧气含量低，动一动就气喘吁吁。白天，强烈的紫外线灼伤皮肤。晚上，慢性缺氧让人无法安睡。为了节约时间，提高工作效率，每天的午饭，大家温水就着干粮辣酱在现场凑合一下。李江和大家认真分析案情，反复勘查现场，多次进行侦查实验，人犬结合科学组训，创造了全新战法。经过一个月的努力工作，在可能掩埋尸体的范围内，李江和战友们带犬进行了1200次气味鉴别和搜索作业，最终在京藏高速公路1898公里处南侧路基下找到被掩埋17年的被害人遗骸，为该案的成功侦破提供了关键证据。

为民只恨昼夜短

2018年9月29日，湖南李自健美术馆"永恒的瞬间——改革开放40周年湖南公安英雄壮举摄影再现"展览，作为湖南省公安系统19位英雄模范之一，李江在现场向观众讲述从警心路。当天下午，李江接到出警电话，立即赶回衡阳，直奔南岳深山，带警犬成功搜救一名走失近30个小时的七旬老人。

在衡阳市公安局刑侦支队四大队会议室，4面鲜红的锦旗挂在墙上。"每面锦旗的背后，都有一个警犬救命的故事。"李江说。

2017年11月9日，南岳区74岁的郝老太走失。民警通过监控发现，老人当晚7时左右出现在衡山县开云镇一家汽修厂附近。南岳警方组织力量搜索3个多小时，未发现老人的踪迹。

李江和同事带警犬赶往现场，以最后发现老人的汽修厂为起点，提取老人的鞋子为嗅源，开展追踪搜索。警犬感受嗅源后，迅速突破起点向汽修厂外山林追去，李江和同事紧紧跟上。仅仅5分钟，警犬就在一人多高的茂密草丛中发现了晕倒的郝老太。"破案追踪、安保排爆，警犬样样拿手。"李江说，"工作时，它们是我的战友；生活中，它们更像我的孩子。"

"追梦不怕子弹飞，擒凶不怕山水长，为民只恨昼夜短。"李江坚定地表示，"既然选择当警察，那就选择了奉献，选择了担当。"25年来，李江携警犬执行出勤刑事案件、搜索救援、安检搜爆、毒品查缉、巡逻防控等各类任务730余次，直接抓获各类犯罪嫌疑人13人，破获各类刑事案件110余起，其中重特大案件31起，搜索发现物证32次。他训练的3只工作犬被公安部评为"功勋犬"。

逆风而行，迈向崇高。作为带犬民警，李江在搜捕犯罪嫌疑人时，总是冲在最前面。面对别人嘲笑自己为"养狗司令"，他淡定回应："逆风的方向，更适合飞翔。"正是逆风而行，李江最终成长为公安系统的警犬技术骨干，屡次在重大任务中发挥关键作用。

平静的湖面，练不出精悍的水手。每有案件，每遇危难，李江总是冲锋在前，时时面对危险，经受血与火、生与死的考验。恰恰是这些磨砺，让李江成为追捕能手，从平凡迈向崇高。

"道阻且长，行则将至；行而不辍，未来可期。"新时代长征路上，李江意志坚定，稳步前行。

湖南省公安厅供稿

与犬共舞　舍命追踪

◎ 袁　猛

"成为人民警察，为民除恶。"这是湖南省衡阳市公安局刑侦支队四大队教导员李江小时候的梦想。

长大后，李江从聘用制警犬训导员成长为合格的人民警察，如今成为全国公安警犬技术行业第一个"二级英模"。25 年的拼搏与成长，他实现了自己的梦想。

1997 年，刚从学校毕业的李江成为聘用制警犬训导员。2010年，李江考上公务员，正式成为带犬民警，并逐渐成为湖南公安系统的警犬技术骨干。

"每天和警犬朝夕相处，管它吃喝拉撒，培养感情和默契。每一个动作和口令，要练习成百上千次。追捕训练时，无论阴晴雨雪，每天都要跑 10 多公里。"从事警犬技术工作以来，李江带着警犬一次次执行搜索救援、山地搜捕等任务。在一次抓捕行动中，李江被子弹击中，与死神擦肩而过，身体康复后仍继续坚守在护民平安的最前线。"选择当警察，就是选择了奉献、选择了担当、选择了牺牲。"回忆起曾经的生死时刻，李江目光坚定、语气铿锵。

2014 年 1 月 30 日，农历大年三十 20 时许，常宁市公安局接到报警，兰江乡砂华村发生一起故意杀人案，刘某用自制火铳击中村民张某头部致其死亡。案发后，刘某逃往山里。

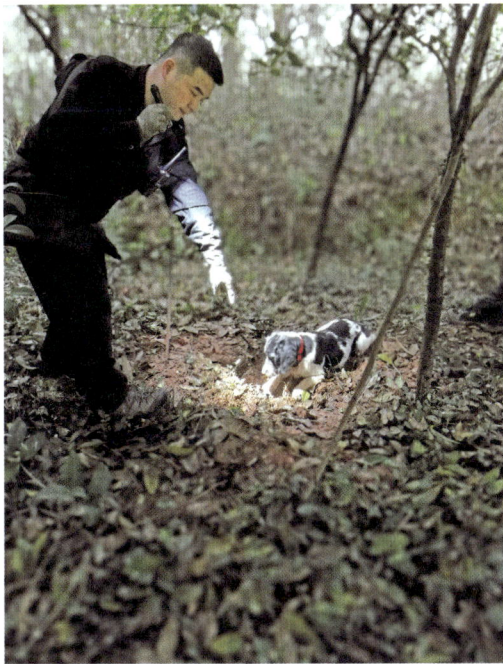

◎ 李江带领警犬进行现场搜证

在家休假的李江接到出警指令，立即带上警犬"雪碧"赶往现场。连续几天，李江和战友们白天搜山，晚上蹲守在刘某邻居家。

2 月 2 日凌晨，他们突然听到刘某家门外有异常响动。李江透过窗户发现，一个黑影闪过，身上还有一把枪。李江毫不迟疑，指挥"雪碧"出击。眼见警犬和嫌疑人拉扯，李江冲出门外，准备制伏嫌疑人。刘某开枪拒捕，子弹击穿李江身上的防弹衣，射入他的腹部。次日，刘某被抓获，民警当场缴获 3 支枪、1 把匕首和 10 发子弹。

经过 7 个小时抢救，李江脱离了生命危险，子弹距离其脊柱和主动脉仅 1 厘米，十二指肠、胰腺等多处内脏受损，险些造成高位截瘫。经过一年多的治疗，李江才基本痊愈。

2016 年，在执行耒阳市一起特大杀人案件山地搜捕任务时，警犬"雪碧"因连续工作，疲劳过度病倒。"我连夜开车下山，送它去医院，还是没能救活它。"提到"雪碧"，李江红了眼眶。

2015 年，李江被公安部授予"全国公安系统二级英雄模范"称号。2017 年，警犬"雪碧"被公安部评为"功勋犬"。

2019 年，被全国扫黑办、公安部、青海省列为重点案件挂牌督办的青海省"日月山埋尸案"，由于一直未能找到可靠线索，案件侦破工作陷入困境。同年 8 月，根据公安部指令，以李江为主组成的湖南警犬实战团队被公安部抽调赶赴青海协助搜寻。受领任务时，距案发已经有 17 年之久，现场地形地貌已完全改变，工作难度突破警犬能力极限。

经过一个月的努力，在可能掩埋尸体的范围内，李江和战友们带犬进行了 1200 次气味鉴别和搜索作业，最终在京藏高速公路 1898 公里处南侧路基下找到被掩埋 17 年的被害人遗骸，为该案的成功侦破提供了关键证据。

25 年来，李江带领警犬执行出勘刑事案件、搜索救援、安检搜爆、毒品查缉、巡逻防控等各类任务 730 余次，直接抓获犯罪嫌疑人 13 名，破获刑事案件 110 余起。他训练的 3 条工作犬均被公安部评为"功勋犬"。

《人民公安报》2022 年 10 月 30 日

2022
最美基层民警

时春霞

时春霞：铁骑担道义
侠骨护平安

时春霞，是深圳市也是全国首支女子铁骑队队长。她性格爽朗，和普通的女孩一样，也爱美怕晒黑，可自从加入深圳交警铁骑后，就把这一切都抛在脑后了。

从不知油门、离合为何物，到携带重达 10 公斤的装备、娴熟驾驭 500 余斤的大功率摩托车；从坐办公室写材料，到顶风冒雨巡逻执勤超过 8 万公里；从台风天为群众开通"安全通道"，到烈日下妥善处置车辆自燃警情……从警 14 年，外表清秀、内里坚韧的时春霞经受住种种磨炼和考验，快速成长为一名优秀的交警女"骑士"，荣立个人三等功，先后获评全国公安系统二级英雄模范、全国优秀人民警察、全省优秀人民警察、深圳市优秀共产党员、深圳"最美基层民警"、深圳"十佳交警"等称号。

参与组建全国首支女子铁骑队

2016 年，深圳交警率先推出驾驶大功率摩托车武装巡逻的铁骑勤务，并成立全国首支女子铁骑队。

"以前就一直很羡慕男同事骑大摩托，还经常和他们的坐骑合影。"时春霞笑着回忆。在知道局里组建女子铁骑队后，本是内勤"码字"的时春霞主动申请加入，凭借着这份执着又挑起女子铁骑队队长的重担。但这个决定对彼时摩托车驾驶基础为零，且一直是内勤的时春霞来说，其实是个极大的考验和挑战。

"别人能做的事情，我也能做。"骨子里不服输的时春霞自己给自己打气。接下来的 3 个月，她全身心投入到封闭训练中。"8"字桩、蛇形桩、直角转弯、紧急制动……时春霞每天起早贪黑苦练车技。由于协调性不够好，一开始，时春霞经常"砰"的一声连人带车摔倒在地。但她随即迅速爬起，运用力量与技巧扶起相当于体重近 6 倍重的摩托车继续练习。

"刚开始，我每天摔车十几次，身上、腿上都是淤青。"为克服协调性问题、快速掌握车技，时春霞就用"笨"办法弥补：别人练 1 个小时，她就练 4 个小时；别人周末休息，她就自我加压练习。高强度的训练，让时春霞身体承受着巨大的压力，"那时候经常半夜疼醒"。

就这样，时春霞在短短一个多月的时间内掌握了摩托车驾驶技能。在后期路面驾驶训练中，她充分发挥带头作用，每天驾驶百余公里，分组带领 10 余名女子铁骑队队员们进行拉练。训练之余，她还牵头制定了女子铁骑勤务模式、后勤保障、绩效考核等规章制度，确保女子铁骑队各项工作有序推进。

经过近百天的魔鬼训练，25名参训队员近一半被淘汰。2016年10月1日，全国首支女子铁骑队正式上路执行勤务，时春霞也正式成为一名"女骑士"。在之后的勤务工作中，她善于总结，从勤务模式、战术规范、装备配备、文化建设等方面积累路面一线经验，形成了可推广、可复制的深圳交警铁骑新模式，全国许多大中城市借鉴应用了深圳交警铁骑的做法和经验。

时春霞所在大队的领导说："交警铁骑是一项非常辛苦、危险系数较高的工作，很多男民警干一两年都纷纷想办法转岗，但是时春霞作为一个女民警这么多年一直坚持在一线参与执勤，这是非常难得的。"担任女子铁骑队长近7年，时春霞始终坚守执勤一线，舍不得离开这个岗位，她说："我坚守在这里，就是希望把女子铁骑的精神传递下去，为队员树立好榜样，更好地发挥女子铁骑作用，更多地为群众排忧解难，让深圳这张城市'名片'擦得更亮。"

疫情发生后，她第一时间请战

2020年年初新冠肺炎疫情发生之际，时春霞毫不犹豫地申请加入防疫检查突击队，冲在疫情防控前线。她和身边的同事说："面对未知的疫情，尽管家人和自己都有顾虑，但是想想我们背后并不是普通的收费站，而是我们热爱的城市和需要保护的人民，作为党员这时候必须冲出来，就没有什么可惧怕的了。"

为了实现"零事故、零投诉、零漏报、零感染、零扩散"的工作目标，时春霞带领队员连续 30 多天穿梭在罗田、黄鹤、观澜、盐田等条件艰苦的防疫检查点，先后检测车辆和乘客 10 多万次，配合处置发热人员近 200 人，铸牢了深圳抗击新冠肺炎疫情的"铜墙铁壁"。

2022 年春节后，因深圳疫情再次暴发，防控形势严峻，时春霞所在小区很早被封控，但是她并没有选择回家，而是长期吃住在单位开展勤务工作。紧接着，因工作需要，时春霞又参加了 37 天的轮训封闭任务，近 50 多天才回了一趟家。她就是这样，一直都是以工作为重，从不考虑个人得失，正如她所说："穿上警服，就得把责任扛在肩上。"

急难险重任务面前，她是战友们的"主心骨"

2017 年 4 月 30 日晚上 7 时 30 分左右，正在东部沿海高速执行五一交通保障支援任务的时春霞已经执守了一天，倍感疲累，刚刚坐下休息，突然接到指挥中心指令：林场隧道西行入口处有一辆载满乘客的大巴车疑似自燃。封闭的隧道、自燃……当这些字眼闪过时春霞脑海时，她马上清醒了，立刻将现场警力分为两组，一组由她带队火速赶往现场，一组从管理中心跑步到林场隧道。东行的隧道里非常拥堵，时春霞鸣着警笛从车辆缝隙中快速穿行，同时通过对讲机一边调动其他警力前往事发地点进行支援，一边与指挥中心和另一组警力保持联系。"一心多用，当时整个人处在高度紧张状态。"

几分钟后，时春霞带领队员第一时间抵达事发点，发现疑似自燃的大巴车因为传送带故障导致冒烟。她悬着的心这才放下。现场由于个别乘客不明情况跳车造成轻微受伤，时春霞果断组织警力在维护现场交通秩序的同时，将受伤的乘客送往医院，又与司机协调尽快安排后续车辆转运150余名乘客，还贴心地安排给老人、小孩分发巧克力、糖果补充体力，安抚大家情绪。

一直忙到晚上9点，所有乘客才安全转运完毕。很多乘客事后说："还好你们来得及时，看到你们到来，我们就都安心了。"回来的路上，时春霞一阵后怕，又感动不已，因为所有队员面临危险时皆勇往直前。

2018年9月，超强台风"山竹"袭击深圳，许多树木被台风吹断，多条道路被截断，公共交通停运。即使在路面被大风大雨吹得站不稳，时春霞仍然带领铁骑队队员坚持巡逻，浸泡在半膝的雨水中，为过往车辆进行安全指引，在路面处理各种警情，发现并帮助受困车辆和群众。

当看到被台风刮倒折断的树枝挡住通行路面，没有专业的清除工具，她和队员们便一点点挪开树枝，在风雨中清理出一条路来。虽然是女警，平时看着很瘦弱，但是在雨中她们却是那么的坚强有力。

"拼命三郎"的执着

作为一名"城市轻骑兵"，路面巡逻、大型活动保障和后台支撑等是她的工作日常。除了完成日常巡逻，在节假日期间往往要承担更多的任务。比如除夕夜，仙湖植物园周边的车流量剧增，拥堵往往延续至凌晨，每逢此时，铁骑队队员们往往通宵达旦坚守在岗位上，这也意味着传统的年夜饭成了一种奢望。这些情况，时春霞早已习以为常。

她带领女子铁骑队先后参加新中国成立 70 周年、深圳经济特区建立 40 周年、双创周、深圳马拉松等大型活动以及节假日深圳湾景区、仙湖植物园、中高考等近百次大型交通保障任务，被战友称为"钢铁霞"。

领导评价时春霞说：她是一员虎将，能打大仗、打硬仗。

女铁骑队员评价时春霞说：是个好领队，我们乐于和她并肩战斗。

为民服务的坚守

时春霞充分发挥铁骑"最强大脑、最快双腿"的特点，把为民情怀刻进骨子里，让服务群众成为本能。参加工作以来，她开展铁骑勤务巡逻里程达 8 万余公里，相当于绕地球赤道 2 周，主动发现处理事故、坏车警情 3000 余宗，为危重病人救治争分夺秒，开辟绿色通道 30 余次，服务群众 1000 余人次。

经常在结束十几个小时的交通保障勤

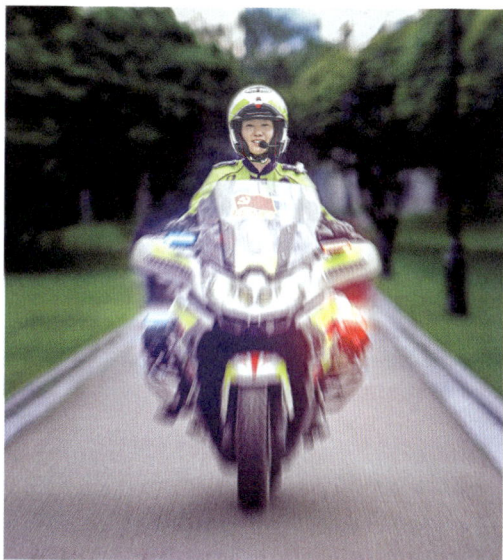

◎ 时春霞开展铁骑勤务巡逻

务后，即使累得筋疲力尽，遇到事故、坏车时，她都会毫不犹豫地停下车，询问具体情况，耐心地为当事人提供指引和帮助。因为她知道，车主已经在翘首期盼闪烁的铁骑，也就顾不上累了，要把交通管理工作做到老百姓的心坎上。

一次晚高峰巡逻时，时春霞发现最左侧车道有一起两车追尾事故，处置中发现后面的女司机浑身发抖，说自己是第一次遇到交通事故，不知道怎么办，车上还在襁褓中的小孩一直哇哇啼哭，时春霞快速做好事故取证，指挥事故车辆撤离到路边的应急车道。本已经处理完事故的时春霞这时并没有离开，而是开始耐心地和女司机沟通交流，告诉她遇到事故如何处置，后续保险如何理赔等，还陪着女司机一起安抚受到惊吓的小孩。

很多女子铁骑队员对时春霞这样费时费力的举动很是不解，她常常和队员谈话中说："之所以成立女子铁骑队，就是要发挥女警热情、耐心、细心的优势，我们就必须要让当事人感受到我们的温度和温暖，虽然我们的力量很微薄，但可以很坚定！"

2022 年 5 月 3 日，时春霞难得的一天休息，下午两点多出去经过北环侨香村路段时，发现道路拥堵，行驶缓慢，她立刻观察每条车道，发现最左侧车道有一辆坏车，还有 2 名人员站在路边，时春霞于是把私家车停在导流线，带着警察证下车询问车主车辆情况，得知因故障无法行驶，但是考虑到人员的安全和交通通行，建议将车辆推至路边的导流线。

车主看着穿着裙子的她，有些不信任，时春霞便告诉车主，我是女铁骑，处理过很多类似的警情，放心吧。于是，和车上人员一边推车一边指挥后面车辆让行，将故障车辆安全转移到导流线，恢复了交通的通行，也让司机和乘客能够在阴凉处等候。

时春霞敬业奉献、担当坚守、耐心细致的精神润物无声地感染着整个队伍，女子铁骑队也逐步成为深圳一道亮丽的风景线。在路上骑行中，时春霞经常可以看到市民群众伸出大拇指点赞，她感慨道："市民的鼓励和认可是对我们工作最大的肯定，让我有了更多坚守和前进的动力，付出再多也都是值得的。"

从警 13 年，时春霞坚定而勇敢地逐梦。这位坚守城市交通的"钢铁霞"动情地说："我很感谢深圳这座城市，让我的梦想在这里绽放。"

广东省公安厅供稿

守护城市交通动脉的"钢铁霞"

◎ 谢俊思

从不知离合器、挡位为何物，到携带重达 10 公斤的装备、娴熟驾驭大功率摩托车；从坐办公室写材料，到顶风冒雨巡逻执勤超过 8 万公里……广东省深圳市公安局交通警察支队机动训练大队一中队教导员时春霞在 14 年从警路上不断突破自我、一往无前，被大家称为"钢铁霞"。

2016 年，深圳交警率先推出驾驶大功率摩托车武装巡逻的铁骑勤务，组建了全国首支女子铁骑队。本在内勤岗位"码字"的时春霞主动申请加入。

"说实话，刚开始我连摩托车的离合器、挡位都搞不清楚。"回想起刚投入训练时的不适应，时春霞有些不好意思。当时的她由于没有掌握技术要领，驾驶的摩托车经常熄火，每天摔车十几次，身上、腿上都是淤青。为快速掌握驾车技能，时春霞就用"笨"办法弥补——别人练 1 个小时，她就练 4 个小时；别人周末休息，她就自我加压练习。

　　经过高强度的训练，时春霞仅用一个多月的时间就掌握了摩托车基础驾驶技能。在后期路面驾驶训练中，她每天驾驶百余公里，带领 10 余名女子铁骑队队员进行分组拉练，充分发挥了带头作用。训练之余，她还牵头制定了女子铁骑勤务模式、后勤保障、绩效考核等规章制度，确保女子铁骑队各项工作有序推进。2016 年 10 月 1 日，女子铁骑队开始在路面上执行勤务，时春霞也正式成为一名"女骑士"。

　　2018 年 9 月，超强台风"山竹"登陆深圳。时春霞带领铁骑队队员坚持巡逻，涉水指引过往车辆通行，及时处理各种警情，发现受困车辆和群众后，她和队员立刻提供帮助。当看到被台风刮倒折断的树枝横在路上，时春霞和队员便一点点挪开树枝，在风雨中清理出一条路来。女子铁骑队为群众开通"安全通道"的场景被很多市民用手机镜头记录下来。

◎ 时春霞进行日常交通整治工作

作为一名"城市轻骑兵"，路面巡逻、大型活动保障和后台支撑等是时春霞的工作日常。加入铁骑队以来，她开展铁骑勤务巡逻里程 8 万余公里，主动发现处理事故、坏车警情 3000 余起，服务群众 1000 余人次；她带领队员完成深圳经济特区建立 40 周年庆祝大会等大型活动以及节假日深圳湾景区等交通保障任务近百次。

作为女子铁骑队队长，时春霞善于总结，在勤务模式、战术规范、装备配备、文化建设等方面积累了不少经验，形成了可推广、可复制的深圳交警铁骑新模式，全国近百个大中城市借鉴应用深圳交警铁骑做法和经验。

有一次晚高峰巡逻，时春霞在处理一起追尾事故时发现肇事女司机浑身发抖、不知所措，而车上的婴儿也因受到惊吓啼哭不止。迅速处理完事故后，时春霞没有离开，而是耐心地和女司机沟通，告诉她遇到事故如何处置、后续保险如何理赔等，还陪着女司机一起安抚受到惊吓的孩子。

热情、耐心、细致的交警"女骑士"，在钢筋水泥筑成的公路上，为遇到困难、遭遇事故的人带来了慰藉。"这便是女子铁骑队的价值所在。"时春霞常常对队员们这样说。

2022 年春节后，深圳疫情防控形势严峻，时春霞长时间吃住在单位，连续工作 50 多天后才回了一趟家。她说："穿上警服，就得把责任扛在肩上。"

在担任女子铁骑队队长近 6 年的时间里，时春霞始终坚守在执勤一线，舍不得离开自己的工作岗位。她的敬业奉献、担当坚守、耐心细致，润物无声地感染着所有队员，女子铁骑队也逐渐成为深圳一道亮丽的风景线。

在路上骑行巡逻时，时春霞经常看到市民群众伸出大拇指为自己点赞，对此她感慨颇深："要把女子铁骑的精神传递下去，更好地发挥女子铁骑作用，更多地为群众排忧解难，让深圳这张城市'名片'更亮眼。"

《人民公安报》2022 年 11 月 2 日

2022
最美基层民警

杨伯伦

杨伯伦：一山一水总关情 寸土寸心写忠诚

　　他扎根被誉为"漓江心脏"的猫儿山38年，长年巡山护林、服务群众，30余万公里巡山历程，从"小杨"变成"老杨"；他扛起"保护漓江、保护生态环境"的职责使命，以脚步丈量，把一生默默奉献给了这座大山，用实际行动，践行"人民公安为人民"。他，就是广西壮族自治区桂林市公安局猫儿山派出所民警杨伯伦。

　　在与山为伴的漫长岁月中，他错过了很多人生的重要时刻：父母临终前的最后一面、孩子的家长会和毕业典礼、与爱人的结婚纪念日……

　　但他也收获了很多：2015年全区优秀人民警察、2022年广西公安榜样，群众称他为"守护华南之巅绿海静美的生态卫士"……金灿灿的勋章与嘉奖，是对一个人用一辈子守护一座山的最高褒扬！

牢记领袖嘱托，呵护桂林山水之源

绿水青山就是金山银山。"每次进山，每次入林，每次站在华南之巅，瞭望层峦叠嶂，观看云卷云舒，我就有张开双臂拥抱这一片大美自然的冲动。"杨伯伦爱这座山，爱这片水，爱这里淳朴的乡亲百姓，因为爱得深沉，所以他明白自己肩上的重任，那就是不惜一切代价去保护猫儿山，保护这里的一草一木、一山一水。

早上6点，杨伯伦就会在天还未全亮时便和同事从所里出发去巡山。就算在炎热的酷暑他也是穿着长袖警服，才能减少蚊子、毛虫和山蚂蟥的叮咬。出发前，他总会带上他的三宝：干粮、柴刀、风油精。山路崎岖、枝密林茂，但都挡不住他前进的脚步。

广袤山林，杨伯伦巡逻到晚上，经常是走到哪歇到哪，以天为被、以地为席。看上去很浪漫，实则是没人愿挑的苦担子。山里天气变化多端，可谓"十里不同天"。往往刚出发时还是艳阳高照，但走到半山腰也许就会碰上大雾，很容易让人迷路、迷失方向。比起大雾，突如其来的降雨更让人感到头疼。有一次，他和同事巡山走错了路，来到了一处悬崖峭壁旁，刚发现不对劲儿时，却偏偏又碰上了大雨。他们被淋得像落汤鸡，路难行、天又晚，只好摸索到北面的山隘里找块石头遮挡避雨过夜。山中的夜晚特别寒凉，他们饥寒交迫过了一夜……这种被困在山里的情况，经常发生。

这样的工作，苦吗？当然苦，但杨伯伦却乐在其中。猫儿山的老山界，是红军长征经过的第一座大山。当年红军是靠着双腿和高于天的信仰，走完了长征。杨伯伦经常用革命精神鼓舞自己："红军干革命，不怕牺牲，不怕流血。我们干工作也要不怕苦，不怕累。把工作干好才不负革命先烈抛头颅洒热血，才不负党的重托、人民群众的信任。"他说，一想到青山常在、绿水长青，人民能喝到优质的水，他心里就无比地满足。这种满足，足以支撑他咽下很多苦，也让他始终不求名利，默默奉献，誓把这片先烈们走过的红色土地守护到底。

120 双鞋见证了与山为伴的 38 年

1984 年 7 月，他从林业学校毕业后，分配到了离家乡 430 公里开外的猫儿山派出所。派出所就在猫儿山脚下的兴安县华江瑶族乡同仁村内。他和同事的任务就是巡护猫儿山 1.7 万公顷的国家级自然保护区。20 世纪八九十年代交通和通信技术不发达，刚参加工作的杨伯伦和同事全凭一双脚丈量大山。如若碰上紧急情况或者案件，更得疾步如飞，杨伯伦由此练成了"跑山"绝技。

20 世纪 90 年代，山上一保护区内时有盗剥树皮、盗伐林木案件发生。当时身为副所长的杨伯伦根据举报线索，带领两名办案民警在崎岖坑洼的山路上赶往案发现场，孰料途中遇到塌方，路被堵得严严实实。杨伯伦立刻弃车步行赶往作案现场。

因为耽误了时间，到达 15 公里外的现场后，犯罪分子早已没了踪迹。但他没有放弃，而是仔细进行了现场勘查，凭借着丰富的办案经验，判定是惯犯作案，并追踪 20 公里回村，发现了一台可疑的拖拉机，为了不打草惊蛇，还是靠着一双脚又一路奔波 14 公里，赶往嫌疑人可能会出现的下一个作案地点。此时，天已经亮了，杨伯伦克服劳累与饥饿的困扰，继续不断调查走访，在"跑"了一天一夜后终于将犯罪嫌疑人一举抓获。当能坐下来喘口气的时候，杨伯伦这才猛地感到脚板钻心地疼，鞋底不知何时磨破了……

后来条件好了，村屯里也实现了路面硬化，警车可以开到村里了，但上山巡山仍旧得靠两条腿。这么多年下来，一年至少要磨破3双鞋，足有120双。

是什么让他克服常人难以忍受的困苦，始终坚守？身为党员的他回答很朴实："我是一个农民家庭的孩子。我通过参加高考，得到了一份工作，改变了自己的命运。我很感激党和国家对我的栽培，唯有以自己的微薄之力守护这片林海。"

而今，随着科技的进步和社会的发展，党和国家对生态环境保护工作高度重视，在政策和配套设施方面给予充分的倾斜支持，警务科技信息化建设让桂林生态环境保护队伍焕然一新，构建"人巡、车巡、无人机巡"三位一体式巡查巡防模式，在全市各重点生态环境领域设置高清摄像头，与公安系统无缝连接，实现数据共享。年近六旬的杨伯伦又练成了新的"绝技"，他娴熟地掌握了无人机、现场执法记录仪、现场勘查设备等高端警务技术的运用。

以大山为家，守护的都是亲人

"猫儿山就是我的家，我守护的都是亲人！"派出所管辖面积25万余亩，点多线长面广，保护区远离居民点，老杨巡山到晚上，运气好能借宿在山民家中也是常事。在扎根大山的无数个日夜中，进山巡林，入户宣传，是他的工作常态。在此期间，老杨早已和山民打成了一片，说法律、拉家常，不是亲人却胜似亲人。

猫儿山有几年盗猎山蛙的情况严重，因为山民不懂法律，有时候犯了错自己也不知道，杨伯伦很痛心。他下定决心要改变现状。

山民文化水平不高，如何让群众把枯燥的法律条文入脑、入心，杨伯伦想着法子激发群众学法用法的积极性和热情。当地聚集着许多瑶族山民，结合地方传统文化和民族习俗，他经常组织民警与猫儿山保护区周边社区中老年协会、民间文艺队开展"共建生态家园"社区宣教活动，利用山歌、广场舞等形式开展生态环境保护普法宣教活动。他经常会被"赶鸭子上架"展示他的又一个"绝技"，给大家亮两嗓子自编自导的法宣山歌："绿水青山就是金山银山，野外生灵也有家，保护要靠你我他……"常能赢得听众的掌声和欢呼。

"我唱不好，但是群众愿意听，把法律知识变成山歌，听得懂，容易理解，普法气氛很愉悦，这也是我发动当地老百姓和我一起保

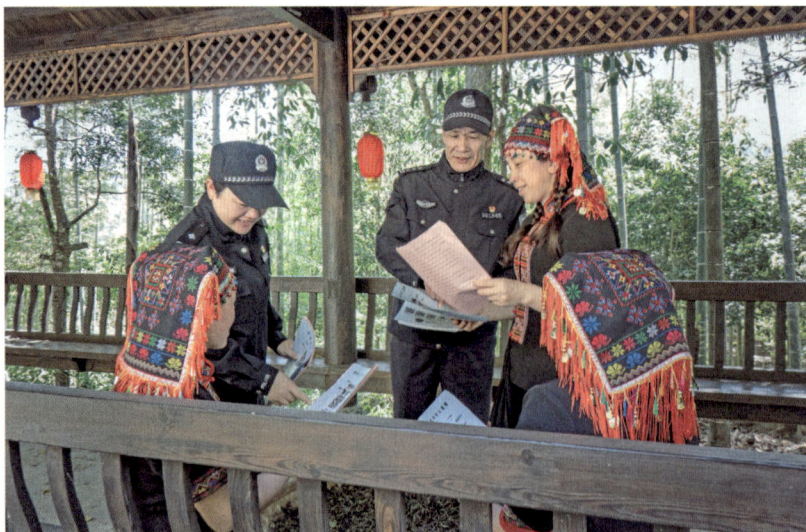

◎ 杨伯伦（中）和同事一起入村宣传

护这里生态环境的好办法。"杨伯伦为人朴实，受村民们爱戴，他们常说："我们老百姓都晓得他非常好，这不是通过话讲出来的，而是他做实事做出来的。"

多年前一个雨夜发生的救助事件到现在还让村民们记忆犹新。那是几个驴友迷路，被困在猫儿山深山悬崖上，情况紧急，求助电话打到了派出所里。当晚值班的杨伯伦在安抚好受困者情绪后，凭借自己多年巡林、救助经验，迅速判定遇险人员的受困地点。出发救人的那一刻，他全然忘了自己刚刚做完手术并未痊愈的身体状况，迅速整装冒着大雨毅然走进深山。

行走在下着雨的原始林间，就算是有着丰富"野外实战"经验的专业人员，也是一场充满未知、困难与危险的旅程。历时半夜的艰辛跋涉，杨伯伦终于在次日凌晨到达预先判定的受困地点——峻岭河源头悬崖下。果不其然，看到援救队伍的灯光，受困者奋力呼救。杨伯伦赶紧把自己的外套给他们披上，将自己舍不得吃的干粮分给大家，毫不犹豫背起其中一个伤者打头阵开路，走走停停，等返回派出所时已是次日正午。顾不上休息，杨伯伦第一时间联系就近医护人员为他们检查身体、联系家属。等再次返回派出所时，已是深夜凌晨。几天后，被救助的几个人亲自给杨伯伦和猫儿山派出所送来感谢信和锦旗。

这样帮扶救困的事儿，杨伯伦干了很多，村民们特别钦佩他。也因为杨伯伦的热心肠，村民们与他结下了深厚的鱼水情。

过去，猫儿山保护区的村民都是掘井吃水。随着生态保护工作扎实开展，保护区的水源愈发清澈。村民们索性直接用管道将清洌甘甜的山泉水引入家中。几年前，村里得知民警们还吃井水时，都坐不住了，自发地引了一条输水管道直通派出所。村民们说，没有如杨伯伦这样的民警们默默守护，就没有如此甘甜的山泉。

滴水之恩，涌泉相报，这是最淳朴的"中国式浪漫"。

舍了"小家"，成全"大爱"，生态卫士尽忠诚

38年来，杨伯伦查处林业案件160余起，救助和放生野生动物5000余头，援救自然保护景区内受困遇险群众游客200余人。

也正是由于常年在高寒山区中行走办案，饮食不规律，身高174厘米的杨伯伦，体重不到130斤。肠癌、胃穿孔、风湿病，都是他的"老朋友"。常年服药、屡次化疗，也打不倒这个"生态卫士"。

杨伯伦的教导员回忆道，杨伯伦在经历2010年的结肠癌手术后没多久，就立即回到猫儿山派出所值班。所里对他照顾有加，调换住房、调节饮食……"特殊的照顾"让杨伯伦心里感到不踏实，提出想要上山巡守的工作请求，但所里的同事们纷纷拒绝，都怕他扛不住。

杨伯伦心里干着急，他明白所里人少事多，经常忙不过来。没几日，教导员便拗不过杨伯伦频繁的恳求，只能放下话：别的民警在山上吃干粮，你能吃什么？杨伯伦掷地有声地说道："喝粥也要上岗！"

哪怕身体虚弱，哪怕只能靠喝粥维持体力，杨伯伦也要坚守自己的承诺与责任。他割舍不了对这份工作的浓厚情感，放不下山上的一草一木。自打从医院回来，力所能及的事务他都揽下，从没说过要休息。被他坚强无畏的勇敢担当和时时放心不下的责任感所感

动，教导员终于点头答应，在确保健康和安全的情况下允许他上山。此后，杨伯伦为了不耽误同事时间，每天大清早就起来熬粥。同事们在山上吃馒头、饼干，他就喝稀饭饱腹。术后的两年里，大山和流食就是他的全部。

怀着对生态保护事业的满腔热情和对猫儿山这片土地的不舍情怀，杨伯伦始终坚守在岗位上。他说，这也是多亏有家庭的支持。但对于家人，杨伯伦是有愧疚的。这么多年，办案需要他常常半夜三更说走就走，一走就是十天半个月；值班备勤也常常错过和妻子孩子的节日团圆。他缺席了很多重要时刻：未能见到父母最后一面、孩子的家长会和毕业典礼、与爱人的结婚纪念日。好在家人都能理解、支持他。孩子打心眼里崇拜父亲，从小就特别懂事；妻子会默默地在他回家的时候，做上一桌好吃的给他。

尽管未来就要和这片山林告别了，但杨伯伦说，如果有需要，他还会义无反顾地回来，继续当好他的"守山人"！

广西壮族自治区公安厅供稿

38 年守护这片绿水青山

◎常 汝

从 22 岁走进广西桂林猫儿山的第一天起，桂林市公安局生态环境保护分局猫儿山派出所民警杨伯伦就锚定一个目标——守护好这片绿水青山。

38 年来，杨伯伦巡逻里程超过 30 万公里，巡护林区 1.7 万公顷，查处林业案件 160 余起，救助野生动物 5000 余只，救援受困遇险群众 200 余人，以实际行动践行着"保护漓江、保护桂林山水"的职责使命。

杨伯伦爱这座山、这片水，更爱这里淳朴的乡亲。正因为爱得深沉，所以他更懂得自己肩上的重任。

每天天不亮，杨伯伦就和同事带着干粮启程巡山。巡逻中，他们不仅要观察是否有人进入过原始森林核心区域，还要留意植物的生长情况以及珍稀动物栖息的痕迹，查看保护区内界点有无异常。

桂林地区素来有"一山有四季，十里不同天"的说法。猫儿山一带天气变化多端，往往出发时还是艳阳高照，走到一半就会乌云

◎ 杨伯伦在猫儿山巡逻

密布、暴雨倾盆。

有一次，杨伯伦巡山刚走到一处悬崖旁，突降大雨。当时天色已晚，杨伯伦只能摸索到北面的山隘里找块石头躲避。山里的夜晚异常寒冷，浑身湿漉漉的杨伯伦在饥寒交加中熬过了一夜……对于这种突发情况，杨伯伦早已习以为常。

这样的工作，苦吗？

当然苦！但杨伯伦却不怕苦。山路崎岖、荆棘密布，挡不住杨伯伦前进的脚步和坚定的决心。

20世纪八九十年代，当地交通状况较差、通信技术落后。刚刚参加工作的杨伯伦凭着一双脚丈量大山，碰上紧急情况，更是疾步如飞。时间一久，杨伯伦练出了"跑山"的绝技，在山野间奔跑、跳跃如履平地。

即便是后来村里通了公路，警车可以开到山下，猫儿山派出所民警上山巡逻还得靠两条腿。参加工作以来，杨伯伦磨破了120双鞋。

这样的工作，怎么坚持下来的？

"我是一个农民的儿子，是党和国家的培养改变了我的命运，我唯有以自己的微薄之力守护这片林海，才能不辜负乡亲们的期望。"杨伯伦的回答带着山里人的朴实。

近年来，随着社会的发展和科技的进步，党和国家出台了一系列关于生态环境保护的重大决策部署，生态文明建设成效显著。同时，警务科技信息化建设也进一步为桂林生态环境保护赋能——桂林市公安局构建"人巡、车巡、无人机巡"三位一体式巡查巡防模式，在全市各重点生态环境领域设置高清摄像头，各系统间实现了无缝连接、数据共享。

如今，杨伯伦可以娴熟地使用无人机、现场勘查设备等尖端警务设备，在猫儿山上方用"天眼"开启巡逻，巡逻方式发生了翻天覆地的变化。

山蛙是国家保护动物，由于一些群众不知法也不懂法，前几年盗猎山蛙的情况时有发生，这让杨伯伦下决心加大普法力度，改变现状。

如何将枯燥的法律条文变得通俗易懂，让群众入脑入心？杨伯伦绞尽脑汁想了很多法子。

杨伯伦结合传统民族习俗，与周边社区的中老年协会、民间文艺队开展"共建生态家园"社区宣教活动，利用山歌、广场舞等形式开展生态环境保护普法宣教活动。

"绿水青山就是金山银山，野外生灵也有家，保护要靠你我他……"杨伯伦自编自导的普法山歌在当地村民间传唱度很高。

"我唱得一般，但大家爱听我唱。把法律知识变成山歌，能让人听得懂、听得进，这也是发动群众保护生态环境的好法子。"

杨伯伦为人朴实，总是为群众着想。大家都说："他不是光靠嘴说，而是正儿八经做实事的人。"

选择当警察，就是选择责任和奉献。38年的热血与担当，杨伯伦怀着对生态保护事业的满腔热情和对这片土地深沉的爱，甘守寂寞坚守岗位，做忠诚的"守山人"。

《人民公安报》2022年11月3日

2022
最美基层民警

乔晋军

乔晋军：为民见真情
忠诚铸警魂

海南省海口市公安局五源河派出所所长乔晋军已从警 25 年，被辖区群众亲切地称作"老乔"。2004 年之前，老乔是太原市公安局的一名骑警。从马背上的警察，到海口市公安局督察支队，再到五源河派出所，他始终是一名疾恶如仇、兢兢业业、服务群众的汉子，并没有太多的改变，只是在近几年，跟着警队的年轻人学会了网购，他要买的是扩音喇叭。

自带音响的"老乔"

乔晋军用的扩音喇叭，是一种可以充电录音，能循环播放的扩音喇叭。所里的巡逻车都配备了这种喇叭，甚至连自己的私家车都没有放过，专门针对砸车盗窃、电信网络诈骗等案件，提醒群众加强防范。

乔晋军为了录音特意加强了普通话的练习，"没有主播们的字正腔圆，好歹咱也声音洪亮，吐字清晰"。

于是，乔晋军的安全提醒，成了辖区群众最熟悉的声音，很多没见过他的人来到派出所，只根据声音就能找到谁是所长。群众说："老乔是一个自带音响的警察。"

"我们所长总是能想到提高吸引群众关注的宣传方式，提高辖区群众的防诈骗意识。"五源河派出所民警告诉记者。

除了发放宣传单、在辖区拉横幅、张贴宣传海报、利用微信朋友圈开展反诈宣传外，老乔创新宣传形式，在辖区摆放"派出所民警人像广告牌"，在辖区商业地段开展下载"国家反诈中心"App 现场抽奖、赠送书画作品等活动。

发掘平安要素增长点

五源河派出所辖区内的海南国际会展中心，是市两会、两届中国国际消费品博览会等大型活动举办地，所处的海口西海岸片区进入高速发展期，小区、商圈、医院、学校以及企业总部纷纷入驻，新的发展形势也给社会治安管理提出了新的课题。

2019 年 6 月，乔晋军到任五源河派出所后，针对辖区物管小区及企事业单位多的特点，反复调研考证、因地制宜、合理安排，发掘出保安力量这一新的平安增长点，向整合资源要警力迈出坚实步伐。

在与辖区建成的 37 个小区、18 家酒店旅馆、32 个在建工地等管理方沟通后，五源河派出所整合了 1069 名（现 825 名）保安，"保安联盟"应运而生，发光发热。

打破"各人自扫门前雪"的壁垒，将各小区保安巡逻范围延伸到小区围墙外，直接圈及辐射至相邻小区的外围街道，并细分巡逻时段，保障值守全覆盖。为提升工作效能，乔晋军经常组织对保安员的指导培训；为提升角色认同，激发工作活力，在获准后，他为辖区每一名保安都配发了写有"海口市公安局保安联盟"字样的红袖章。

效果立竿见影。2020年五源河派出所盗窃刑事立案50起，与2019年的61起相比下降18%，其中盗窃电动车案件2020年立案6起，与2019年的27起相比下降78%。

夏季治安打击整治"百日行动"开展以来，乔晋军充分发挥"保安联盟"机制，带队组织人员对辖区酒店等企事业单位开展治安隐患排查，对辖区的多个在建工地进行矛盾纠纷排查化解，组织人员在辖区开展集中清查3次，单位自行组织社会面清查8次，抓获在逃人员4人。8月11日，在保安员配合下，乔晋军迅速带领值班民警肖明兴、联防队员孟琪琳等人在辖区内一在建工地抓获在逃27年的命案嫌疑人姚某某，顺利将嫌疑人移交外地办案单位。

平凡岗位抒写为民情怀

在五源河派出所办公室的墙上挂着十几面锦旗，就任所长以来，五源河派出所和乔晋军本人多次收到老百姓赠送的锦旗和表扬信件。

"乔所长的业务能力和工作智慧，让我见证了海南自贸港省会公安局优秀警官的风采。他让我一个举目无亲的外地人，感受到海南良好的秩序。"辖区网友"岛叔"在朋友圈里写下这样的话。

"岛叔"住的高楼有一家外地租户，中介安了一台劣质空调，经常发出怪异的噪声。有一天"岛叔"上去跟租户商量，对方居然回屋拿着把菜刀出来，还先报了警。接到报警后，乔晋军亲自到小区现场协调处理，主持了租户、物业、社区三方会议，还自己掏钱凑份子，纠纷得到妥善解决，各方皆大欢喜。

"理所应当，心甘情愿。"完成这样一项工作后，乔晋军长舒一口气。他在派出所例会上提得最多的就是在为民办事中，要树立"沟通桥梁"的理念，拉近与群众的关系，首先要把群众的事当成自己的事。

辖区有一名偏执型精神分裂症患者患病，其父母求助派出所，乔晋军开车陪同其父母将患者送至海南省安宁医院，并协助医院为其治疗，其间被患者拉扯、谩骂，该患者病发期间还多次在网上发布不实信息诋毁乔晋军。对这些，他都一笑了之，"只要辖区群众安宁，我就不会被老百姓误解"。

◎ 乔晋军向食堂工作人员开展反诈宣传

271

在乔晋军加入的 264 个微信群中，名称都以"某某小区"备注，从"我们群里真的有警察"的惊叹到"有事找乔所"的感叹，无论是否涉及公安业务范畴，群众有什么疑问，都乐意向乔晋军求助，他们知道在那里会收获细致、全面、耐心的回应，乔晋军则各方求证查实找到答案或告知相关职能部门联系。

健全规章制度　提升队伍战斗力

"公安机关是纪律部队，派出所是半军事化单位，必须要严格管理。"从深耕多年的纪检督察岗位到"救火"上任派出所所长，乔晋军深知以制度管事、用制度管人的决定性作用。

乔晋军到任五源河派出所工作后，全面落实新时代基层党建工作总要求，积极响应市局党委提出的党建工作目标，充分发挥基层党组织的战斗堡垒作用，紧紧围绕"让党旗在警营高高飘扬"，以"党建带队建，党务促警务"为宗旨，准确抓住了"牛鼻子"，全面提升派出所的各项工作。

对党支部存在的问题，乔晋军更是不回避、不袒护，用党章党规约束队伍，强调"不换思想就换人"，坚持以制度管事、用制度管人，建立健全派出所各项工作制度。

他健全制定了公章使用、文件传阅、居住证办理等相关规章制度，鼓励大家多想办法服务好群众，提高办事效率和群众满意率，树立起鲜明的工作导向。

在他的坚持下，五源河派出所还安装了一个"自动打铃"系统，早上起床、吃饭和午休都有严格的时间点。刚开始的时候，肯定有人不适应，面对这些问题，乔晋军的选择是"以身作则、严于律己"。尽管一开始也有人抱怨，但在他的坚持下，一系列规章制度被执行了下来。所里有个别辅警、联防队员忍受不了而辞职，换来的是五源河派出所真正成为一支作风优良、纪律严明、创先争优的队伍。

五源河派出所曾荣立集体三等功2次，荣获先进基层党组织1次，消博会安保先进集体1次，海南省委2021年"为民办实事"海南政（警）务便民服务站服务之星流动红旗1次。派出所2人获得疫情防控嘉奖，1人获得全市三年禁毒会战先进个人，1人获评"海口好人"荣誉。

乔晋军本人荣获公安部"全国公安机关爱民模范"、海南省优秀党务工作者、海南省十佳人民警察提名奖、2019—2020年度海南省平安建设先进个人、海南省公安厅新中国成立70周年大庆安保维稳先进个人、海南省公安厅新冠肺炎疫情防控工作成绩突出先进个人等荣誉，先后荣立个人三等功4次、荣获嘉奖6次。

"江山就是人民、人民就是江山，打江山、守江山，守的是人民的心。"乔晋军始终怀着一颗爱民之心，在平凡的岗位勤奋拼搏，带领派出所全体民警辅警认认真真、兢兢业业完成各项工作任务，用心血和汗水维护着辖区社会治安稳定。

海南省公安厅供稿

"喇叭所长"为民忙

◎ 徐　婷

海南省海口市公安局五源河派出所所长乔晋军从警 25 年，被辖区群众亲切地称为"老乔"。从马背上的警察到海口市公安局督察支队，再到五源河派出所，老乔始终忙碌在服务群众的路上。这几年，老乔也赶时髦，跟着警队的年轻人学会了网购，从网上买了一批喇叭。

老乔的喇叭是一种可以充电录音、循环播放的扩音喇叭。派出所的巡逻车里有他的喇叭，自己的私家车里也有喇叭。喇叭里录着防范砸车盗窃、电信网络诈骗等知识，提醒群众提高警惕。

"没有主播的字正腔圆，好歹咱也声音洪亮、吐字清晰。"老乔为了录音特意加强了普通话练习。他的安全提醒成了辖区群众最熟悉的声音，很多没见过老乔的人来到派出所，只根据声音就能找到他。"老乔是一位自带音响的警察。"群众说。

赶时髦的老乔，总能在宣传时琢磨出吸引群众关注的新方式。

除了常态化宣传外，老乔在辖区摆放"派出所民警人像广告牌"，在商业地段开展下载"国家反诈中心"App 现场抽奖、赠送书画作品等活动，吸引群众学习反诈知识、加强防范意识。

五源河派出所办公室的墙上，挂着十几面锦旗。老乔到派出所后，多次收到群众的锦旗和表扬信件。

"怎么拉近与群众的关系？首先要把群众的事当成自己的事。"老乔经常跟所里的民警、辅警说，为民办事，要树立"沟通桥梁"的理念。老乔的手机里有 264 个微信群，备注都是"某某小区"。从"我们群里真的有警察吗"到"有事找乔所"，群众有什么疑问都会向他求助。

"乔所长的业务能力和工作智慧，让我领略了海南公安民警的风采，感受到了海南的良好秩序。"网友"岛叔"在朋友圈夸赞道。

五源河派出所辖区内的海南国际会展中心建成后，成为各类大型活动的举办地，周围商圈、医院、学校以及企业总部纷纷入驻。

◎ 乔晋军在辖区内组织开展反诈宣传活动

新的发展形势既带来了新机遇，也给社会治安管理提出了新课题。2019年6月，乔晋军到五源河派出所后，针对辖区物管小区及企事业单位多的特点，深入发掘保安力量，整合千余名保安员，"保安联盟"应运而生。

"保安联盟"将各小区保安巡逻范围延伸到小区围墙外，辐射至相邻小区的外围街道，同时，细分巡逻时段，实现值守全覆盖。2020年，五源河派出所立盗窃刑事案件同比下降18%，其中盗窃电动车案件同比下降78%。

夏季治安打击整治"百日行动"开展以来，乔晋军充分发挥"保安联盟"机制作用，组织人员排查酒店等区域治安隐患，及时化解辖区矛盾纠纷，切实解决群众最关心、最直接、最现实的利益问题。

"公安机关是纪律部队，派出所必须要严格管理。"乔晋军到任后，以身作则、严于律己，建立健全派出所各项工作制度，鼓励民警、辅警多想办法服务好群众，提高办事效率和群众满意率，打造成为一支作风优良、纪律严明、创先争优的队伍。近年来，五源河派出所荣立集体三等功2次，荣获先进基层党组织1次、消博会安保先进集体1次，并获海南省委2021年"为民办实事"海南政（警）务便民服务站服务之星流动红旗1次。

"江山就是人民、人民就是江山，打江山、守江山，守的是人民的心。"乔晋军始终怀着一颗爱民之心，在平凡岗位上勤奋拼搏，带领派出所全体民警、辅警用忠诚和担当守护辖区社会治安大局平稳有序。2022年5月，乔晋军被评为"全国公安机关爱民模范"。

《人民公安报》2022年11月4日

2022
最美基层民警

周和理

周和理：心里装着老百姓

周和理，重庆市铜梁区人，1965 年 10 月生，中共党员，大专学历，1996 年参加公安工作，一级警长，现为重庆市铜梁区公安局东城派出所社区民警。周和理自 1999 年开始配合居委会调解纠纷，2002 年开始一直从事社区工作。扎根基层 23 年，他总结出的合法、合理、合情"三合"工作法，成为调解纠纷的"万能钥匙"，成功调解化解矛盾纠纷逾万起，群众亲切地称他"三合民警"；他始终牢记"全心全意为人民服务"的宗旨，帮助 28 人就业、23 个家庭走出困境，真心实意为群众办实事、解难事、做好事。先后获评"全国优秀人民警察"、重庆市"最美渝警楷模"、重庆市"优秀社区（驻村）民警"，荣立个人二等功 1 次、三等功 2 次。

永葆初心，厚植为民情怀

周和理当过初中代课老师，做过农技员，后来以综合成绩第一的出色表现从 400 余名社会考生中脱颖而出，圆了警察梦。身穿绿制服，戴上大檐帽，头顶国徽，庄严勇猛，他立志做一名好警察。

他勤于学习，业务精进，以过硬本领服务人民。"一家人打麻将算不算赌博？"周和理至今依然记得参加公安员招考时的这道面试题。当时法律对赌博罪并没有司法解释，家人打麻将和社会人员聚集赌博，两种情况都涉及财物输赢，算不算赌博在司法实践中常常产生分歧。"一家人打麻将不是为了营利，子女输了钱可以算孝敬父母，父母输了可以当作资助下一代。"周和理答对了，强化了他法律建立在人情常理基础之上的认识。真正懂法才能公正执法，责任感驱动他乐于钻研法律法规，积极投入解决"疑难杂症"的实践中，迅速成长为基层警务工作的行家。

他公正执法，克己奉公，坚持维护社会公平正义。2022年4月，老家同姓兄弟因卖爆米花与一位外乡人发生争执抓扯，两人都受了小伤。双方各执一词，都要对方负担医疗费。由于事发地没有监控，值班民警调解多次未果。周和理接手了这起调解。调解前，兄弟打过多次电话让他出去吃饭，他均拒绝了，"这种事该怎么办还得怎么办，不要因为别人是外地人就写'歪笔杆'，公平公正才能站得住脚，别人才会服"。周和理冒着"胳膊肘往外拐"的埋怨，最终按照谁过错多谁负责的方案，让周姓兄弟赔了对方3000元医药费，双方达成和解。公平正义是执法工作的生命线，事关党和政府的公信力，周和理一次次以公正执法践行法治的灵魂和根本，赢得了群众的高度认可。

他不忘初心，学习先进，是服务社区的贴心人。周和理出身农村，对群众办事难、办事慢、办事繁的问题感同身受。他现在的口头禅是"我们多说一句话，群众少跑很多路"，这话是他从全国优秀人民警察罗永义那里学来的。罗永义原任铜梁县公安局南城派出所所长，周和理和他共事。每到赶场天，群众熙来攘往，咨询多，办事多，纠纷也多；工作繁杂，同事们忙不过来抱怨也多了。罗所长就用那句真挚平实的话勉励大家多为民做实事。周和理对此耳濡目染，铭记在心，值班接访、社区巡查，不以"管人"自居，悉心交流；能准确说出所负责辖区重点商户、社长、楼栋长、企业班组长电话，哪家生活困难，哪家有人患重疾病，哪些是常住、租户，企业最近效益好坏，他了然于胸。大家亲切地喊他"周哥"。

他心怀大局，化解风险，勇于担当。2022年6月，一名工厂员工在警务微信群里@了他，咨询他最近是否有以接种疫苗为由头的诈骗。周和理咨询区反诈中心，确认其是遇上了不法分子将黑手伸向老年人养老金的新型诈骗手法。发现这一情况之后，周和理及时进社区对老年人群进行反诈宣传。因为宣传及时，周和理所负责的辖区至今无一例养老诈骗和电信网络诈骗案件发生。在拉网排查中，他了解到柴油机制造厂效益下滑，工人待遇下降，多人有怨言。他与厂负责人商议，邀请区委党校教授到厂做形势报告，提高工人认识，争取理解，及时化解了潜在的不稳定风险。周和理以一隅稳定支援全域稳定，为党的二十大胜利召开提供了安全稳定的社会环境。

善用"三合"，23年调解纠纷万余件

周和理扎根基层，用心用情化解矛盾纠纷万余起，他总结出合法、合理、合情"三合"工作法，既立足法律角度，又充分考虑人的朴素情感、现实习俗，平衡其中的法理情，这也是他调解纠纷无一例反复的原因。为践行"枫桥经验"，2019年4月15日，东城派

出所按照"矛盾不上交、平安不出事、服务不缺位"的新时代枫桥精神，成立了以周和理为成员的"东城街道调解委员会驻东城派出所调解室"，并将调解室命名为"合理调解室"。

依靠群众，老中青齐努力，深化基层社会治理。"合理调解室"由周和理负责，还有7名司法调解员为成员，其中2名是基层工作经验丰富的50后退休人员，2名是有广泛社会阅历的70后中年人士，另2名是精力旺盛的90后年轻小伙，再加上1名温柔细致的女调解员。

2019年11月，市民李大姐来到"合理调解室"，申请调解纠纷。周和理详细了解后得知，李大姐6岁的孙子陈某与同班同学朱某在学校玩耍嬉戏时，不小心摔倒，造成陈某门牙断裂。由于当时未认真查看伤情，导致陈某错过了最佳治疗时间，只能在18岁以后再种植门牙。李大姐多次要求朱某的家长赔偿损失，但朱某家长认为，此事双方家长和学校都有责任，不愿意赔偿。急群众之所急，想群众之所想，周和理立即带领调解员来到事发学校走访调查。查明事实真相后，周和理又马不停蹄地组织双方家长及学校分别进行调解。老调解员说话稳重，专门对学校负责人做工作，讲明学校对学生监护方面的责任和义务；年轻调解员则从小朋友的同学友谊等方面出发，对双方家长进行劝解。因陈某只能在18岁以后再种植门牙，就12年后的治疗价格问题，三方再次发生分歧。正当调解无法进行时，有医院工作经历的女调解员联系了权威医院，了解当前种植牙价格，建议参照当前价格协商。经过协商，三方终于达成一致协议，李大姐布满愁容的脸上露出了久违的笑容。老中青男女皆有的人员配备，让"合理调解室"调解起纠纷来事半功倍。

深入研判，找到法、理、情平衡点，消除扰乱社会秩序隐患。2020年9月，辖区安全村的蒋某和邻居康某因土地调换问题发展到双方家人亲戚持械对峙，周和理闻讯后立即和另外一位民警赶赴现场，劝告双方放下械具。周和理拿出《治安管理处罚法》给蒋某和康某等人讲法，而蒋某和康某则表示"拘留就拘留，谁怕谁"。考虑到双方是邻居，简单生硬的治安处罚对双方日后相处不利，周和理便和他们讲邻居情谊，讲双方在本事件中各自的"理"，并让他们回家好好想一想，冷静冷静，双方矛盾有一定缓解之势。但几天之后，康某在外地的儿子邀约了十几个男子，声称要踏平蒋家。周和理带着派出所民警火速赶到现场后，用"法、理、情"的组合拳讲清如何才是尽孝道，令在外工作的康某儿子汗颜，调解工作很快取得成效，达成双方都认可的协议。事后，康某儿子拉着周和理的手："感谢周哥，你给我泼了冷水，让我冷静下来，挽救了我，也挽救了我的邻居！"

刚柔相济，执法兼普法，使命引领征程。2019年4月，某电子厂一名四川籍员工立某某和本地员工王某发生纠纷，厂方多次协调未果，立某某召集众多老乡在厂里罢工闹事，造成工厂不能正常运转。周和理火速赶到电子厂对立某某和王某耐心开展教育："法律面前人人平等，只要是有违法犯罪行为，就要受到法律的惩处……你们出来的目的是挣钱，不是争长短、耍威风的……在一个厂工作本来就是一种缘分，你们应该珍惜！"周和理这番发自肺腑的言论逐渐让立某某冷静下来。随后，周和理放弃午饭和休息时间，一会儿和立某某讲道理、谈法律，一会儿和王某掏心窝，用真情感化人心，最终将纠纷调解成功，双方握手言和。责任呼唤担当，周和理百尺竿头更进一步，协调厂方召集该厂所有外省员工召开座谈会，亲切开展法律、情感宣传教育，彻底打开了外地员工的心结，该厂外地和本地员工再没发生纠纷。

"合理调解室"成了全心全意为民服务的生动实践，不久成为铜梁调解纠纷的一个品牌。

以爱续航，服务群众永无止境

社区民警长期与群众零距离接触，生于农村、长于农村的周和理更是想群众之所想，用心用情服务群众、帮助群众，深受群众欢迎。

倾情付出，他善始善终暖人心。2019 年，周和理调到东城街道安全村任社区民警，走访得知本村黄某家女儿刚上初中，家里主要

◎ 周和理走访辖区老人

经济来源靠打零工和务农，家庭条件十分困难，其妻子因患精神障碍疾病在医院住院治疗。周和理来到黄某家中，拿出身上仅有的400多元钱塞到黄某手中，鼓励他打足精神勇敢面对生活。离开黄某家，周和理立即协调相关部门为黄某办理低保，经街道办事处专题研究，特事快办，几天后黄某低保办了下来。之后，周和理下村时总要去黄某家看看，嘘寒问暖，宣讲党和政府的惠民政策，逢年过节还会给他送去食用油、米和猪肉，同时将黄某家的情况发到派出所微信群，民警踊跃捐衣物、学习用具，民警们还自发捐款，让黄某一家感到生活有了依靠，不时念叨政府的好。

帮扶贫困，他一言一行彰党恩。不能让每个人在生活中掉队，这是党中央最基本的战略决策，作为党员民警的周和理给自己一个明确的定位——把党的声音传递好，把党的意图落实好。帮贫济困既是使命，也是他做人的本性，他既帮助解决类似黄某的困难，也把辖区普通群众、困难家庭、残疾人的难心事挂在心上。安全村的李某，患有残疾，无法站立、坐立、行走，身份证没有及时去更换，周和理带上照相机上门给李某照身份证照。回派出所后，周和理想到派出所辖区另外的一些残障人群无法去照身份证照，就与所有残疾人家属取得联系并上门拍照，待身份证办好后又送回到残疾人手中，小小举动解决了残障人群的困扰，给群众带来方便。

周和理二十三年如一日，奋斗在基层一线，用心做事，以爱续航，坚守初心，在平凡的岗位上书写了一名社区民警的无悔担当！

重庆市公安局供稿

心里装着老百姓的"三合民警"

◎ 邬春阳

"'三合'就是合法、合理、合情,是调解矛盾纠纷的'万能钥匙'。"为调解员传授自己的"三合"工作法,重庆市铜梁区公安局东城派出所社区民警周和理总是滔滔不绝。在他心里,老百姓比什么都重要。

1996 年参加公安工作,1999 年开始配合居委会调解纠纷,2002 年以来一直从事社区工作……扎根基层 23 年,周和理凭借"三合"工作法,成功调解矛盾纠纷万余起,被群众亲切地称为"三合民警"。

社区一直是周和理践行为民初心的舞台,调解群众间的矛盾纠纷就是他的"绝技"。

周和理始终认为,用心用情化解矛盾纠纷,既要立足法律,又要充分考虑群众的朴素情感、现实习俗,平衡好其中的法、理、情。

2019 年 4 月 15 日,东城派出所成立了由周和理牵头的东城街道调解委员会驻东城派出所调解室,并将调解室命名为"合理调

◎ 周和理正在铜梁区公安局东城派出所"合理调解室"调解群众纠纷

解室"。

服务群众，也要依靠群众。周和理很快就为调解室搭起了一个"最强团队"：两名基层工作经验丰富的50后退休人员、两名具有广泛社会阅历的70后中年、两名精力旺盛的90后青年，还有一名温柔细致的女调解员。

周和理常说，自己和7名司法调解员，是老中青三代齐努力，共同携手为深化基层社会治理出力。

2019年11月，市民李大姐来到"合理调解室"，申请调解纠纷。周和理详细了解后得知，李大姐6岁的孙子与同班同学在学校玩耍时，不小心摔倒造成门牙断裂，由于错过了最佳治疗时间，只能在18岁以后再种植门牙。李大姐多次要求对方家长赔偿损失，但对方却认为双方家长和学校都有责任，不愿意赔偿。

急群众之所急，想群众之所想，周和理立即带领调解员来到事发学校走访调查。周和理马不停蹄组织双方家长及学校分别进行调解。老调解员说话稳重，专门对学校负责人做工作，讲明学校对学生监护方面的责任和义务；年轻调解员则从小朋友的同学友谊等方面出发，对双方家长进行劝解。

因李大姐的孙子只能在 18 岁以后再种植门牙，就 12 年后的治疗价格问题，三方再次产生分歧。正当调解无法进行时，有医院工作经历的女调解员联系了权威医院，了解当前种植门牙价格，建议参照当前价格协商。经过一番协商，三方最终达成一致，李大姐的脸上也露出了久违的笑容。

2020 年 9 月，辖区内两户居民因土地调换问题发展到持械对峙，周和理闻讯后立即赶赴现场。在劝告双方放下械具后，周和理为双方讲法，以治安处罚会对双方日后相处不利为切入点，讲邻居情谊，讲双方的实际需求，苦口婆心地劝说双方冷静。经过连续几天的调解，通过"法、理、情"的组合拳，周和理的调解很快取得成效，双方最终握手言和。

如今，"合理调解室"已经成为东城派出所全心全意为人民服务、传承新时代"枫桥经验"的生动载体，成为铜梁区调解纠纷响当当的品牌。

"以爱续航，服务群众永无止境。"周和理表示，自己将继续奋斗在基层一线，用心做事，坚守初心，真心实意为群众办实事、解难事、做好事，在平凡岗位上书写社区民警的无悔担当。

《人民公安报》2022 年 11 月 5 日

黄　晨

黄晨：川陕革命老区警界"保尔" 身残志坚敢做时代"创客"

他是引领科技进步的警界"创客"，自主研发的 5G 智能移动靶机器人打破技术壁垒，填补了省内公安机关技术空白，荣获四川省公安基层技术革新一等奖和全国三等奖；

他被誉为身残志坚的川陕革命老区警界"保尔"，丧失听力依然笔耕不辍，在国家级期刊发表学术论文 13 篇，在四川公安文秘实战大比武等工作中三获"全省第一"；

他做群众身边的"贴心人"，从警 16 年不忘初心、执着事业、全心全意为人民服务，被光荣地授予"全国优秀人民警察""全省优秀共产党员"……

他，就是四川省达州市公安局刑侦支队综保大队大队长黄晨。

突破专利壁垒

在四川省达州市公安局训练基地，有一台让神枪手都屡屡脱靶的移动靶机器人"威龙"。研发"威龙"的人名叫黄晨，现任达州市公安局刑侦支队综保大队大队长。"2014 年，一次偶然的机会，我研发出一套无线视频图像侦查系统，帮同事解决了一个技术难题，感觉挺有成就感的，逐渐发现自己骨子里有点工匠情怀。"黄晨告诉记者，他微信名就叫"警营创客"。所谓"创客"就是指出于兴趣与爱好，努力把各种创意转变为现实的人。当年，随着反恐防暴工作的深入推进，越来越多的警用机器人被运用到作战一线，极大降低了工作风险。可因为外部专利技术垄断严重，一台警用机器人的造价高达数十万元，基层民警别说用，很多干了一辈子的老警察连见都没有见过，于是他决定利用在大学里学到的计算机知识，用业余时间研发一台便宜实用的警用机器人。

"研发警用机器人技术难度大，在达州没有先例，也找不到人教，起步的时候很是艰难。"为了解决一些技术难题，黄晨只好自己

◎ 为攻克技术难题，黄晨经常钻进书堆找办法

钻进书堆找办法，国内外的各种专业书籍他都看，有时候为了读懂一段英文，需要借助翻译工具花几个小时。特别是在研发初期，为了尽快论证技术方案的可行性，甚至用自己的立功奖金购买零部件，为的就是让基层能尽快用上便宜的警用机器人产品。

以敢"吃螃蟹"的创新精神，黄晨成为全省公安机关唯一获得警用机器人领域专利的民警，5项国家专利率先撬开了省内公安自主研发警用机器人的大门。成功研制的警用反恐排爆机器人"铁甲"、反恐侦查机器人、5G智能移动靶机器人"威龙"3个系列产品，降低了70%的产品成本，并率先在达州公安的教育训练基地、特巡警支队、治安支队、检查站参与实战应用。

2022年10月，第二代5G智能移动靶机器人从全省189个参赛项目中脱颖而出，被四川省公安厅、四川省总工会表彰为全省公安基层技术革新一等奖。同时被公安部、全国总工会表彰为全国三等奖。黄晨信心满满："这项成果紧跟人工智能时代潮流，打破了技术壁垒，有望在全国公安推广应用。"

文秘比武三获第一

"我的本职工作其实是写材料。"大学里学计算机的黄晨，其实是达州市公安系统有名的"笔杆子"。从"理工男"转行为"思考者"的难度着实不小，况且文秘岗位在公安系统还是个"冷板凳"，大家都不愿意来，来了很多人也"熬"不住。

有人问黄晨，这13年，你是怎么坚持下来的？他却平静地说道，没有惊天动地的坚持，自然而然就做到了。4700多个日日夜夜，黄晨不但思考和总结出了公文运转规律，还最终形成了一套科学有效的工作流程和规范，在工作上做到了"事不过夜、案无积卷"。他还给自己定下了每年发表 1 篇学术论文的目标，如今已在国家级学术期刊上发表论文 13 篇，发文数竟位居全市公安系统第一。

"不联系实际，不懂业务知识，就算写得花团锦簇也是假大空。"带着责任和情怀，黄晨在单位内部积极倡导优良文风，通过持之以恒的努力，实现三获"全省第一"：2012 年，他负责的公安信息调研工作，排名全省第一；2013 年，他代表达州公安，参加全省公安机关文秘写作大比武，再夺全省团体第一；2015 年，他因信息调研成绩突出，又一次被省公安厅表彰为"全省信息调研个人一等奖"。

黄晨三获"全省第一"背后故事其实让人心酸。2011 年年初，常年加班熬夜的黄晨，身体一度虚弱，耳鸣频发，被确诊为感音神经性耳聋，组织上提出要调整他的岗位，但他却向组织立下铮铮誓言：只有不想建功立业的个体，没有不能建功立业的岗位。请给我任务吧，我以一个共产党员的名义保证，一定能完成！

听力残疾给黄晨工作与生活都带来极大障碍，领受任务时，因为听不仔细，他就随身携带纸和笔，恳请领导和同事写明要求；开会时，他总是"霸占"最前排，尽最大努力以微弱的听力仔细辨听每一句话，生怕漏掉一个字。

不治之症所带来的绝望是常人无法体会、无法承受的，夜深人静之时，黄晨总是一遍又一遍翻读《钢铁是怎样炼成的》，保尔·柯察金的那一句"要坚持战斗到最后一刻"正是他的精神上的支柱和工作上的动力。"但一个聋人警察能干什么？也许过几年话都不会说了！又怎样才能服务群众，保一方平安呢？"

身残志坚赤诚为民

一瓶药888元能治百病？一次性补缴5万就能领养老金？不花一分钱就能参团旅游？明明没血缘却天天喊别人爸妈……2022年5月，为依法严惩养老诈骗违法犯罪，达州市启动了为期半年的打击整治养老诈骗专项行动，举报地点就设在达州市公安局刑侦支队。

倾听高龄老人语义含糊的诉求，整理错字连篇需要连蒙带猜的举报信，安抚激动的受骗者家属……在同事心目中，只有黄晨才能做好这些纷繁复杂，需要极大耐心和毅力的群众服务工作。他也不负众望，经过耐心甄别群众的来信、来访，达州市打击整治养老诈骗专项行动如今取得初步成效。

"他是一个群众有求必应的人。"达州市宣汉县普光派出所黄晨曾经的同事陈军说，2006年普光气田开采涌入了6万名建设者，黄晨一个单身汉当时就住在所里，群众来照相换发二代身份证，他不论早晚，人来就办。派出所晚上可以照相办身份证的消息一传十，十传百，工地上的农民工纷纷在下工后组团来办身份证。

"他干服务群众的工作特别贴心。"和黄晨一起承担调解过任务的普光镇政府工作人员张成军说，征地拆迁补偿安置、讨薪打架堵路投诉……当年普光气田的建设让当地的矛盾纠纷日益多元，本地人和外来者一言不合就将普通的矛盾纠纷激化。黄晨一边帮大家办证照相，一边闲言絮语拉家常，成了有名的"和事佬"。大家在调解重大矛盾纠纷时，总爱给派出所打电话："让黄晨来开个调解会，村里和工地闹矛盾，他人都熟。"

　　"整理证据、卷宗报送、案情通报……"作为刑侦支队综保大队大队长，黄晨虽然不直接侦办各类案件，但却会接触社会的方方面面，直接与老百姓接触，与人民群众面对面。看他因为听不见声音拿着手机来充当语音转文字的"翻译机"，同事纷纷劝他早日服从组织安排，调离一线休养身体。但是黄晨却说：只要我还能看、还能说、还能思考，就仍可以为公安事业作出贡献，把服务群众和支援保障同事的工作做到最好。

四川省公安厅供稿

警界"保尔"勇做时代"创客"

◎ 邵　磊

在听力几乎丧失的情况下，如何能坚守好公安岗位？

四川省达州市公安局刑侦支队综保大队大队长黄晨给出了回答——

他被称为警界"保尔"，笔耕不辍，坚持"事不过夜、案无积卷"；

他是引领科技进步的警界"创客"，打破技术壁垒自主研发了5G智能移动靶机器人；

他从警16年不忘初心，坚持全心全意为人民服务，被授予"全国优秀人民警察""全省优秀共产党员"等称号。

在达州市公安局训练基地，有一台让神枪手都屡屡脱靶的5G智能移动靶机器人"威龙"。研发"威龙"的人，就是黄晨。

近年来，越来越多的警用机器人被运用到实战一线。由于外部专利技术垄断严重，一台警用机器人的造价高达数十万元。于是，黄晨决定自己研发便宜实用的警用机器人。

"技术难度大，起步很艰难。"为了解决技术难题，"警营创客"黄

◎ 黄晨正在调试自主研发的警用机器人

晨只好钻进书堆找办法，国内外的专业书籍他都看。在研发初期，他自己掏钱购买零部件，为的就是让基层能尽快用上便宜的警用机器人。

以敢"吃螃蟹"的创新精神，黄晨成为获得警用机器人领域专利的民警。他研制的警用反恐排爆机器人"铁甲"、反恐侦查机器人、5G智能移动靶机器人"威龙"3个系列产品降低了70%的成本，并在达州公安的教育训练基地、特巡警支队等单位参与实战应用。

"我的本职工作是写材料。"黄晨从事文秘工作13年，是达州公安系统有名的"笔杆子"。

4700多个日日夜夜，黄晨不但思考总结出公文运转规律，还形成了科学有效的工作流程和规范，做到了"事不过夜、案无积卷"。

"不联系实际，不懂业务知识，文笔再华丽也是假大空。"黄晨善于思考并付诸实践，2012年，他负责的公安信息调研工作全省排名第一；2013年，他参加全省公安机关文秘写作大比武，获全省团体第一；2015 年，他获得全省信息调研个人一等奖。

成绩背后的故事让人心酸——2011 年年初，常年加班的黄晨被确诊为感音神经性耳聋。

听力障碍给黄晨的工作生活带来不少麻烦。夜深人静之时，黄晨总是一遍又一遍翻读《钢铁是怎样炼成的》。保尔·柯察金的那句"要坚持战斗到最后一刻"是他的精神支柱和工作动力。

一瓶药 888 元能治百病？不花一分钱就能参团旅游？……2022 年 5 月，达州市启动了打击整治养老诈骗专项行动，举报地点就设在达州市公安局刑侦支队。

黄晨耐心整理群众来信、接待群众来访，助力达州市打击整治养老诈骗专项行动取得初步成效。

"他是一个对群众有求必应的人。"黄晨在达州市宣汉县普光派出所工作时的同事陈军说。

2006 年，普光气田开采涌入了 6 万名建设者，黄晨当时就住在所里，群众来照相换发二代身份证，他不论早晚，人来就办。人多了，工地上的矛盾纠纷相应也多了。和黄晨一起承担过调解任务的普光镇政府工作人员张成军说："黄晨是有名的'和事佬'，大家在调解矛盾纠纷时，总爱给他打电话。"

作为刑侦支队综保大队大队长，黄晨需要经常与人民群众面对面。看到他因为听不见声音，拿着手机充当语音转文字的"翻译机"，同事纷纷劝他早日调离一线休养身体，黄晨却说："只要我还能看、还能说、还能思考，就仍可以为公安事业作出贡献，把服务群众和支援保障同事的工作做好。"

《人民公安报》2022 年 11 月 6 日

2022
最美基层民警

朱允宏

朱允宏：以笔为剑画影追凶

他是一个用画笔实现了"警察梦"的人。从警十七载，他怀着一颗"警营匠心"，执着于热爱的公安刑侦事业，通过上万张画像的磨砺，上千件案件的锤炼，实现了从"学院派"到"实战派"、从"画得好"到"画得像"、从"模拟画像"到"现场重建"的一次次超越，破获刑事案件1000余起，被誉为画影追凶的"神笔警探"，他就是贵州省贵阳市公安局刑侦支队反诈大队副大队长朱允宏，公安部第六批青年人才库成员、贵州省刑事技术专家。

"这一跪，把我留在了警队"

1981年出生在贵州省黔东南州黎平县的朱允宏，其就读的小学就在"黎平会议"会址旁数百米，听着红军故事长大的他从小萌生了当兵或是当警察的梦想。后来与绘画结缘，苦练技艺，2001年考上了云南大学设计艺术学院，成为全家第一名大学生，2002年光荣地加入了中国共产党。虽然学了艺术，但"警察梦"却一直萦绕在他心中，终于在2005年如愿以偿，通过社会招考成为贵阳市公安局刑侦支队一名民警。

从警之初，朱允宏被安排从事人像模拟、现场照相录像、图像处理等工作，在学校属于高才生的朱允宏认为画张脸不就是信手拈来？但接下来的工作实战却给他一记闷棍，由于特别重视表现技法而忽略了最为重要的一个环节——沟通，这导致了他在工作中画得好，但画得不像，对案件侦查没有起到任何作用，深深的挫败感让他对自己的工作能力产生了怀疑，感觉愧对头顶的警徽与胸前的党徽，愧对组织和受害群众的期望。"既然没有什么用就干脆走吧"，在工作的第四年，他向组织递交了辞职信。

在等待辞职审批期间，支队让他参加一起"抢劫轮奸案"的侦破工作。受害者是一名花季少女，朱允宏听着她的哭诉，义愤填膺，他消极的情绪一扫而光，暗暗发誓，一定要将犯罪嫌疑人绳之以法。

人像模拟工作持续了一早上，女孩很虚弱，描述一会儿要睡一会儿，朱允宏也不去抠太多细节。"你不可能问她鼻子怎么样嘴巴怎么样，人在那种极端环境下不可能对每一个细节记得住，问太细了，会污染她的记忆。"朱允宏说。

在朱允宏的抚慰下，小女孩逐渐稳定了情绪，几次提到嫌疑人长得像"猪"。朱允宏决定打穿、打透这个信息点，对这种拟物长相进行了分析，最终完整地画出了嫌疑人的长相。受害人看到画像时脸上露出了惊恐的表情。专案组用这张画像发布了协查令，很快就有人认出了嫌疑人，当天下午专案组就将其抓获。

傍晚时分，朱允宏走出刑侦大楼，电梯间挤满了人，都是女孩的亲属。一位警察看到朱允宏，指着他对亲属说："这就是画出嫌疑人的朱警官！"

亲属们泪水涟涟，扑通就跪下了，说道："谢谢朱警官帮我们抓到那个畜生，还了我们一个公道，我们总算有了点安慰。"

朱允宏把这个案件当成他从警生涯"最重要"的一起案件，每每讲到这个故事，他都会两眼泛红，"这起案件的侦破对我来说有着特别深刻的意义，它不仅让我找到了自己的价值，重塑了工作的信心，更让我找到了当警察的感觉，增加了我的职业荣誉感，坚定我留在警队的决心"。

"我的工作是提取记忆，不是画画。"

"既然选择留下了，那就要干出个名堂来。"朱允宏铆足一股劲儿，对参加的每一起案件进行复盘，认真进行总结，提炼出了模拟画像 2 : 8 占比的战法，即绘画技巧占两成，沟通技巧占八成，神态高于形状、整体大过细节的工作法。并在此后利用这种技法很好地

◎ 朱允宏在进行模拟画像

完成了接下来的模拟画像工作，保持了 60% 以上的完成相似率。

2010 年，贵州某地发生一起重大刑事案件，办案人员邀请美院的老师进行过模拟画像，但结果还是不尽如人意，因为缺乏更多的线索，案件的侦查一直停滞不前，在这年的 10 月，省公安厅重新对该案启动研究和拓展侦查手段，朱允宏接到指派赶赴当地进行人像模拟工作。

因为时过一两年，目击者与受害人在不自觉的情况下，对犯罪嫌疑人的长相产生记忆回避、修改或者脸谱化的加工，使得这起案件变得难上加难。朱允宏开展了长时间的谈话沟通，站在受害人的角度深入分析，充分运用他创造的"神态画法"完成了画像，侦查民警通过模拟画像成功锁定了罪犯。

这起案件的告破，是朱允宏个人技术得以提升的一次飞跃，让他更加坚信自己创作的"技战法"的正确性、科学性，使他在后面的案件侦查中越来越准确地提取"记忆"，越来越"画得像"。

"只要干不死，就往死里干"

10 多年的刑侦生涯把朱允宏磨得越来越"锋利"，越来越有斗志，同事们说他是一个干刑侦的"艺术家"，凡事追求完美、追求极致。他也常说："只要干不死，就往死里干。"只要不出现场，他就是待在办公室琢磨，回家的时间越来越少，妻子生二宝他去医院陪护，也是躲在角落里小声地和同事分析案情，"他已经入迷了，随他去吧"，妻子卢林笑着摇摇头。

"人像模拟"技术越来越得心应手后，朱允宏没有躺在功劳簿上睡大觉，他在案件现场勘查工作中认识到，案件现场的还原对于案件的侦破至关重要，对案件后期的审理也至关重要。于是，他充分发挥自身扎实的空间逆向思维能力和绘画特长，和同事们一起探索把人像模拟和现场重建两项技术工作融合，形成新的杀手锏，在多起案（事）件的调查、侦破中发挥了关键作用。

2014年，某市发生一起爆炸案，现场破坏严重，给侦破工作带来极大难度。"现场什么都没了，都是碎片，如果没有案发当时的情况，很多判断下不了。"朱允宏的新技能也因此派上了用场：根据现场的碎片，结合描述、炸药当量产生威力的模拟等手段，朱允宏和团队模拟出了爆炸前的场景。

"多少人，现场有什么东西，甚至每个人当时是什么样的动作，我们都做出来了。"朱允宏说。在随后的案件侦破过程中，这份现场模拟图发挥了重要作用。

现场重建除了对破案有帮助，对一些案件的后续审理也必不可少。

2016年，一名在1997年犯下刑事案件的嫌疑人被捕。刑事诉讼环节当中，需要现场指认，而当时的犯罪现场已经被拆除，现场指认存在困难。朱允宏花了两三天，根据当年留存的现场勘验资料，将案发现场一栋三层小楼还原出来。"如果没有这个东西，诉讼环节就会存在漏洞。"

近年来，随着大数据、人脸识别等刑侦技术不断更新和发展，一些人开始质疑人工的模拟画像是否还有存在的意义。对此，朱允宏并不担心。"刑侦技术在更新，我们的技术也在更新，例如现场三维重建、图像真伪鉴定等。"

因为工作实绩突出，2022年5月19日，贵阳市公安局成立了"朱允宏工作室"。在工作室里，添置了很多先进的设备，朱允宏从个人依靠一支笔、一台电脑，逐渐发展到团队协同作战，个人效能得到更大发挥。

在"打击整治养老诈骗专项行动"中，朱允宏工作室攻坚克难，用现场重建法对涉案团伙、诈骗手法、资金流向、涉案产业链、涉案区域进行现场重建，为贵阳市、区两级公安机关用"四全"战法成功破获两起涉及全国的特大养老诈骗案打下坚实基础，取得打击养老诈骗战果全省第一的成绩。公安部对贵阳市公安机关"四全"战法进行了肯定，并在全国进行经验推广。

2022年贵阳市"3·29""3·30""4·17"疫情发生后，朱允宏工作室将贵阳市当作一个大型的现场进行重建，利用各种侦查资源与手段，快速确定了阳性病例人员的行动轨迹与活动范围。在这场与病毒传播赛跑的战斗中，为疾控部门快速进行密接、次密接人员判定提供了支撑，同时也为下一步进行人员管控、区域封控提供了帮助，有效地保障了全市人民的生命健康安全。

初心一如来时路，山高路远再启程。在沉淀与积累中，朱允宏找到了自己内心的职业追求；在发展和思变中，朱允宏找到了刑事技术的发力点和增长点。从一支画笔，到电脑画板，再到利用大数据辐射全市重特大刑事案件、重大自然灾害、重大事故、重大公共卫生事件、重大社会安全事件的现场重建，"执着专注、精益求精、一丝不苟、追求卓越"的工匠精神已深深地烙在了朱允宏的思想里。未来的日子里，朱允宏将带着"朱允宏工作室"的团队，继续以高度的使命感和精湛的专业技术，为平安贵州建设保驾护航！

贵州省公安厅供稿

画影追凶的"神笔警探"

◎刘　丹

2022年5月19日，贵州省贵阳市公安局"朱允宏工作室"成立了，从此，贵阳市公安局刑侦支队技术科民警朱允宏的名字成为一个标识。

朱允宏被誉为画影追凶的"神笔警探"，从警17年，他以笔为剑，画了上万张画像，破获了上千起刑事案件。不过，在成为"神笔警探"之前，朱允宏的成长也经历了很多挑战。

1981年出生的朱允宏，儿时就有一个警察梦。虽然大学学的是艺术类专业，但毕业之后，他选择成为一名人民警察。

从警之初，朱允宏在刑侦支队从事人像模拟、现场照相录像、图像处理等工作。实战中，因为过于重视表现技法，有时容易忽略与人沟通的环节，朱允宏能画得好，但画不像。久而久之，朱允宏对自己的工作能力产生了怀疑，在工作的第四年，朱允宏向组织递交了辞职信。

在等待辞职手续审批期间，按照刑侦支队安排，朱允宏参加了一起案件的侦办，受害人是一名花季少女，听着她的哭诉，朱允宏暗暗发誓一定要将犯罪嫌疑人绳之以法。

人像模拟工作持续了一个早上，因为女孩很虚弱，朱允宏也不去抠太多细节。他抓住了受害人几次提到的犯罪嫌疑人的面部特征，准确地画出了犯罪嫌疑人的相貌。专案组用这张画像发布了协查令，当天下午就将犯罪嫌疑人抓获。

傍晚时分，朱允宏走出刑侦大楼的办公室，电梯间挤满了受害人的亲属。办案警察看到朱允宏，指着他对受害人亲属说："这就是画出犯罪嫌疑人的朱警官！"亲属们一听，激动地说，"谢谢朱警官还了我们一个公道。"感动在那一刻涌出，朱允宏说，那是他从警生涯中最重要的时刻，"这件事把我留在了警队，让我找到了自己的价值，重塑了对工作的信心。"

既然选择留下，就要干出个名堂来。朱允宏铆足一股劲儿，对参加的每一起案件进行总结和复盘，提炼出模拟画像"2：8"工作

◎ 朱允宏运用模拟画像"2：8"工作法画图

法：绘画技巧占两成，沟通技巧占八成，神态高于形状、整体大过细节。利用这种技法，朱允宏的模拟画像工作保持了 60% 以上的完成相似率。

2012 年，朱允宏又一次迎来了挑战。当时，贵州省公安厅指派朱允宏接手一起案发已超过两年的重大刑事案件的人像模拟工作。由于案发时间较长，目击者与受害人都对犯罪嫌疑人的长相产生了不自觉的回避与修改，模拟画像面临很大困难。

为此，朱允宏与受害人开展了长时间的谈话沟通，他站在受害人的角度进行分析，充分运用模拟画像"2：8"工作法完成了画图，帮助侦查民警成功锁定了犯罪嫌疑人。这起案件的告破，让朱允宏更加坚信自己工作法的科学性。在之后的案件侦查中，他提取记忆越来越准确，画得也越来越像。

"人像模拟"技术得心应手后，因为认识到现场还原对于案件侦破的重要性，朱允宏又开始和同事们探索把人像模拟和现场重建两项技术工作融合。

2016 年，一名在 1997 年犯下刑事案件的犯罪嫌疑人被逮捕。刑事诉讼环节中，犯罪嫌疑人需要进行现场指认，而当时的犯罪现场已经被拆除，现场指认存在困难。朱允宏花了 3 天时间，根据当年留存的现场勘验资料，将案发现场一栋三层小楼还原。他说，"如果没有这个东西，诉讼环节会存在漏洞。"

凡事追求完美、追求极致，朱允宏就像一个干刑侦的"艺术家"。如今，"朱允宏工作室"成立了，他笑着说，自己越来越有斗志。

《人民公安报》2022 年 11 月 7 日

2022
最美基层民警

石 林

石林：四十载韶华守边关

风吹树影斜，叶落是秋来。

2021 年 8 月起，往返耿马县大花桥疫情防控执勤卡点的复工复产人员和车辆大约是往日的 5 倍，轰鸣的发动机，热腾腾的尾气，大家忙得口干舌燥，浑身乏力，饥肠辘辘，每天还是从早坚持到晚。

年近花甲的执勤小组组长石林，精神抖擞、脚步铿锵，面对形形色色的驾乘人员，他一遍遍叮嘱队员："适当拉开间隔距离，提高核查效率，切勿造成交通拥堵！"

如愿以偿来到抗击疫情的第一线，当然得把这道防"毒"的铜墙铁壁筑牢，这样想着，石林的思绪缓缓飘回 18 年前……

舍生忘死　甘当禁毒人民战争的"实践者"

18 年前，相邻不远的地点，同样是秋天，树林里，石林又带队蹲守着。

同行的一个战友裤兜里揣了一袋"酸木瓜"，石林含了一大片在嘴里，浑身一个激灵，像一个猎人一样紧盯前方。亚热带气候区，蚊蝇横行，让这个生长在本土的汉子都有点难以忍受，两个脚踝处被毒蚊咬得几乎和小腿一样粗。

石林记得很清楚，"收网"那天，专案组提前作了缜密的布置，双眼布满血丝的队员们异常兴奋，侦查历时近半年的案子，终于要有个交代了。一场激烈的抓捕后，那堆得像座小山的毒品一过秤，整整 463.92 公斤。此案震惊国内外，打掉了中缅边境上活动猖獗的特大贩毒团伙，切断了一条从境外通往境内的贩毒通道。

"3·15"案件侦破后，石林心里的一块大石头终于放下去了，人民的祸害又少了一个。

"回来时，我又瘦了 10 多斤。"常年风餐露宿，石林皮肤晒得黝黑，高强度的分析研判和跟踪侦办，他早已习惯这种工作节奏。田间地头、繁华都市，无数次汗水浸透了衣衫，不知磨平了多少双鞋底，"一壶水、一个馒头、一包咸菜就是一顿饭"。越瘦越适合干这一行的卧底，他时常自我打趣。

他长期充当卧底深入前线办案。第一次化装侦查，石林假扮成"瘾君子"式的"马仔"，单枪匹马与多名持刀毒贩当面交易。双方见面之时，狡猾的毒贩面目狰狞，数双眼睛一直盯着石林，现场气氛异常紧张。为了打消毒贩的怀疑，石林不慌不忙地开始表演，打哈欠、流鼻涕、淌口水等各种精神萎靡不振的丑态表演得惟妙惟肖，毒贩确认他"毒瘾"发作后才肯进行交易。当毒贩拿出毒品的一刹那，石林和前期埋伏的战友果断出击，当场抓获毒贩 6 名，缴获砍刀 5 把、海洛因 10 公斤。

除了辛苦，还有危险。这个战场，从来没少过"速度与激情"。

1984 年冬季的一个黄昏，石林和战友们在边境巡逻中发现 2 名男子形迹可疑，便主动上前盘问，2 名男子害怕罪行暴露，扔下背包撒腿就跑，石林眼疾手快，一个鞭腿就撂倒 1 名嫌疑人，并与战友合力抓获另一名嫌疑人，缴获鸦片 20 多公斤。抓捕毒贩过程中，由于一心想着抓捕毒贩，石林的小腿被石块划出一道深深的伤口他都没有察觉，事后才感觉到一阵阵钻心的疼痛。

1994 年 8 月 31 日，石林作为专案组的一员，与战友共同伏击境外毒贩，在战友张从顺、王世洲遇险的危急关头，他们分兵两路抢救战友、追击毒贩。石林担负追击任务，他不顾危险，冲锋在前，连夜追击，成功抓捕了其余毒贩。

在后来的岁月中，类似经历成了石林和战友们禁毒工作中的家常便饭。在城郊道路上疯狂逃窜的嫌疑车辆，那么巧地就被迎面驶来的货车逼停，毒贩欲作最后的挣扎，被石林和战友火速破窗控制，稳住局面后车内搜出的枪支都上了膛。还有一次，石林和战友在追击毒贩时，因路滑车辆撞上了路前方的一棵大树，战友们都不同程度受伤，但他们从来没有退缩过。

临沧市是全国禁毒斗争的主战场，是强边固防的前沿阵地，与缅甸山水相连的耿马县更是关键点之一。

谈起禁毒经历，已过知天命之年的石林平静地告诉记者："20世纪 80 年代初期的边境耿马，经济发展相对落后，少数民族群众生活普遍困难，贩毒分子气焰嚣张，贩运毒品屡禁不止，毒品严重危害边境群众，搞得很多家庭妻离子散、家破人亡，让人很是痛心，这种令人揪心的社会现象坚定了我立志做一名公安禁毒民警的信心和决心。"

"我想报考禁毒民警，为边疆地区禁毒事业尽一份力量。"1982 年

8月，正在耿马傣族佤族自治县读高三的石林怀着忐忑不安的心情，把这一想法告知了父母。"禁毒民警的工作很辛苦，也非常危险，不是闹着玩的，你要考虑好。"父母语重心长地对他说。"你正处于读书学习的大好时光，应该继续努力学习，高中毕业考一所好的大学，大学毕业后找一份好的工作，好好建设自己的家乡。"班主任老师也耐心地开导他。但性格倔强的石林还是毅然报考了禁毒警察，并顺利通过了招录和集训，光荣地加入了共和国第一批边境公安禁毒民警队伍。

"组建禁毒大队初期，为尽快掌握和熟悉工作业务，石林总是积极主动抢着参与办案，诚恳虚心地向老民警请教学习，工作上，他有一种细致入微、奋勇争先、不甘落后和不达目的不罢休的坚韧个性"，已经退休的老民警黄绍良说。

一路走来，正如他在日记中所写的，"经历了生与死、血与火的考验，总感觉有一束光在指引着自己不断前进，这束光就是组织的召唤、英烈的身影、使命的号令"，也正是这束光一直指引着他在从警道路上义无反顾勇毅前行。

高挑纤瘦的个子，干净利落的短发下是一双坦率、透亮的眼睛……如果一身便装的石林走在人群中，很少会有人将他与一名优秀的禁毒警察联系在一起。而事实上，在27年的禁毒生涯中，他共参与侦办各类毒品案件670余件、抓获毒贩800余人，参与缴获各类毒品近4吨、各类易制毒化学药品700多吨，是备受尊重的禁毒前辈，为全市、全省乃至全国禁毒斗争都作出了突出贡献。

面对取得的工作成绩，他从不向别人炫耀，也不向组织提要求，而是把更多的立功受奖的机会让给战友。他常说："对比逝去的战友，我能够活着就是最大的荣誉和褒奖。""作为共和国的第一批公安禁毒民警，我的战友们有的牺牲了，有的到了其他岗位，有的退休，但没有一个人会后悔。干禁毒警察虽然很累很危险，但是回想起来，却也是我一生中最精彩的回忆！"石林在接受采访时说，作为一名禁毒警察，他最大的心愿是烈士名单中不再增加任何新名字。

坚守边关　勇挑边境一线抗击疫情"重险担"

"我申请，到疫情防控的最前线！我有着丰富的侦查经验，能帮上忙。"2020 年年初，石林积极响应号召，克服家庭困难，主动申请到耿马县大花桥疫情防控执勤点。"青年同志工作任务和家庭负担都比较重，上有老下有小，我的妻子和孩子已不需要过多的照顾"，这就是他主动报名和长期值守的简单理由。

耿马傣族佤族自治县作为云南省 25 个少数民族边境县之一，是外防输入、内防扩散的前沿阵地。耿马大花桥疫情防控执勤点作为中缅边境临沧段的第一道关卡，也是全县人流量最集中的卡点，长年气候炎热，疫情防控任务艰巨。

青山满目，恰似一名共产党员的常青本色，大花桥疫情防控执勤点，成为一名禁毒老民警的第二战场。

孟定坝子常年湿热，午间地表温度最高可达 50 多摄氏度。执勤一天下来，石林经常因流汗过多几近虚脱，但他始终咬牙坚守，这一咬牙，就是 560 天。在耿马"11·04"和"2·24"两次疫情处置中，在高强度高节奏的数据流调专班里，他依然是重要骨干的角色。

没有人再去劝他少干点，不是不想，而是劝不动。

"他在单位参加值守人员中年纪最大，但在工作中，从不讲条件，不叫苦。"青年民警小张说。哪怕在盛夏时节，卡点温度40摄氏度以上，他依然每天身着防护服、头戴护目镜，一丝不苟地查验过往车辆和行人，有时因流汗过多几近虚脱，战友们心疼他年纪大吃不消，劝他休息一下，但他总是微笑着摆摆手说"我没事"。

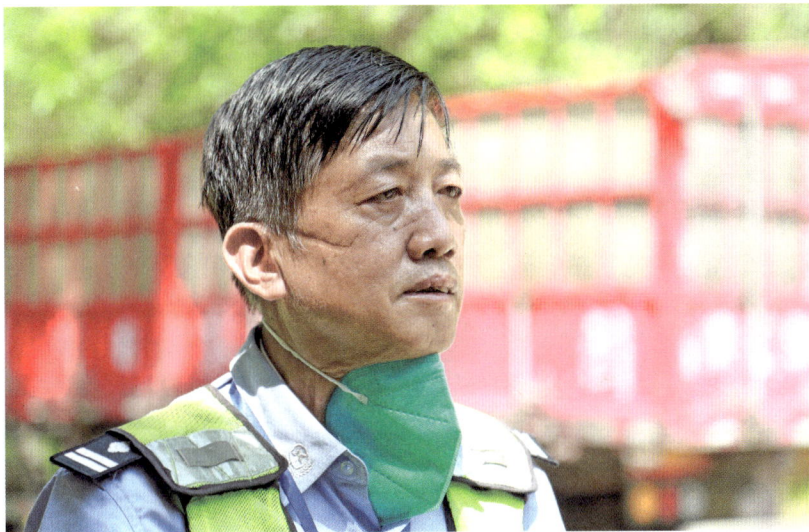

◎ 一天工作下来，石林的脸上被口罩勒出深深的印迹

值守两年多的时间里，孟定两次发生新冠肺炎疫情，卡点值守和巡逻执勤民警的防控任务艰巨、职业暴露风险极高，但是石林和战友们从不惧怕和退缩，尤其是在防控形势最严峻的时候，他们冒着被疫情感染的风险，昼夜奋战在疫情管控的第一线。"只要我们咬紧牙关，团结一致，坚持下去，疫情定会被我们战胜"，石林总是这样对同事们说。在卡点连续值守40多天不能回家对他来说是常事，

但他总是默默坚守工作岗位，从不埋怨。

年轻时禁"毒"，现在防控新冠病毒，石林用 40 年如一日的坚守，誓与边关禁"毒"杠到底。

真情为民　甘当边疆少数民族群众"贴心人"

2019 年，成为城区派出所社区民警的他，工作节奏却没有慢下来过。苦学傣族语言、调解矛盾纠纷、帮助吸毒人员重返正轨，一腔热血、满怀温情。

调离禁毒岗位后，石林长期在基层一线工作，始终把维护边疆少数民族地区团结和社会和谐稳定作为己任。2019 年，54 岁的石林主动申请退出基层领导岗位，到派出所担任社区民警，致力于"破小案、办小事、解小忧、帮小忙、助小康"。

为更好地接近群众、了解群众和服务群众，他向群众学习少数民族语言，走村串寨了解社情民意，全面掌握了解辖区情况，帮助辖区群众解决实际困难和问题。

辖区吸毒后成功戒毒的张某某坦诚地说："石林大爹带我走出了人生困境，是帮助我最多的人，他就是我的再生父母。"这是石林教育引导辖区吸毒青年张某某创业成功的案例。刚到辖区工作的他，得知张某某因吸食毒品导致妻离子散的情况后，积极帮助他到社区戒毒，戒毒成功后继续鼓励他参加职业技术培训，并开办了养殖场和坚果种植产业，帮助他走上了脱贫致富的道路。

2020 年 4 月，辖区两个村民小组因土地纠纷引发矛盾，得知消息后，石林立即赶赴村民家中走访座谈了解情况，来回奔波在两个村组之间，夜里加班梳理问题建议，白天向村民讲法律、讲政策，两天两夜都没有合眼，最终促使双方握手言和，有效避免了群体性事件发生。

3年多的社区警务工作，石林参与各类专项排查整治50余次、走访群众6000余人次、化解矛盾纠纷200余起，责任区命案零发生、人员零上访，人民群众获得感、幸福感、安全感持续增强。

"群众是我们的衣食父母，基层是社区民警的工作平台，必须用心、用情、用力，才能赢得群众的信任。"这是石林长期基层从警工作的座右铭，也是他人生追求的真实写照。

"家人的理解和支持是我工作的最大动力，只有舍小家才能顾大家。"面对急、难、繁、重、险的任务，石林总是这样乐观地鼓励大家。在同事的眼里，石林就是榜样就是向心力。妻子和女儿虽然对他的聚少离多产生怨言，但是父亲多年的忠诚与执着却深深感染着女儿，在高考时她果断报考了警校，毕业后毅然选择了从警之路。已经退休的妻子希望石林可以放慢工作的脚步，时常到昆明陪伴女儿照顾家庭，但是石林忙碌的身影依旧出现在祖国西南边疆强边固防的第一线。2021年年底，新华社和中央广播电视总台的记者2次走近石林进行采访，当问到"是什么支撑着您仍在坚守"这个问题时，他坚定地说："我能活到现在，干一辈子公安，我很值得。"

40年峥嵘岁月，40年风吹雨打，从禁绝毒品到戍守边关、从满头青丝到缕缕白发，石林"为国守边、为民尽责"的初心不变，如今，渐渐迈向退休年龄的他依旧沿着英雄的足迹，踔厉奋发奋战在祖国的边境线上。正因有无数个和石林一样默默无闻在祖国边境线上坚定守护的人民警察，才有边境地区的繁荣安定。他们的执着坚守既是一道美丽的风景线，又是一道无形的钢铁长城。为国守边，他们此生无悔。

边关的柱石，就是他的样子。这份坚守，有人传承，是他的女儿，还有同行的后辈……

云南省公安厅供稿

与毒贩交锋 27 年

◎ 宋灵云

秋日的中缅边境依然酷热难耐，云南省耿马傣族佤族自治县大花桥新冠肺炎疫情防控执勤卡点，过往车辆川流不息。在发动机的轰鸣、汽车尾气包围中，57 岁的执勤小组组长、临沧市耿马县公安局城区派出所民警石林脚步匆匆。面对形形色色的驾乘人员，他一遍遍叮嘱队员："适当拉开间隔距离，提高核查效率，切勿造成交通拥堵！"

没有人能想到，这样一位年近花甲的老民警，曾经是让毒贩闻风丧胆的禁毒英雄。

1982 年，临沧市公安局成立第一支专业禁毒队伍。当时正在读高三的石林义无反顾报了名，并顺利成为一名禁毒民警。

在 27 年禁毒生涯中，石林共参与侦办各类毒品案件 670 余起、抓获毒贩 800 余名，缴获各类毒品近 4 吨、各类易制毒化学药品 700 余吨。

功绩等身，石林从不向别人炫耀，也不向组织提要求。他常说："比起逝去的战友，我能够活着就是最大的荣誉和褒奖。"

1994 年，石林作为专案组成员，与战友配合伏击境外毒贩。在战友张从顺、王世洲遇险的危急关头，他不顾危险，冲锋在前，连夜追击，成功将其余毒贩抓获。当听到张从顺牺牲的噩耗时，他失声痛哭。那一刻，他更加坚定了"毒品一日不绝、禁毒一刻不止"的决心。

"经历了生与死、血与火的考验，总感觉有一束光在指引着自己不断前进，这束光就是组织的召唤、英烈的身影、使命的号令！"十年如一日奋战在边境禁毒的最前沿，石林像一把尖刀，直捣毒贩的死穴，给嚣张的毒贩以沉重打击。

2004 年，石林带队蹲守执行某任务。亚热带气候地区，蚊蝇横行，石林和战友连续蹲守 3 个月，脚踝被毒蚊咬得和小腿一样粗。等到收网那天，双眼布满血丝的民警与毒贩展开殊死搏斗，成功缴获毒品 463.92 公斤。公安机关成功打掉了中缅边境线上活动猖獗的特大贩毒团伙，切断了一条跨国贩毒通道。

"回来时，我又瘦了 10 多斤。"常年风餐露宿，石林常常一壶水、一个馒头、一包咸菜就是一顿饭。皮肤黝黑、身形干瘦，可他时常自我打趣："越瘦越适合干这一行。"

禁毒 27 年，石林能熟练使用毒贩的"行话"，熟知各种毒品的特性、价格和吸食方法，应变能力极强，经常潜入贩毒团伙内部执行任务。为做好侦查工作，1 米 75 的石林硬是将体重减到 110 多斤，让自己瘦得就像是吸毒人员一样，以便和毒贩接触……

时光缓缓流淌，石林的满头青丝生出缕缕白发。2019 年，石林主动申请到派出所担任社区民警，致力于"破小案、办小事、解小忧、帮小忙、助小康"。3 年的社区警务工作，他参与各类专项排查整治 50 余次、走访群众 6000 余人次、化解矛盾纠纷 200 余起。

◎ 石林在执勤卡点检查过往人员相关证件

"我申请到疫情防控的最前线，我有丰富的侦查经验，能帮上忙。"2020年年初，面对突如其来的新冠肺炎疫情，石林主动申请到大花桥疫情防控执勤点工作。

耿马是云南25个少数民族边境县之一。大花桥疫情防控执勤点是中缅边境临沧段的第一道关卡，也是全县人流量最集中的卡点，是外防输入、内防扩散的前沿阵地。执勤点夏季炽热，午间地表温度高达50摄氏度。执勤一天下来，石林经常因流汗过多而几近虚脱，但他始终咬牙坚守。这一咬牙，就是560天。

为国守边，为民尽责。40年风吹雨打，赤子之心从未改变。石林，正如云岭大地上的巍巍石林，那么刚毅，那么挺拔，那么无坚不摧……

《人民公安报》2022年11月8日

2022
最美基层民警

黄家斌

黄家斌：脚上沾满泥土
心中沉淀真情

黄家斌，河南省信阳市罗山县人，中共党员，1988年11月出生，2014年1月参加工作，现任西藏自治区林芝市公安局刑侦支队三级警长、墨脱县背崩乡格林村党支部第一书记、驻村工作队队长。

黄家斌曾在北京市西城区府右街派出所工作过半年，获得过"中南海卫士"称号。他说，在新华门执勤，是给党中央站岗放哨，在抵边一线村工作，也是给党中央站岗放哨，变的是地点，不变的是内心对党忠诚和一心为民的赤诚情怀。担任第一书记以来，他时刻坚守"为民、利民、便民、爱民、亲民"的情怀，以格林为家、把群众当家人，在反分裂斗争最前沿、民族团结第一线、乡村振兴主阵地带领群众站岗放哨、攻坚克难、脱贫致富，先后荣获"西藏自治区优秀驻村工作队员""全区优秀基层干部""全区优秀村居第一书记""全区向上向善好青年""林芝市新时代担当作为好干部""林芝市公安机关十佳民警"等称号，2021年当选中国共产党林芝市第二次代表大会代表。

屡破大案，奋战刑侦一线。从警以来，黄家斌以智慧为胆，以勇气为剑，惩治犯罪，英勇善战，真抓实干，把打击人民群众最深恶痛绝的违法犯罪作为第一目标，把维护人民群众的最根本利益作为第一追求，把身心交给了正义，把忠诚交给了人民。他是一块哪里需要哪里搬的好砖。8年时间，他多次抽调到市公安局专案组、自治区公安厅专案组、公安部专案组，参与破获各类大要案件300余起，抓捕各类犯罪嫌疑人500余人。

主动请缨，扎根扶贫一线。打赢脱贫攻坚战冲锋号吹响以来，黄家斌积极响应组织号召，主动申请到条件较差的偏远边境村墨脱县背崩乡格林村担任党支部第一书记、驻村工作队队长。扶贫，带着群众干。黄家斌刚到格林村，看到的是牲畜乱窜、村内遍地牛马粪。到村任职后，当即提出了把牲畜圈养起来、美化村内环境的建议。然而，党员群众纷纷说："圈不了，我们都习惯了，书记你待一段时间就习惯了。"村支书还说："我们门巴族没有圈养的习惯，我们的传统都是散养的。"黄家斌没有气馁，以开展预防包虫病防治工作为契机，召开村民大会宣传防疫知识，挨家挨户耐心地做群众思想工作。在接下来的大半个月时间里，黄家斌带领群众用网围栏圈起了2000亩牧场，群众纷纷把牲畜圈养起来，开始牲畜精细化养殖。老党员尼玛维色说："还是圈养起来好，找牛喂牛都方便，村子也干干净净的。"之后，黄家斌又带领群众建设扶贫茶园、开展网络微商带货、发展林下经济和庭院经济，群众的"钱袋子"慢慢鼓了起来。扶智，领着群众学。开展"扫盲"行动，开办红色夜校，让没上过学的村民学识字、写字。老阿妈嘎迪措姆已经64岁了，积极参加汉字学习，一天学没上过的她现在已经会写会读很多汉字了。

同时，为解决村内学生后顾之忧，黄家斌发动亲朋好友、大学校友、公安同事等社会力量，组建志愿服务队，开展"民族团结助学扶贫"结对帮扶行动，141 人结对帮扶 163 名贫困学生，发放爱心助学金和物资 108 万余元，帮助 163 户贫困家庭减轻经济负担。扶志，引着群众变。为促扶贫与扶志并行，物质与思想同步脱贫，黄家斌借鉴内地先进经验，创建"格林爱心超市"，以积分换取物品，引导群众主动参与村务，逐步提升党组织组织力，改善村风民俗。贫困户顿珠曲培中年丧妻，整日喝酒发酒疯，没有精气神，有一次黄家斌发现他帮助村民修水管，就把他的好人好事记录积分，并用积分给他换取了布衣柜、烧水壶，顿珠曲培受到了鼓舞，经常帮助他人，从"酒鬼"变成了远近闻名的脱贫先锋。

爱党爱国，坚守强边一线。墨脱县格林村位于喜马拉雅山脉南麓、雅鲁藏布江南岸。黄家斌到村后，充分发挥自身多年从警经验，创新开展"军警民交流融合共建发展"活动，协助村"两委"建立军警民联防联动机制，点燃了格林军警民共建的星星之火。固边，做民族团结的拥护者。黄家斌始终着眼筑牢中华民族共同体，深入开展反分裂斗争，当好维护民族团结统一的主力军，当好新时代政策普及"宣传队"、文化融合"先遣队"、民族理念"传播队"，借"4·15"国家安全日、"八一"军事日等契机，走村入户揭批分裂势力的险恶图谋、抹黑造谣，大力宣扬党的民族宗教政策、西藏建设发展成就，引领各族群众坚定不移感党恩、听党话、跟党走。守边，做神圣国土的守护者。黄家斌积极发挥党员群众边民作用，配合驻地官兵，担起边防巡逻开路先锋，为部队担当巡逻向导，开展巡边护边活动，当好部队与当地群众的翻译员、联络员，协助驻地官兵开展边境巡逻，敏感节点排查过往车辆、人员 1.2 万余车（人）次，当好部队与当地群众的翻译员、联络员。在军警民巡边中，拆除非法石墙 1 座、帐篷 3 座，涂改非法标语 24 处，确保边境基层和谐稳定，形成生产是执勤、放牧是巡边、人人是哨兵的良好氛围，确保嫌疑人员一个出不去，一个进不来。强边，做幸福家园的建设者。黄家斌充分发挥部队、警队在技术和资源上的优势，创新实施"部队出技术、地方出资金、群众出人力"的"军地产业孵化机制"，合力开创"军地共建大棚""军地共建蜂房""军地共建冻库"等集体经济产业，形成"种植—加工—销售"一体化的产业模式，组织军警民修水渠、垦荒地、种茶园、铺道路、建鱼塘，开展抢险救灾、村内防护巡逻、巡边护边 70 余次，真正实现产业前移，助力边境一线振兴快人一步。

全心为民，真情服务一线。热心，把村民当亲人。村民桑阿曲珠父亲早逝、母亲改嫁，12 岁就带着两个弟弟相依为命，黄家斌来村子了解情况后，资助他两个弟弟上学，帮他家建了家庭旅馆，如今一家生活无忧。桑阿曲珠患有癫痫症，一次半夜发病，生命垂危。黄家斌连夜协调车辆和道路，将他及时送到墨脱县城医治，挽救了桑阿曲珠生命。以后，每当见到黄家斌，桑阿曲珠就习惯性拉着他的手激动地说："感谢共产党！感谢人民公安！感谢黄书记！"真心，舍小家顾大家。2019 年 6 月，黄家斌的父亲因为心肌梗死住院治疗，村里道路被泥石流冲毁，没法回家探望。2020 年 3 月，黄家斌的母亲因癌症复发做手术，一直瞒着没告诉他，后来姐姐实在忍不住偷偷给他打电话，由于发生雪崩道路不通，也没能赶回家里，还好手术很成功，后来母亲还让他安心工作、把工作干好。到村任

◎ 黄家斌与军民种植果树，开展庭院经济，绿化村居环境

职 3 年多来，黄家斌也就回家几次，年幼的孩子都是由妻子一人照料，每次回家抱孩子都因为陌生把孩子吓得哇哇大哭，每次离开又是哇哇大哭，想念孩子的时候就翻翻妻子的朋友圈和手机里的照片。关心，把村里当家里。黄家斌把格林当成自己的家，为了这个新家，他跑项目、要资金，孵小鸡送村民，育菜苗送群众，在红色夜校教村民读书识字，和村民一起插水稻、育茶苗、收玉米、种果树。如今，格林村发生了翻天覆地的变化，由 2018 年的软弱涣散村蝶变为如今的墨脱县先进村，群众人均年收入从 2018 年 6750 元提高到 2021 年 2.3 万余元。

再启新程，亮剑振兴一线。2020 年 12 月，脱贫攻坚取得完胜，黄家斌第一书记的任期即将届满，全村 24 户户主联名写信、按红手印，挽留黄家斌继续留任。看到联名信，黄家斌动容了。"看到那封挽留自己、摁着 24 个红手印的联名信，看到村民们满是期待的眼神，我怎么忍心让他们失望呢？"他毅然向组织申请继续担任第一书记，选择留在村里，再干两年。明确目标，共商发展大计。黄家斌说："脱了贫更要加油干，和乡亲们一起亮剑乡村振兴。"在继续留任的日子里，黄家斌带领驻村工作队协助村"两委"主导，村内群众共同研讨发展愿景，凝聚了发展共识，明确以"茶叶立村、旅游兴村"为主线，以"有机农业""林下经济""生态旅游"三驾马车为主导的发展规划。争取项目，共建振兴产业。主动向上级部门对接，多方争取各类项目资金支持，支部党员带头，建设茶园525亩，发展林下资源，开展藏药、食用菌种植、蜜蜂养殖，不断夯实脱贫成果。带领党员群众种植各类果树2000余棵、花卉草果5000余株，大力发展乡村旅游，推进乡村振兴。文旅融合，共促持续增收。黄家斌注重考察搜集村内民间传说，收集具有历史意义的物品，建成军民融合村史馆一座。同时加强村内环境整治，不断美化村容村貌，对村内具有观赏价值景点进行发掘、命名、宣传，2022年发现中国最高的不丹松树王群，开辟观花、观鸟、森林康养、科研、探险、红色巡边观光路线，争取到茶旅融合特色民俗乡村旅游项目建设总投资5000余万元，建设茶园汽车帐篷营地、村内民宿、森林木屋、茶园森林康养徒步观光栈道，为村子振兴打下了坚实的基础。"我们全村2022年上半年的农副产品、林下经济和生态旅游的总收入已经突破了100万元！"黄家斌开心地说。

如今，走在格林村的村道上，头顶蓝天白云，远处雪山耸立，四周青山环绕，家家户户门前庭院整洁，兰花、格桑花、菊花争相开放，西瓜、辣椒、草莓纷纷挂果，处处鸟语花香、人间气息，民宿内传来游客欢笑，如童话一般。曾经老旧破败的小山村发生了翻天覆地的变化，呈现出基础设施完善、生态环境和谐美丽、群众安居乐业、军警民携手巡边固土、融合互助的景象，黄家斌称这里是格林童话。

西藏自治区公安厅供稿

在边境书写新的"格林童话"

◎ 袁　猛

格林村，一个坐落在雅鲁藏布江南岸的小村落。在这里，西藏自治区林芝市公安局刑侦支队三级警长、墨脱县背崩乡格林村党支部第一书记、驻村工作队队长黄家斌正在书写新的"格林童话"。

脱贫攻坚战冲锋号吹响以来，黄家斌积极响应组织号召，主动申请到条件较差的偏远边境村格林村工作。

刚到格林村时，黄家斌看到牲畜乱窜、牛马粪遍地，便立即提出把牲畜圈养起来、美化环境的建议。

然而，当地群众却告诉他："圈养不了，我们都习惯了，你待一段时间就习惯了。"

黄家斌没有气馁，他在召开村民大会宣传防疫知识的同时，挨家挨户耐心地做群众思想工作。在做通群众的思想工作后，黄家斌带领群众用半个多月的时间圈起了2000亩牧场，格林村的牲畜养殖步入精细化轨道。

老党员尼玛维色说："还是圈养起来好，找牛、喂牛都方便，村子也干干净净的。"

随后，黄家斌又带领群众建设扶贫茶园、开展网络带货、发展林下经济和庭院经济等，群众的"钱袋子"渐渐鼓了起来。

黄家斌积极开办红色夜校，让没上过学的村民学会识字、写字。老阿妈嘎迪措姆虽然已经64岁，但仍然积极参加夜校。没上过一天学的她，现在已经会读写很多字了。

黄家斌还发动社会各界力量，组建志愿服务队，开展"民族团结助学扶贫"结对帮扶行动，先后帮扶了163名贫困学生，帮助贫困家庭减轻了经济负担。

村民桑阿曲珠的父亲早逝、母亲改嫁，小小年纪就跟两个弟弟相依为命。黄家斌了解情况后，资助他两个弟弟上学，还帮桑阿曲珠建起了家庭旅馆。

有一次桑阿曲珠半夜生病，情况十分危急。黄家斌知道后连夜协调车辆，将桑阿曲珠及时送到墨脱县城医治，挽救了桑阿曲珠的生命。从那以后，每当见到黄家斌，桑阿曲珠就拉着他的手激动地说："感谢共产党！感谢人民公安！感谢黄书记！"

到村任职3年多来，黄家斌回家次数并不多，年幼的孩子基本都是由妻子一人照料。每当想念自己的孩子时，黄家斌就翻翻妻子的朋友圈和手机里的照片。舍小家的黄家斌把格林村当成了自己的"大家"，为了这个更大的家庭，他跑项目、要资金，孵小鸡送村民，育菜苗送群众，在红色夜校教村民读书识字，和村民一起插水稻、育茶苗、收玉米、种果树。

如今，格林村发生了翻天覆地的变化，由2018年的贫困村变为2021年、2022年的墨脱县先进村，群众人均收入从2018年的6750

元提高到 2021 年的 2.3 万余元。

2020 年 12 月，黄家斌驻村第一书记的任期即将到期，尽管格林村脱贫攻坚已经取得胜利，但全村 24 户户主仍联名写信，并按下红手印，希望黄家斌继续留任。

"看到那封联名信，看到村民们满是期待的眼神，我怎么忍心让他们失望呢？"黄家斌毅然向组织申请继续担任第一书记，留在村里再干两年。

黄家斌说："脱了贫更要加油干，要和乡亲们一起推进乡村振兴。"

◎ 黄家斌与村民在草莓种植大棚

在继续留任的日子里，黄家斌带领驻村工作队协助村"两委"，明确以"茶叶立村、旅游兴村"为主线，以有机农业、林下经济、生态旅游"三驾马车"为主导，多方争取各类项目资金支持，建设茶园 525 亩，种植各类果树 2000 余棵，培育各类花卉草果 5000 余株，通过大力发展乡村旅游，全力推进乡村振兴。

"我们全村 2022 年上半年的农副产品、林下经济和生态旅游总收入已经突破了 100 万元！"说起大家辛苦取得的成果，黄家斌显得十分开心。

远处雪山耸立，四周青山环绕，家家户户庭院整洁，民宿内外游客欢笑声不绝于耳，如今的格林村正如童话一般。

而此刻，黄家斌并没有停下前进的脚步，仍在继续书写格林村的"童话故事"……

《人民公安报》2022 年 11 月 9 日

樊有宏

樊有宏：陕西公安刑侦战线的"幕后英雄"

樊有宏，陕西省洛南县人，生于 1967 年 8 月，中共党员，大专学历，1989 年 8 月参加公安工作，现任陕西省洛南县公安局刑侦大队副大队长。自 1989 年从陕西省人民警察学校毕业参加公安工作 33 年来，樊有宏始终扎根刑侦一线，奋战在刑事技术岗位。工作以来参与主勘各类刑事案件现场 4000 余起，利用刑事技术直接破案 600 余起，依靠刑事技术提供证据支撑侦办案件 1500 余起。2016 年 7 月被陕西省公安厅评为"汪勇式"民警。2016 年 12 月，被商洛市授予第五届敬业奉献道德模范。2017 年 5 月被公安部评为全国优秀人民警察。2022 年 5 月被人力资源和社会保障部、公安部授予全国特级优秀人民警察，先后荣立个人二等功 1 次、三等功 2 次。

33 年历练与坚守，樊有宏从"新兵"
成长为"专家"

　　30 年前，樊有宏从陕西省人民警察学校毕业，满怀信心走上了公安刑侦岗位。在跟着师父学习 5 年后，樊有宏在刑事技术领域初露锋芒。1995 年 7 月，洛南县一家医院药房被盗，涉案药品价值 2 万余元。案发后，面对凌乱的现场，办案民警排查半个多月毫无进展。"让小樊来试试吧"，办案民警一句建议让他兴奋不已。樊有宏接到指令后迅即进入现场勘验，他不放过任何蛛丝马迹，仔细从玻璃上提取到关键物证，为案件侦破找到了突破口。经过反复比对，办案民警很快确定了犯罪嫌疑人，并成功将其抓捕。案件的成功告破，让同事们对这个其貌不扬的小樊刮目相看。这次实战经历也更加坚定了樊有宏扎根刑侦战线的决心，他默默立下誓言，一定要在这个岗位上取得更大进步和成绩。

　　此后，樊有宏更加如饥似渴、废寝忘食地学习刑事技术方面的知识，在实践中不断摸索、不断总结、不断提高，这些年来光整理抄写的学习笔记就达 50 余万字。凭借一丝不苟的工作态度和科学严谨、求真务实、踏实细致的工作作风，樊有宏一步一个脚印，历经 33 年 4000 余起案件侦办工作的实战，出色的战绩使他当之无愧地成为全县、全市乃至全省公安刑事技术领域的一面旗帜，每每遇到疑难复杂案件，樊有宏总能另辟蹊径，让案件侦破工作"柳暗花明"。

　　提及刑侦工作，樊有宏有独到的见解："破案，刑侦技术是关键，必须要全面掌握刑事侦查技术专业知识和技能，这是刑技人员的看家本领。"樊有宏天生有一股倔强劲儿，还在警校学习期间，他就被刑事侦查缜密的逻辑推理所吸引，立志要啃下这块"硬骨头"。时至今日，已经 55 岁的樊有宏依然坚守在刑事技术这个他热爱的岗位上，继续发挥着自己的光和热。

一个个扑朔迷离的案发现场，
樊有宏抽丝剥茧让证据说话

在办案一线，樊有宏有时一天要勘查 10 多个现场。而且，不仅仅是勘查现场，他还要将勘查中发现提取的各类物证进行检验鉴定，并将现场勘查的笔录、绘图、照片等录入数据库，制成勘查卷宗。多年的积累，使他养成了超常的平静心态。每一次去勘查现场，他

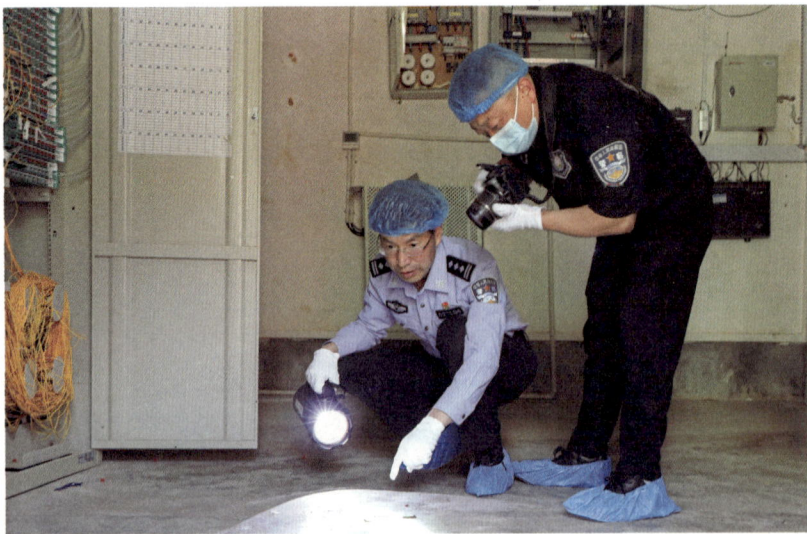

◎ 樊有宏仔细寻找着犯罪嫌疑人可能留下的蛛丝马迹

从不放过任何细节，都会认真分析和辨别空间事物的发展变化，让现场痕迹开口说话。

2000 年春节期间，洛南县保安、景村、古城等地连续发生多起入室盗窃案，失窃财物少则千元，多则上万元，案件让邻里亲朋互相猜忌、惶恐难安。正值春节时期，樊有宏面对警情，立即放弃一家团圆，冒着严寒走进案发现场，不分昼夜反复勘查。经过艰辛的实地勘查和细致推理，他发现了犯罪现场的一些共性特点，提出系列案件是同一犯罪分子所为。不久，景村镇许某家中发生盗窃案，他迅速赶赴现场，提取到了有效物证，经连夜比对检索，最终锁定了劳改释放人员冀某。随后，犯罪嫌疑人冀某被抓获，他也对自己连续作案 68 起的犯罪事实供认不讳。一时间，困扰 4 镇 32 村近 500 户群众的恶性案件终于告破，群众奔走相告，喜笑颜开。

2007 年 12 月 1 日清晨，大雪纷飞、冰冻三尺。洛南县谢湾乡樊村水泥路上发现一具男尸，经尸源调查，确定死者是该村一组的乡村医生樊某，现场遗留物品为死者所有。由于现场地处荒郊野岭，不少侦查员都认为这不是一起刑事案件，而是受害人夜晚回家途中被动物咬伤致死。樊有宏顶着刺骨的寒风走进现场，蹲在雪地上反复地观察、研究现场遗留痕迹、物品后，他提出了自己的看法，应该是一起故意杀人案。根据他提供的侦查思路，专案组迅速开展调查工作，经过 48 小时的艰辛工作，案件成功告破，死者因与父母发生激烈冲突，被其父用木棒打死，并于当晚被转移至该村水泥路边，企图造成死者意外死亡的假象。

刑事技术是一项非常枯燥的工作，不但又脏又累，而且专业性强，技术难度大，是一般人不想干、不愿干且干不了的苦差事，樊有宏却默默地坚守着。面对一个个扑朔迷离的犯罪现场，他用痕迹让事实"说话"；面对一次次复杂艰辛的技术勘查，他用忠诚为法律"作证"。

2015年入夏以来，洛南县石坡、石门、麻坪、景村等地连续发生群众家中粮食被盗案。这些案件多发生在位置偏远、交通不便、群众居住分散、留守人口少的"空心村"，群众发现迟、报案迟，甚至未报案，时间跨度长、涉及区域广、发案频率高、群众损失大、社会影响恶劣。7月24日，寺耳镇出川村一群众家中1700余斤黄豆被盗，市价4200余元。作案手段和此前的粮食被盗案类似，可以并案侦查。该户家门前有一条20多米长的小道连接通村公路，小道也成了樊有宏勘查的重点。根据勘查和走访情况，樊有宏发现有价值线索，为串并案件提供了重要依据。

2020年7月5日，洛南县城关镇东街社区周某家中2.6万元现金和一个金吊坠被盗。周某家住房是一栋6层楼房，中心现场位于4楼居室。现场勘查时发现4楼入户门是一单扇外开红色防盗门，门和锁均无明显破坏痕迹。针对这样的现场，确定嫌疑人出入现场的路线是一个重要问题。樊有宏反复对其4楼居住处进行细致勘查，发现关键痕迹物证，最终锁定嫌疑人。至此，他认为该起案件是典型的攀爬式入室盗窃案，嫌疑人作案特点与2018年12月22日城关镇柏槐社区二组杨某家被盗案的嫌疑人庾某某作案特点极为相似。为了及时破案，他将该案件现场发现提取的痕迹物证反复比对，很快比中嫌疑人庾某某。侦查人员将庾某某抓获后，经审查庾某某对该起入室盗劫案供认不讳，成功破案。

潜心研究新技术，樊有宏练就"十八般武艺"

"只有适应信息化时代的要求，钻研最新刑事侦查技术，才能多破案、破大案。"樊有宏深有体会地说。这些年来，他不放过任何学习机会，先后赴公安部第二研究所进修，积极参加省、市举办的各类刑事技术培训班。为了适应新形势新要求，2002 年，樊有宏主动请缨，前往北京学习心理测试技术。面对深奥抽象的心理测试知识，他克服年龄偏大、记忆力减退等不利因素，认真听、仔细记，虚心请教，加班加点潜心钻研心理学知识和计算机知识，到结业时，他全面掌握了心理测试技术。通过不断学习，他将心理测谎技术运用于实战，成效明显。2004 年以来，他借助心理测试技术，成功破获多起重特大刑事案件。

2013 年 1 月，洛南县城关镇八里村李某家中房屋突然着火，现场勘查表明，系人为纵火。案件发生在"双节"期间，社会反响强烈。面对压力，洛南县公安局迅速成立了专案组。然而，嫌疑人薛某自恃火灾现场没有遗留犯罪证据，不仅不承认案件是他所为，而且变本加厉，公开持刀到受害人李某家寻衅滋事，向公安机关叫板。近半个月过去了，办案民警仍未取得有价值的证据。关键时刻，专案组决定让樊有宏对薛某进行心理测试。但嫌疑人光棍一条，以混混自居，恶语相向，扬言报复。樊有宏则不愠不火，凭着他扎实的专业能力和犀利的目光，严格按照定性依据对测试结果进行认真分析，结合测试过程中嫌疑人心理变化过程，打消其顽抗到底的心理。后经突审，薛某很快交代了其犯罪事实，这起轰动一时的纵火案终于成功告破。事后，在谈到嫌疑人威胁时，樊有宏说："干了坏事的人，心终究是虚的，你不要看他气势汹汹，其实是外强中干。何况我们代表的是正义，有什么好怕的。怕，就干不了这份工作。"

2021年4月23日，陕西省洋县华阳镇县坝村发生一起命案，郝某某被人杀死在出租房内，与郝某某同房租住的杨某某有作案嫌疑，但杨某某称郝某某是在室外摔倒受伤后由他背到床上的。在案件始终无法突破的情况下，9月初，洋县警方请樊有宏协助对杨某某进行心理测试。测试前，樊有宏对案情和现场情况进行了详细了解，反复斟酌每个细节，认真研究确定了测试方案。测试后，樊有宏对测试过程和结果进行了反复回放，从杨某某对部分涉案测试题目表现出的明显反应，判断其供述的是假话，从而确定杨某某是该案的犯罪嫌疑人。

身为警察他无悔，面对家庭他有愧

入警以来，樊有宏为了工作，经常顾不上家里的事。

樊有宏的父母和他一起生活，两位老人退休后因病经常住院。每当想到父母孤零零卧病在床而自己却不能近前尽孝时，他的内心就备受煎熬，他读得懂父母超然的眼神，却无法承受良心的拷问。最令樊有宏痛心的是2022年3月16日母亲去世，当时他正在案件现场勘查，赶回家时没能见上老人最后一面。

结婚后，樊有宏平日因为工作忙很少回家。开始，妻子经常埋怨他，时间长了也理解了。1993年5月17日，妻子在医院进行剖腹产手术，樊有宏请好假陪护妻子。第二天，洛南发生一起重大杀人案，樊有宏连夜步行数十里赶到案发现场勘查，直到20多天后破案才回家，妻子只好由父母照顾。他的妻子经常头晕，总想让他陪着去省城的大医院检查，但他总是没时间。2021年，妻子突然晕倒，颅内大出血，他才匆匆忙忙出现在妻子身边，面对从死亡线上被拉回来的妻子，那一刻，他对妻子的愧疚感油然而生。他说，自己最对不起的人就是妻子。

从警33年来，樊有宏不忘初心，砥砺前行，将所有的情感和心血倾注到他热爱的刑事技术工作，像一头老黄牛在自己的责任田里默默耕种。此生无悔披战甲，来世还要当警察！樊有宏说："基层离群众最近，离发案现场最近，是与犯罪分子斗智斗勇的最佳场所，也是最能体现我人生价值的地方。只要这里需要我，老百姓需要我，我就会坚守在这里。"

陕西省公安厅供稿

让疑难案件侦办"柳暗花明"

◎ 谢俊思

在 2022 年"最美基层民警"发布仪式上，陕西省洛南县公安局刑侦大队副大队长樊有宏接过全国"最美基层民警"这份沉甸甸的荣誉。

这些年，他始终奋战在基层一线。"基层离群众最近，是与犯罪分子斗智斗勇的地方，也是最能体现我人生价值的地方。"樊有宏说。

33 年前，樊有宏从陕西省人民警察学校毕业，信心满怀走上了公安刑侦岗位。在跟着师傅学习 5 年后，他在刑事技术领域初露锋芒。

2000 年春节期间，洛南县保安、景村、古城等地连续发生多起入室盗窃案件，失窃财物少则千元、多则上万元。案件让邻里亲朋互相猜忌、惶恐难安。时值春节，樊有宏放弃与家人团聚，冒着严寒赶赴案发现场，不分昼夜反复勘查。经过实地勘查和细致推理，他发现了犯罪现场的一些共性特点，提出系列案件是同一犯罪嫌人所为。不久，景村镇居民许某家中发生盗窃案件，他迅速赶赴现场，提取到了有效物证，经连夜比对检索，最终锁定了犯罪嫌疑人冀某。随后，冀某被抓获，并对自己连续作案 68 起的犯罪事实供认不讳。一时间，困扰 4 镇 32 村近 500 户受害群众的恶性案件终于告破，群众奔走相告，喜笑颜开。

多年的积累，让樊有宏养成了超常的平静心态。每一次去勘查现场，他都会认真分析和辨别空间事物的发展变化，从不放过任何细节，让现场痕迹"开口说话"。

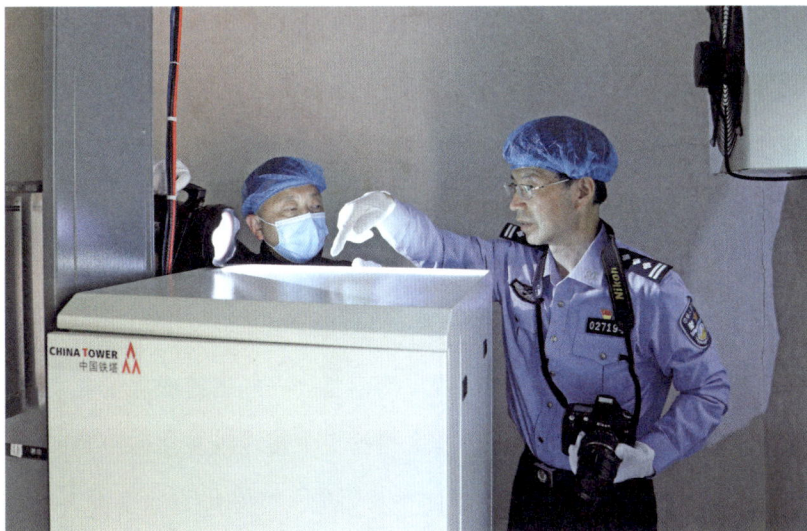

◎ 樊有宏在现场勘验，不放过任何一个角落

2015 年入夏后，洛南县石坡、石门、麻坪、景村等地接连发生群众家中粮食被盗案。这些案件多发生在位置偏远、交通不便、留守人口少的"空心村"，群众发现迟、报案迟，甚至未报案，时间跨度长、涉及区域广、社会影响恶劣。当年 7 月 24 日，寺耳镇出川

村一群众家中 1700 余斤黄豆被盗。此案的作案手段与此前的粮食被盗案类似，可以并案侦查。被盗群众家门前连接通村公路的 20 多米长小道，成了樊有宏勘查的重点。终于，他在小道和通村公路连接处的路边，找到一枚被丢弃的烟头。最终，就是这枚烟头为案件成功告破提供了重要依据。

为了适应新形势新要求，樊有宏勤勉好学，整理抄写的学习笔记达 50 余万字。这些年来，他不放过任何学习机会，赴公安部物证鉴定中心进修，积极参加省、市举办的各类刑事技术培训班。"只有适应信息化时代的要求，钻研最新刑事侦查技术，才能多破案、破大案。"樊有宏深有体会地说。

2002 年，樊有宏主动请缨，前往北京学习心理测试技术。面对深奥抽象的心理测试知识，他认真听、仔细记，虚心请教，加班加点潜心钻研心理学知识和计算机知识。通过不断学习，樊有宏将心理测谎技术运用于实战，成效明显。

2013 年 1 月，洛南县城关镇八里村村民李某家中房屋突然着火，现场勘查表明，系人为纵火。洛南县公安局迅速成立了专案组，抓获犯罪嫌疑人薛某。然而，薛某自恃火灾现场没有遗留犯罪证据，不仅不承认案件是他所为，而且变本加厉，公开持刀到受害人李某家寻衅滋事，向公安机关叫板。

近半个月过去了，办案民警仍未取得有价值的证据。关键时刻，专案组决定让樊有宏对薛某进行心理测试。起初，薛某以混混自居，恶语相向，扬言报复。樊有宏则不愠不火，凭着扎实的专业能力，严格按照定性依据对测试结果进行认真分析，结合测试过程中犯罪嫌疑人心理变化过程，打消其顽抗到底的心理。后经突审，薛某很快交代了犯罪事实，这起轰动一时的纵火案终于成功告破。

凭借一丝不苟的工作态度和科学严谨、求真务实的工作作风，樊有宏一步一个脚印，用33年参与4000余起案件侦办工作的实战业绩，成为全县、全市乃至全省公安刑事技术领域的一面旗帜。大家说，每每遇到疑难复杂案件，樊有宏总能另辟蹊径，让案件侦办工作柳暗花明。

《人民公安报》2022年11月10日

2022
最美基层民警

刘汉朝

刘汉朝："警务包"承载乡村群众新期盼

　　刘汉朝，甘肃陇南人，1980年9月出生，中共党员，大学本科学历，2015年6月参加公安工作，现任甘肃省陇南市武都区公安局裕河派出所副所长兼综合室主任。

　　刘汉朝从警7年来，始终扎根偏远山区，不断创新"警务＋服务"的"背包入户"移动警务模式，开展乡村警务工作上门服务，服务群众"最后一步"再前移，"警务包"逐渐成为服务群众的"百宝箱"，警务区实现了"平安不出事、矛盾不出村、服务不缺位"的既定目标，辖区连续多年未发生重特大安全事故、涉毒案件和刑事案件，无重点信访人员、无新增公安机关打处人员，群众获得感、幸福感、安全感显著提高。刘汉朝践行的移动乡村警务模式走出了符合辖区实际的平安之路，让新时代"枫桥经验"在甘肃裕河这座小镇上开花结果。刘汉朝被辖区百姓称为"大忙人"，2020年以他的事迹为原型，并由其出镜拍摄的微电影《大忙人》，荣获中央政法委第六届平安中国"三微"大赛"十大微视频"，甘肃省委政法委"三微"大赛一等奖。荣立个人三等功 1 次。

"大忙人"把业务装进包里，上门工作服务群众再前移

　　陇南市武都区裕和镇地处陕、甘、川三省交界，山峰高耸、山坡陡峻，辖区面积 270 余平方公里，下辖 10 个行政村、37 个自然村，独居老人、留守妇女儿童等困难家庭较多。刘汉朝既是裕和派出所的综合室主任，又承担驻村任务，每天都得深入村社，7 年来转遍了每个村子、踏遍了每个山头、行遍了每户人家，记住了每间房屋的基础信息，乡村里大大小小的琐事、老老少少的心事，刘汉朝基本都有了解，勤换的笔记本上不断更新着最新的乡村警务信息。上屋顶修电路、山路上找家禽，帮群众扛柴火、帮儿童修玩具……刘汉朝被辖区村社百姓亲切地称赞为"大忙人"。"大忙人"穿梭在乡村的身影被群众深深地看在了眼里，记在了心上。

　　笔记本电脑、照相机、宣传资料、人员信息采集表、矛盾纠纷排查表、警民联系卡、记录本……"大忙人"的每次入户走访，包里总是根据不同家庭需要，装满各种设备仪器。走村入户到哪里，背包就背到哪里，警务服务就跟到哪里。同事们逗笑着称"大忙人"出行总是背包、挎包、提包，"包可真多"。刘汉朝清楚地知道每次走访入户，要尽最大的努力、用最完善的服务满足群众需求。老人出行不便、儿童知识有限、妇女顾家困难，那就背包上门，启动移动警务模式，"警务＋服务"协同共抓，服务群众"最后一步"再前

移，把"最多跑一次"升级为"一次都不跑"，行走在乡间的"背包警务"让人民群众获得更多实惠、更多便捷，让基层警务更加亲民、更加暖民。2021年春节刚过，刘汉朝得知余家河村有一老人，离家30多年后又回到老家，但在最初户口登记时没有进行登记，导致没有户口信息，现在家人都已离世，没有亲属，村上要解决低保，但却无法办理手续。刘汉朝多方沟通打听，详细了解情况，认真核对生活轨迹，逐一核调查实，通过不懈努力查清了事实。刘汉朝和同事在老人家里，从随身携带的背包里拿出照相机和相关设备，"咔嚓"一声，为老人拍下了身份证证件照，办理了户口登记，并联系村委会为老人申请低保，日常不断走访照顾老人生活。"谢谢，谢谢……"老人手中拿着刘汉朝送来的制作完成的户口簿和身份证，热泪盈眶，双手激动得不断颤抖，一遍又一遍重复着真挚的感谢。刘汉朝救助孤寡老人已经多达70余人次，进村入户累计开展办证、送证上门服务1200余次。

"大忙人"把群众放在心上，
一心为民点滴琐碎无遗漏

裕河派出所辖乡村产业匮乏，频发地震、滑坡、泥石流、冰雹等地质和自然灾害，群众收入不高，在乡村振兴的大背景下，警务服务助推乡村经济社会的发展是"大忙人"刘汉朝一直考虑的心头事。2018年8月，裕河辖区连降暴雨，导致河水上涨。赵钱坝村的甘肃金陇红茶业有限公司生产车间地势较低，很有可能被水淹没，造成群众财产大量损失。刘汉朝意识到这一情况十分紧急，挎上背包迅速赶往生产车间察看。经营者夫妻在厂房门看到刘汉朝的到来，伤心痛哭变成了果断抢险，刘汉朝一边安慰劝说转移财产减少损失，一边联系供电部门和协调车辆，发动群众找来包装袋、铁锹进行封堵和转移。挎包里的雨具都分发给了群众，刘汉朝淋着大雨、扛着沙袋奔波在转运途中。待到把车间财产安全转移、群众的损失降到最低的时候，刘汉朝才发现河水浸泡到了腰间，手心磨出水泡，脚掌多处扎伤，而他却坚定地说道：人民警察就是要守护人民群众生命财产安全！

"百万警进千万家"和"团圆行动"是公安机关开展的两项重要工作。2018 年 5 月，刘汉朝在入户调查走访中得知辖区有位流浪老人，他迅速将线索上报领导，在知情群众的引领下与同事一起查找流浪老人的住所。离村庄行进两三公里，经过两个多小时的山间跋涉，山腰的一处山洞引起大家的注意。为了不惊吓到与外界隔绝很久的老人，刘汉朝提议民警换上随行包里的便装，和熟悉情况的村民一同安抚老人、了解信息。长时间的独居生活，使老人不能完整表述个人信息。刘汉朝从带来的背包中找出事先为老人准备好的换洗衣物和食物，用一件件小事增进感情和信任，从断断续续的只字片言中获取关键信息。通过十几个小时的信息查询和电话联系，刘汉朝联系到了庆阳市镇原县三岔镇派出所民警，确认该辖区 20 年前有人走失。在当地派出所的帮助下，刘汉朝通过视频连线和老人家人取得了联系。"哥哥！"连线接通的一刹那，家属一声期盼已久的呼喊，老人已经泣不成声。阔别 20 年，一家人终于团聚。"群众的事就是天大的事，一定要全力做好。我们所已经成功救助过 3 位流浪老人！""大忙人"嘴角挂起一丝欣慰的微笑。

"大忙人"把平安扛在肩上，
基层治理辖区整治全覆盖

百姓家里、田间地头，"大忙人"与群众促膝交流的景象格外温馨。办好"小案件"、调解"小纠纷"、解决"小难题"，刘汉朝深知要在点滴中增进同群众的感情，获得群众的信任，才能构建警民共建共治共享的乡村治理新格局。裕河山水相依、峰林叠翠，地广人稀，群众有自制火枪的习俗。刘汉朝为了消除安全隐患，深化治安检查、治安清查，背着警务包逐家发放宣传材料、悉心讲解安全法规、科普安全防范常识，严格落实危爆违禁物品安全监管措施，号召群众累计上缴枪支 121 支、制式子弹 42 发、雷管 4 枚，均已注销销毁，逐步改善着当地群众的风俗习惯。为强化辖区道路交通安

◎ 刘汉朝伏案工作

全，刘汉朝和同事们联合裕河镇交管站定期或不定期开展路查，排查出道路安全隐患 45 处，劝导轻微违法行为 520 余人次，并及时对接镇政府进行整改，确保了辖区村社道路交通安全。

2016 年 3 月，刘汉朝接到辖区群众报警，一名精神病人持刀在街上叫喊，有可能会误伤行人。刘汉朝和同事带上装备第一时间赶赴现场，到达现场后发现该病人正处于发病期，情绪狂躁，将菜刀绑在一米多长的木棒上肆意挥砍，很难接近处置。在同事面对面和当事人说话缓和其情绪、分散其注意力的同时，刘汉朝绕到精神病人背后，瞅准时机从背后将其一把紧紧抱住扑倒，迅速夺下其手中菜刀，在同事们的配合下迅速将精神病人控制住，消除了肇事肇祸安全隐患。在处置结束后，同事们发现刘汉朝在处置过程中擦伤了膝盖，鲜血已经流到了鞋筒。"人民警察就应该在危险时刻冲得上去！"这时的刘汉朝，入警刚满 9 个月。

"大忙人"的亲切称谓，是百姓对基层民警工作的认同信任；"警务包"变为服务群众的"百宝箱"，是乡村警务前移推动基层治理的新途径。刘汉朝积极解决群众急难愁盼问题，着力推动基层警务治理，用青春书写乡村警民鱼水情深的美丽华章，用热血践行人民警察服务人民的忠诚赞歌。"背包警察"承载民意、装载民心，"大忙人"就是群众最亲近的"贴心人"！

甘肃省公安厅供稿

把"警务包"变成服务群众的"百宝箱"

◎ 常 汝

笔记本电脑、矛盾纠纷排查表、警民联系卡、反诈宣传册……每次入户走访,甘肃省陇南市武都区公安局裕河派出所副所长兼综合室主任刘汉朝的警务背包里都装满了十几斤的"装备"。

从警7年来,刘汉朝扎根偏远山区,创新"警务+服务"警务模式,开展上门服务,不断将民警的"警务包"变为服务群众的"百宝箱",辖区群众的获得感、幸福感、安全感不断提高,真正做到了"平安不出事、矛盾不出村、服务不缺位",让新时代"枫桥经验"在陇山深处开花结果。

裕河镇地处陕、甘、川三省交界,山峰高耸、山坡陡峻,辖区面积270余平方公里,下辖10个行政村37个自然村,独居老人、留守妇女儿童等困难家庭较多。7年来,刘汉朝走遍了每个村子、踏遍了每个山头,记住了家家户户的基础信息。

村里的大事小情和群众的心事他都记着,笔记本上不断更新着乡村警务信息——上屋顶修电路、山路上找家禽、帮儿童修玩具……刘汉朝被辖区群众亲切地称为"大忙人"。

几年下来，刘汉朝与辖区群众建立起深厚的感情，赢得了群众的信任。在全国第六届平安中国"三微"比赛暨优秀政法文化作品征集评选活动中，短视频《大忙人》就是以刘汉朝真实事迹为素材创作拍摄的。

2021年春节刚过，刘汉朝得知余家河村有位老人离家30多年后回到故土，因早年老人没有进行户口登记，如今家人都已离世，又无亲属陪伴，想办理低保却缺乏身份证明。刘汉朝看在眼里急在心中，他通过多方了解、四处求证，终于查清了老人的身份。

快门"咔嚓"一声，刘汉朝为老人拍下了他的第一张身份证证件照，随后办理户口登记、申请低保。老人拿着制作完成的户口

◎ 刘汉朝（左一）入户走访村民

簿和身份证，激动得双手止不住颤抖，一遍又一遍表达着真挚的谢意。

遇有出行不便的群众，那就背包上门，启动移动警务模式，"警务＋服务"一把抓，把"最多跑一次"升级为"一次都不跑"。在刘汉朝看来，每次走访入户，都需要尽最大的努力，用最完善的服务满足群众需求。截至目前，刘汉朝已救助孤寡老人70余人次，进村入户开展办证、送证上门服务1200余次。

刘汉朝既是裕河派出所的综合室主任，又承担着驻村任务，忙里又忙外。辖区青壮年常年外出务工，许多家庭都有留守老人和儿童。工作之余，刘汉朝会去村里的留守家庭帮着捆柴、修电路等。"为群众搞好服务是我的本职工作，苦点累点不算啥。"刘汉朝乐在其中。

除了办公用品外，根据走访入户的不同情况，刘汉朝的背包里还装着扳手、螺丝刀、测电笔等维修工具，因为装备太专业，有群众甚至将刘汉朝误认为上门的电工。"虽然背包有点重，可一想到能给群众带去实在的便利，我浑身充满了干劲。"刘汉朝说。

近年来，公安机关持续开展"团圆"行动，帮助亲人失散家庭实现团聚。2018年5月，刘汉朝在调查走访中发现，辖区一名流浪老人很可能是走失人员，敏锐的他迅速将线索上报，并尝试与老人进行接触。

为了不惊吓到老人，刘汉朝和同事换上便装，带好衣物、食品前往老人住处了解情况。长时间的独居使得老人已不能完整表述自己的身世，刘汉朝只能从他的只言片语中获取关键信息，又通过反复的查询和联系，终于联系到了甘肃省庆阳市镇原县公安机关，与当地一名 20 年前的走失人员对上了号。

"哥哥!"视频连线接通的瞬间,家人朝思暮想的一声呼喊让老人泣不成声。阔别 20 年,一家人终得相见。见此情景,一旁的刘汉朝欣慰地笑了。

《人民公安报》2022 年 11 月 11 日

2022
最美基层民警

阿旺丹德

阿旺丹德：高原上的人民卫士

连绵起伏的青山脚下，是广袤无垠的高原牧场，头顶是深邃的蓝天和凝滞的云团，这里是祖国大西北的一隅，青海省果洛藏族自治州达日县满掌乡，在这个平均海拔在 4200 米以上的地方，巍巍高山之后还是高山，黄黄厚土之上是成群的牛羊和辛苦劳作的牧民。这片土地上有这样一个人，远离喧嚣和掌声，抛却繁华与舒适，克服艰难及险阻，每日早出晚归，在高山雪岭中连夜奔波，长途跋涉，为守护这方土地的宁静默默奉献自己所有的青春和热血，他就是果洛藏族自治州达日县公安局满掌派出所所长阿旺丹德。

初相遇　警服在身责任在心

因为父亲是一名公职人员，从小的言传身教在阿旺丹德的内心深处埋下了正义担当的种子，在他的内心深处始终对警察这份职业怀着神圣的向往。因此 2013 年从医学专业毕业后，阿旺丹德并没有选择分配到医院工作，而是选择通过自己的努力在第二年通过了基层政法干警招录考试，正式成为果洛藏族自治州达日县公安局治安大队的一名人民警察。

对于阿旺丹德来说，穿上了这身警服，就要扛起警服上面沉甸甸的责任。从警 8 年以来，他始终以过硬的政治素质和务实的工作作风，用自己的实际行动实现了"打牢基础、减少发案、治安良好、人民满意"工作目标，为不断落实新时代"枫桥经验"奉献了自己所有的智慧和力量。先后荣立个人三等功 1 次，获个人嘉奖 1 次。

在担任达日县公安局治安大队大队长期间，阿旺丹德始终铭记"一切为人民服务"的宗旨。记得那是一个寒风凛冽的冬日，阿旺丹德如往常一样提前半小时来到公安局，却发现办公楼前蜷缩着一对男女，女人怀抱着一个满脸通红的婴儿，婴儿正发出微弱的哭喊声，两人看见阿旺丹德身上的警服眼睛一亮，一个箭步冲了上来急促不安地说着什么。阿旺丹德听了个大概，心一下就被揪紧了，他连忙将两人带到服务大厅，倒上热水为他们驱寒，这才详细询问发生了什么事。

从这对夫妻磕磕绊绊的叙述中，阿旺丹德了解到，他们家住在偏远地区，加之山高沟深，交通闭塞，妻子生产当天还来不及去医院，孩子就已经生在了炉灶旁，还没来得及分享为人父母的喜悦，夫妻二人就陷入了深深的困扰中，因为未能及时给孩子办理新生儿出生医学证明和落户，不能享受国家优惠政策不说，孩子生病的医疗费也无法正常报销。

阿旺丹德的心被深深触动了，他连忙把这一情况转述给户籍民警。当阿旺丹德把印有家庭新成员的户口簿交到满脸憨实的新爸爸手中时，这种"交接仪式"让他激动得语无伦次。

这一切阿旺丹德看在眼里，记在心里，久久不能释怀。为此，他积极向局党委汇报，并亲自带队深入群众家中开展调研。在他的建议下，经过两个月的辛苦付出，达日县九乡一镇十个派出所顺利实现户籍拆分、承办权限下放等工作。在他的呼吁奔走下，群众再也不用往返县乡两地办理户籍，真正实现了"户籍业务属地办、群众从此少跑腿"，他也用实际行动践行了"以民为本、服务第一"的工作理念。

开思路　勇于创新服务人民

"有困难就找'哈达义警'！"

"这是人民组成的队伍，有啥话来不及跟民警说的，就告诉他们，一定能帮你解决。"

2020 年 10 月，阿旺丹德被任命为满掌派出所负责人，这对他来说既是荣誉也扛起了巨大压力，因为当时的满掌派出所正在创建首批青海省级"枫桥式公安派出所"，如何在前期工作上更进一步，把创建工作做实，做出令老百姓满意的成绩，成了阿旺丹德义不容辞的任务。于是，他每天前往村民家中实地调研，夜夜伏在案头冥思苦想，终于建立起"哈达义警"这样一个名字叫得响、工作干得好、党和人民满意的群防群治队伍。

在满掌乡，只要提起"哈达义警"，每个人都会情不自禁地竖起大拇指，这支队伍由当地牧民群众组成，从最初的寥寥几人到现阶段的 70 余人，阿旺丹德做了大量宣讲工作招揽人才，其中不乏一些有着很长党龄和丰富基层经验的老党员，他们的身影总是出现在街头巷尾、左邻右舍，通过唠嗑了解掌握矛盾纠纷，通过普及政策、宣传法律了解掌握社情民意，不论狂风肆虐或是夏阳酷暑，满掌派出所的"哈达义警"会根据派出所的统筹部署出现在所属片区大山深处的每一条路和每一条沟里，解决居民矛盾，守护民族团结。

家住在县里的辖区居民王某原属青海湟源籍，虽然听闻属地派出所在集中开展户口簿更换工作，奈何自己在外打工，妻子又身患重病行动不便，无法办理相关业务。驻村"哈达义警"了解这一情况后二话不说当即组织三人驱车前往王某家拿废旧户口簿，拿到旧户口簿没有丝毫停歇直接返回满掌派出所配合开展废旧户口簿以旧换新工作，恰逢当日停电断网，派出所无法正常受理业务，为了不耽误王某妻子报销医疗补助，阿旺丹德当即启动"跨区域警务协作"工作机制，与"哈达义警"一起驱车前往最近的班玛县多贡麻派出所顺利完成户口簿以旧换新工作，王某回乡后第一时间到派出所致谢，他感动得热泪盈眶："我在这么多地方打过工、安过家，从来没有哪里像你们一样真的把我当家人看待啊！"

满掌派出所自成立"哈达义警"队伍以来，他们先后向派出所提供苗头强、风险高、隐患高的各类矛盾纠纷21起，其中10余起纠纷调处实行"民调入所"，并得以成功化解。"哈达义警"为满掌派出所实现矛盾纠纷排查化解"关口前沿，防范在先，源头治理，处置在小"的基本工作目标奠定了坚实基础。

为了更好地温暖群众、服务群众、方便群众。2021年4月，阿旺丹德立足实际，通过走访调研，创建了果洛州首个警医联动"一站式"综合服务窗口。自此辖区新生儿医学证明开具、落户和死亡人员医学证明开具以及户籍销户等业务实现了"一窗综办"和"就近办、一次办"。"让数据多跑路，让群众少跑腿"的服务理念在高原满掌落地开花。这些想群众之所想、急群众之所急的好做法，得到了辖区老百姓的高度赞誉。

面对矛盾纠纷严重影响辖区稳定的问题，阿旺丹德所在的派出所按照矛盾纠纷"早了解、早处置、早化解"的理念，以地域民俗文化特点为载体，率先在全州创建多元化"糌粑矛盾调解室"，推动"三调联动"工作机制在满掌落地，实现了苗头性矛盾纠纷当场解决，不耽搁、不拖延、不留隐患。此举有力推动了矛盾纠纷的调解率稳步上升，同时让"民调入所""庭所对接"工作机制在牧区基层派出所趋于成熟。2021年至今"糌粑矛盾调解室""民调入所"纠纷30余起，调处成功率100%。自此群众口中"吃着糌粑调出一团和气"在达日草原广泛流传开来。

"你知道洛尔多的水最后会流向哪里吗？知道国家现在提倡长江十年禁捕是什么意思吗？"阿旺丹德带着"哈达义警"通过走村入户的宣传方式，闲谈间把长江禁捕宣传做到群众身边。

在满掌乡，有一条满掌河，它是长江水系洛尔多河段，全长20.8公里，自洛尔多顺势而流，沿着山谷汇入班玛县境内马可河。近年来，青海省加快构建长江、黄河、青海湖重点水域禁渔期管理制度，发布《长江流域青海段禁捕通告》，实施为期10年的禁渔期管理制度，严禁一切生产性捕捞活动。

阿旺丹德说，我们既然在青藏高原，在长江源头，就要有更高的责任感、使命感，从源头上抓好治理，以身作则，带动群众参与进来。

自长江禁捕工作实施以来，阿旺丹德带领"哈达义警"队伍自觉成为保护长江支流的守护者、宣传者，积极以点带面地动员各自负责的片区牧民群众，多次组织开展以"十年禁捕　共护长江""同饮一江水　共护长江水"等为主题的宣传讲解工作，营造了"十年禁捕人人负责"的良好社会氛围。

守岗位　不忘初心坚如磐石

家是中国人内心最深的牵绊，可为了守护满掌高原上一个个家庭的平安祥和，阿旺丹德只能多次舍小家为大家，把自己的根深深扎在了满掌派出所，不仅只有逢年过节才能和家人见上一面，结婚之后，更是过上了长期与妻子两地分居的生活。每当闲暇时分看着家人的照片时，阿旺丹德的心里总会涌起无尽的思念，可是只要一想到辖区居民幸福的笑容，他又觉得一切都是值得的。

◎ 风雪中值守的阿旺丹德

2021 年 10 月，正值秋收，牧民们的矛盾纠纷也多了起来。有一日，阿旺丹德收到"义警"举报，有两户牧民因为草山地界不清、牦牛过界吃草的问题再一次引发了纠纷，此刻双方聚集了很多人围在草山上，情况不明，听到"义警"电话里着急的话语，阿旺丹德的心里咯噔一声，他心里清楚，这两户人家的矛盾不是一日两日了，此前他曾沟通调解过多次都没有化解，此次冲突或许可以成为一个突破点。情况紧急，阿旺丹德马上调集警力来到发生冲突的草山。

其间，熟悉的电话铃声一次次响起，是母亲打过来的，阿旺丹德犹豫了一瞬，母亲平常是不会打这么多次电话的，难不成有什么急事？可任务在前，来不及多想，阿旺丹德将手机关了静音，来到现场之后，双方人员情绪激动，眼看随时要发生肢体冲突，阿旺丹德连忙上前一步，他耐心地对发生冲突的两户人家晓之以理，动之以情，将双方的情绪慢慢安抚住，原本剑拔弩张的氛围也渐渐缓和，阿旺丹德松了一口气，随后他把主要人员带到派出所慢慢调解，途中这才有空给母亲回了个电话。

谁料母亲一开口就带着哭腔责骂道："你怎么不接电话啊，你奶奶在医院危在旦夕，工作难道比家人还重要吗？"阿旺丹德如遭雷击一般，自己与奶奶的感情一向很好，可因为工作忙，她生病住院期间一直没能去看上一眼，现在怎么就这么严重了呢？阿旺丹德几乎脱口就要说出请假回家的话，可是想起眼下好不容易缓解的矛盾纠纷，他却怎么也开不了口，只能苦涩道："妈，我这边工作忙，您再给我两天时间，等我处理完一定马上赶回来。"他放心不下这里的人民群众啊！母亲无法理解，哭得泣不成声，好在同为公职人员的父亲能够理解他的感受，他接过了电话，缓缓说道："爸爸明白，儿子，你既然穿了那身警服，你就要对得起那身衣服，放手去做吧，这里一切有我……"

阿旺丹德不禁泪流满面，可是眼下却只能快速调整情绪，全身心投入到工作当中，加班加点不眠不休地解决了当下的困境后，就立刻购票返回了家乡，可还是晚了一步，没能看到奶奶最后一眼，这成了阿旺丹德最大的遗憾。他知道，满掌乡的人民需要他，只有恪尽职守，用实际行动解决好群众的急难愁盼，才能对得起党组织的信任和培养，才是对奶奶最大的慰藉！

烈日下、寒风中、迎朝阳、送晨曦。这是阿旺丹德从警8年的真实写照，心系百姓，用最大的耐心和真诚的笑容为百姓排忧解难，正直无畏，面对危险为了百姓安危奋不顾身，从阿旺丹德选择警察生涯的那一刻起，他就选择了用青春与热血来谱写一曲无悔赞歌，开启了自己奉献的一生。

青海省公安厅供稿

用忠诚和担当为百姓排忧解难

◎ 徐　婷

2022 年，是青海省达日县公安局满掌派出所所长阿旺丹德从警的第八年。

受父亲影响，阿旺丹德从小就对成为一名警察充满向往。2014 年，他通过考试，正式成为果洛藏族自治州达日县公安局治安大队的一名民警。

对于阿旺丹德来说，穿上这身警服，就要担起责任。

"为了给孩子办户口我们跑了很多次，但我们普通话不流畅，一直不能与工作人员沟通。"担任达日县公安局治安大队大队长期间，阿旺丹德曾遇到一对因语言不通无法给婴儿办理落户的夫妻，了解相关情况后，他连忙联系户籍民警给孩子办理户口。

当阿旺丹德把新户口簿交到这对夫妻手中时，夫妻二人激动得语无伦次。这一幕，阿旺丹德看在眼里，记在心间。此后，他积极向达日县公安局党委汇报，并深入群众家中调研，进一步完善户籍工作，真正实现"户籍业务属地办、群众从此少跑腿"，以实际行动践行人民公安为人民的庄严承诺。

2020 年，阿旺丹德被任命为满掌派出所所长，当时，正值满掌派出所创建青海省首批"枫桥式公安派出所"。做实创建工作，做出让老百姓们满意的成绩，在新上任的阿旺丹德看来，这是自己义不容辞的责任。

在随后的日子里，阿旺丹德每天都前往村民家中进行实地调研，夜里则根据调研情况冥思苦想，并逐渐建立起一支群防群治队伍——"哈达义警"。

"哈达义警"由当地居民群众组成，阿旺丹德做了大量工作将它发展壮大。如今，"哈达义警"已发展成为一支有 70 余名成员的队伍，他们根据满掌派出所安排，出现在辖区每一个需要他们的地方，协助解决居民矛盾，共同守护民族团结。

◎ 阿旺丹德（左）和同事到牧民家中调解纠纷

"有困难就找'哈达义警',他们都能帮忙解决。"现在,只要在满掌乡提起"哈达义警",大家都会情不自禁地竖起大拇指。

满掌乡里的满掌河属于长江水系的洛尔多河段。近年来,青海省加快构建长江、黄河、青海湖等重点水域禁渔期管理制度,发布《长江流域青海段禁捕通告》,实施为期 10 年的禁渔期管理制度,严禁一切生产性捕捞活动。

"我们要有更强的责任感、使命感,从源头上抓好治理,以身作则,带动群众参与进来。"长江禁捕工作实施以来,阿旺丹德带领"哈达义警"积极动员牧民群众参与"十年禁捕",并多次组织开展主题宣传工作,让更多人自觉成为保护长江的守护者和宣传者,营造了良好的社会氛围。

为了更好地服务群众,阿旺丹德通过走访调研,立足实际创建了警医联动"一站式"综合服务窗口,通过让数据多跑路,实现让群众少跑腿。自此,辖区新生儿医学证明开具、落户和死亡人员医学证明开具以及户籍销户等业务全部实现"一窗综办"和"就近办、一次办"。

为了守护满掌乡一个个家庭的和谐安宁,阿旺丹德把自己的根深深扎在了满掌派出所。

2021 年秋收时节,阿旺丹德接到"哈达义警"线索,有两户长期有矛盾的牧民因地界不清、牦牛过界吃草发生纠纷。

得知消息的阿旺丹德马上赶到发生冲突的地方,耐心地规劝两户情绪激动的牧民,待双方情绪缓和后,再将牧民带回派出所作进一步调解。

"你奶奶危在旦夕。"回派出所途中,阿旺丹德在与母亲的通话中得知奶奶病危。但阿旺丹德选择在解决好群众的烦心事后，才返回家乡送奶奶最后一程。

面对赶回家中的阿旺丹德，阿旺丹德的父亲对自己的儿子提出希望："孩子，穿了警服，就要对得起它！"

带着父亲的嘱托，阿旺丹德怀着对奶奶的思念返回了工作岗位，全身心投入到为人民服务中去。在阿旺丹德看来，恪尽职守，用实际行动解决好群众的急难愁盼，就是对奶奶最大的慰藉。

从警8年来，阿旺丹德先后荣立个人三等功1次，获个人嘉奖1次。他用忠诚和担当为百姓排忧解难，守护一方群众安宁。

《人民公安报》2022年11月12日

2022
最美基层民警

袁 芳

袁芳：新水桥来了个好"婶子"

初春刚至，寒风还未彻底退去，绿芽酝酿在枝头。

新水桥这个不起眼的小地方蕴藏着不一样的生机盎然。

提起袁芳这个人，新水桥的群众交口称赞，

"袁芳那可真是个贴心人呀，和自己家亲婶子一样嘞！"

这位群众口中的"贴心人""亲婶子"，就是宁夏回族自治区银川市公安局兴庆区分局新水桥"石榴籽"警务室的社区民警袁芳。

让新水桥的房东不吃亏上当

新水桥是典型的城乡接合部、少数民族聚焦区，常住人口 9424 人，流动人口 8000 余人，其中少数民族占总人数的 52%。辖区内出租房屋多、建筑工地多、流动人口多、管理难度大，由于公共基础资源相对较少，人员构成相对复杂，矛盾纠纷频发易激化。

因为工作难度、强度较大，谈起新水桥辖区，社区民警都难免觉得头疼。2021 年年底，听说要设立新水桥"石榴籽"警务室，还在富宁所的袁芳就主动请缨，申请来到新水桥当社区民警。"新水桥这个地方我以前就了解过，这里的群众基础非常好，各民族团结一心，虽然工作开展可能辛苦，但我想和大家一起创造一个不一样的新水桥。"袁芳坚定地向组织申请说。

刚到新水桥的袁芳就发现了不一样的情况，新水桥咨询和报案的大多是小经济纠纷的琐事，侧面反映出新水桥群众普遍法律意识薄弱。袁芳敏锐地意识到当下辖区的重点工作和内容，她回忆说："新水桥是城乡接合部，很多群众文化水平不高，法律意识淡薄，经济条件有限，为了不让他们吃亏上当，必须提高他们的法律维权意识。"

2022年3月初，针对群众反映的房屋租赁问题，袁芳邀请警务室特邀调解员李晓蓉和杨维娜两位专业律师在燕鸽村和新安社区开展房屋租赁合同法律风险防范"法律大讲堂"，为辖区群众提供更安全的房屋租赁模板合同，减少因房屋租赁而发生的不必要矛盾。"现在是法治社会，房屋租赁合同签订得合法合规，遇到矛盾纠纷才能依法解决。现在咱们出租房屋，感觉心里特别踏实，这个普法真的太及时了，我刚有两套房子要到期准备再出租，再也不怕租赁合同漏洞了，太谢谢袁警官啦！"讲座结束后，辖区徐师傅高兴地说。

至今，新水桥"石榴籽"警务室接待群众法律咨询30余次，协调房屋租赁类矛盾纠纷14起。辖区群众安全感、满意感稳步提升。在袁芳的努力下，辖区的房东们租房子更有保障，也更有底气，对这位新来新水桥的社区民警都竖起了大拇指。

让新水桥的村民办事只跑一趟

新水桥3个行政村村民经济收入来源主要以依靠庄稼种植业、外

◎ 袁芳和社区群众在一起

出务工、房屋库房场地出租。通过走访袁芳发现，村中妇女和留守老人儿童很多，出门办事特别不方便，经常面临着繁重的农活和出门办事的选择困难，袁芳把他们的困难看在眼里，放在心上，热情细致地做好服务，想方设法地排忧解难。

3月3日，新渠稍村保奶奶走进了新水桥"石榴籽"警务室。"袁警官，你可一定要帮帮我，他们都说你这个人能处，我真的是没办法了才来找你的。"保奶奶着急地说道。

保奶奶有两个孩子，不幸都是残疾人，她自己年龄也大，经常又要在家照顾两个残疾儿女，所以出门办事特别困难。如今她们居住在其他派出所辖区，如果迁户就会丧失当地残疾人政策和低保政策，现在要给外孙女上户，一般要落户在居住地派出所，她不知道怎么办是好。袁芳在详细了解情况后，当即启用"石榴籽"警务室便民绿色窗口，带保奶奶到现场当天办理户籍业务。保奶奶拿到户口簿后如获珍宝，对袁芳连连道谢。

"我们的工作映照的是村民荒废一天农忙耕种的辛苦，他们放下手中的农具来找我办事，就是信得过我不会让他们白跑这一趟。村民的事，是耽误不起的！"袁芳坚定地说。

"袁姐特别爱走访群众，尤其爱去一些生活困难、需要关心的老人家里，她经常自己买东西去看望他们。"社区网格员陈艳琴说。

如今47岁的袁芳已经干了12年的社区警务工作，25年的从警生涯，她扎根一线，贴近群众，刚来新水桥不久的她便和新水桥的家长里短有了很深的接触。在新水桥九队，袁芳走访中发现一个卧病在床的老人李奶奶。李奶奶家庭状况非常困难，她早年身患肺气肿，儿子也患有大叶性肺炎，儿媳腰椎间盘突出，身体不好，经常住院，一家人都无法从事重体力劳动，全家依靠低保政策生活。就如何解决这一实际困难的问题上，袁芳三番五次去寻找社区书记交流沟通，协商对策，经过条件筛查，李奶奶家庭情况符合大病救助的范围，袁芳才松了一口气，她主动把自己的手机号留给李奶奶的儿子，嘱咐他说："你要好好照顾你母亲，有什么困难你就给我打电话，我是新水桥的社区民警，我叫袁芳。"

短短3个月，袁芳共参与便民绿色窗口慰问特困户15次、帮助困难群众办理户籍业务8次，为辖区村民排忧解难12次。总有人问袁芳这样较真认理累不累，可她却只是眉眼弯弯轻轻一笑："累啊，我也是人怎么能会不累呢？可咱老百姓每天不就是围绕柴米油盐这些小事儿，不解决心里就不踏实，总有个坎不是，口号永远不是喊出来的，而是走在每一步路里的！"

让新水桥的夫妻矛盾化解在源头

"太感谢袁大姐了，我和我老婆这次彻底和好了，我承认我做得不对，她竟然也向我道歉，这次夫妻矛盾彻底被解开了，要不是你，我俩还不知道要吵多久呢。"小王兴高采烈地推开警务室的门向袁芳报来喜讯。

新水桥的小王最近又犯上了难题，他和妻子小马因为鸡毛蒜皮的家庭琐事又开始吵架了，虽然不是什么大事，但是小王失手打了妻子小马，小马顿时委屈得不行，这不，惊动了刚来新水桥"石榴籽"警务室的袁芳。

袁芳和网格员陈艳琴详细了解了这积怨已久的矛盾，小马和小王长期缺乏沟通，小马一心在家庭上，常常因为家庭经济条件和小王着急，家中老人又经常干预夫妻间的感情问题，导致两人的感情一度降至冰点。了解情况后，袁芳一方面采用"背对背＋面对面"的方式，与小马、小王分别沟通。袁芳对小王动手打人的行为表示严厉谴责，要求他向妻子小马道歉，并且做出保证。袁芳找出目前两人矛盾的症结所在，帮助他们厘清思路如何理性解决存在的矛盾，晓之以理，动之以情，充分分析出二人的不足和对方的缺点。再面对面坐到一起互相交流，提出解决方案，让二人都认识到了自己的不足，也都愿意为家庭改变。"袁大姐和别的警察一点都不一样，小马以前也报过警，但他们只是单纯指责我，没有一个人站在我的角度去考虑问题，这次才让我感觉公平公正，我愿意听袁大姐的话。"小王说道。

辖区的小两口有事都爱找袁芳，于是她经常不得不化身为"袁婶子"和"袁大姐"，对来警务室"求助"的夫妻开展矛盾纠纷调解工作，但往往是团圆了这家，那家又来求助。在每次调解后，袁芳总结归纳出调解的矛盾中，大多数女方属于家庭妇女，即使有工作但收入相对较低。针对这一情况，袁芳特地在辖区内开展了保护妇女权益的普法讲座，为辖区居民讲解妇女维权和反家暴的法律法规，进一步增强社区妇女法治观念和依法维权意识。同时邀请家庭婚姻专家针对夫妻加强交流，学会相互信任、包容和理解方面进行了详细讲解。

3个月，袁芳共化解夫妻感情矛盾7起，成功化解率高达90%，通过"警格＋网格"深度融合，让矛盾在源头化解，把纠纷在苗头解决，社区在"情"字上下功夫，民警在"理"字上下功夫，将社区工作做到群众的心坎上，让矛盾纠纷化解在微笑之中。

"我特别喜欢大家笑着离开警务室，我觉得这才是对我最大的认可，每件平凡的小事，只要用心做好，就能散发灿烂的光芒。"袁芳说。

宁夏回族自治区公安厅供稿

社区群众心中的"石榴婶"

◎ 邬春阳

"新水桥各民族团结一心，民警'石榴婶'有大功劳。""她和自己家亲婶子一样嘞！"群众口中的"亲婶子""石榴婶"就是宁夏回族自治区银川市公安局兴庆区分局大新镇派出所社区民警袁芳。

做好社区工作，袁芳有自己的初心，那就是以群众为本。

2021年12月底，袁芳调任至出租房屋多、居住人员复杂、管理难度大的大新镇派出所新水桥"石榴籽"警务室。那时，谈起新水桥辖区，社区民警都难免头疼，因为新水桥辖区是典型的城乡接合部、少数民族聚集区，各类矛盾纠纷时有发生。

让大家没想到的是，袁芳是主动请缨调过来的。"新水桥这个地方我以前就了解过，虽然辖区内少数民族占总人数的52%，但是群众基础好，各民族团结一心，我想和大家一起创造一个不一样的新水桥。"袁芳当时的坚定话语，同事们至今记忆犹新。

初到新岗位，袁芳提着包、拿着本子就一头扎进社区，风风火火地干起工作。"对症下药"，立竿见影。2022年3月初，针对群众反映的房屋租赁等问题，袁芳邀请警务室特邀调解员李晓蓉和杨维娜两位专业律师在燕鸽村和新安社区开展以房屋租赁合同法律风险防范为主题的法律大讲堂，为辖区群众提供更有安全保障的房屋租赁模板合同，减少因房屋租赁而引发的矛盾。提供法律咨询，化解矛盾纠纷，在袁芳的努力下，辖区群众安全感、满意度稳步提升，纷纷对这位新来的社区民警竖起了大拇指。

随着工作的进一步开展，辖区群众有什么问题都爱和袁芳讲，就连小夫妻吵架这样的事，袁芳都"管"出了名堂。在一次次家庭矛盾纠纷的调解中，袁芳总结经验，积极在辖区组织开展保护妇女权益普法讲座，为群众讲解妇女维权和反家暴等相关法律法规，进一步增强了社区妇女法治观念和依法维权意识。同时，袁芳还邀请家庭婚姻专家就夫妻之间加强交流、相互信任、包容理解等，对存在纠纷的家庭进行讲解培训。

◎ 袁芳走访社区群众

"把矛盾化解在源头，把纠纷解决在苗头，社区干部在'情'字上下功夫，社区民警在'理'字上下功夫，真正将社区工作做到群众的心坎上，让矛盾纠纷化解在微笑之中。"袁芳说。

以民为本、用心调解。短短 7 个月，袁芳就将原本混乱的社区管理得井井有条，夫妻感情类矛盾的成功化解率超过 90%。

"我喜欢大家叫我'石榴婶'，'石榴籽'警务室就是要把辖区内的各民族、各个小家庭像石榴籽一样紧紧团结在一起。"袁芳表示，大家笑着离开警务室才是对她工作最大的认可，每件平凡的小事，只要用心做好，就能散发灿烂的光芒。

《人民公安报》2022 年 11 月 13 日

2022
最美基层民警

潘金磊

潘金磊：十年坚守练就过硬训犬本领

潘金磊，新疆维吾尔自治区新源县公安局刑事侦查大队警犬所指导员，警务技术三级主管，1999年参军入伍，2011年11月转业参加公安工作。十载春秋，潘金磊始终与无言的战友相守相伴，把最美好的青春投入到热爱的警犬技术工作中，携警犬参与案件侦破工作300余起，参与大型安保活动23次，从行业"小白"成长为新疆公安机关带犬民警队伍中的"翘楚"。因工作成绩突出，先后荣获公安部奖励7次、区公安厅奖励3次，荣立个人二等功1次、三等功2次，获嘉奖1次。

"不把训导员干出个样来，我就不姓潘！"

2011年年底，潘金磊脱下军装穿上警服，成为一名人民警察。刚入警时，他被分配到派出所当片警。有一次，因为一个工作小失误，他受到所领导的批评。有12年军龄的潘金磊有些想不通，觉得自己的能力素质受到质疑，他很想通过实际行动改变领导的看法。

2013 年 2 月，出现一个转岗的机会。当时新源县公安局需要培养一名警犬训导员，由于这个岗位过于冷门，工作又苦又累又枯燥，许多人都不愿意去干。潘金磊想，也许自己可以试一试，就报了名。3 月，他被单位选派前往公安部昆明警犬基地参加追踪犬技术培训，并领到自己的第一只警犬。潘金磊很兴奋，这是一只马里努阿犬，有着灵动的眼神和矫健的身躯，他给这只警犬起了个霸气的名字——"英雄"。几天的兴奋劲儿过去了，潘金磊意识到了困难，一是自己对训犬专业知识一无所知，二是这只幼犬从未接受过训练，等于两个"小白"碰到了一起，难度可想而知。

怎么办？只有咬着牙硬上。白天，潘金磊认真听老师授课，晚上，加班加点带着"英雄"开展训练。潘金磊相信，勤能补拙。那段日子，他与"英雄"没白天没黑夜地一起训练。看到潘金磊这样的超强度训练，一些学员劝他："你这样不行，人没拖垮，犬也会被累死。"一个月后的考核，潘金磊和"英雄"分数垫底。这个成绩使潘金磊非常沮丧，当看到"英雄"紧紧地依偎在身边注视的目光，似乎向他传递着信任和托付，他又重新振作起来。"一定要和'英雄'共同进步！"潘金磊暗暗给自己打气。他一边消化课堂所学知识，一边又和"英雄"投入到高强度的训练中。到了第三个月终考时，潘金磊和"英雄"拿到了集训队名列前茅的好成绩，自己也被评为优秀学员。

返回工作岗位后，潘金磊和"英雄"的亲密度日益加深，逐渐成为他生命中的一部分。2014 年，新源县公安局进行模拟案件现场演练时，潘金磊带着"英雄"进行追踪，"英雄"却一反常态不听指挥，致使演练搞砸，局领导当场狠狠地批评了他。潘金磊只感到头皮发麻、无地自容，他赌了一口气："不把训导员干出个样来，我就不姓潘！"

此后，潘金磊变成了"犬痴"，爱犬如命，全身心扑在警犬身上。"英雄""信念""草根"……他先后训练出多只出色警犬，业务能力不断提升，多次被上级机关抽调参加重大任务，逐渐成长为伊犁州乃至全区的警犬技术尖兵。

撰写发表 15 篇警犬训练专业论文

潘金磊刚开始从事带犬工作时，新源县公安局没有警犬所，他就把几只警犬养在刑侦大队院内，每天精心呵护。平时没有前辈指引和同行交流，他就通过各种途径获取训犬知识。没有现成的训练器材，他就动手自己制作。没有专门的训练场地，就自己出外寻找合适的地方。

在模拟嫌疑人布设警犬追踪气味迹线科目训练时，需要穿越荒野、草地、泥地、水沟等各种地面，通常一双崭新的鞋子一趟走下来就变得面目全非。北疆有漫长的冬季，为了提升雪地布设气味迹线训练效果，潘金磊自创了冬季雪地追踪"米"字布线法，极大提升了警犬在雪地追踪的能力。为了控制警犬追踪时的速度，便于发现嫌疑人遗留的痕迹物证，他设计制作了"犬追踪速度控制装置"。为了解决搜捕训练中缺少助训员的问题和充分发挥"犬防"的作用，他发明了"可遥控开启的放犬栓扣"，并申请了国家实用新型专利。参加公安部"断卡"行动在外省执勤时，他总结出的一套人犬结合快速发现违禁包裹的方法，被同行广泛借鉴使用。

在当警犬训导员的 10 年间，潘金磊结合实际认真思考、不断总结经验，先后撰写 15 篇关于警犬训练的论文，并在公安部相关专业杂志期刊上发表。他用一年时间刻苦钻研国际警犬训练经典《别毙了那只狗》，并整理出标准汉语版供同行学习交流。他总结训犬心得，写出 4 万余字的《犬后推塑形追踪训练手册》，缩短了警犬追踪科目训练时间，极大提高了训练效果。

潘金磊训练出的警犬先后在全国全区各级警犬比赛中屡获殊荣。8 年时间，他从一名警犬训导的"小白"，成长为首批新疆警犬技术达标考核考官。

为了爱犬考取全国执业兽医师证书

警犬生病无法避免，尤其在地处边远的新源县，缺少专业的犬病防治人员。为了心爱的警犬少生病，生了病能及时救治，守护好朝夕相处的"无言战友"，潘金磊花了 4 年时间，学习了 15 门课程，拿到了动物医学本科毕业证，并于 2021 年获得了全国执业兽医师证书。这两本证书，凝结着一名警犬训导员对事业的无限热爱，凝结着潘金磊的坚守和付出。

潘金磊给自己训导的警犬分别取名"英雄""信念""草根"。他说，为警犬起的名字也代表着他的愿望，"英雄"是希望训练出的警犬能够成为佼佼者，"信念"是必须把训导员这条路坚持走下去，"草根"是指自己虽然是一名普通的基层警察，但要在平凡的岗位上努力做出不平凡的成绩。

10 年时间，把爱都给了警犬事业，取得了不俗的成绩，却唯独无法弥补对女儿的亏欠。

◎ 潘金磊与警犬在一起

　　"爸爸，你是不是不要我了？"每次想起女儿潘珺羽小时候说这句话时眼泪汪汪的样子，潘金磊就满心愧疚和心酸。2018 年，女儿因急性肠炎住进了医院，在住院的 15 天时间里，潘金磊没有好好陪伴在女儿身边。岳父埋怨他，女儿不理解他。只有潘金磊心里知道，女儿还有妈妈和姥姥姥爷照顾，但几只心爱的警犬只有他照顾。

　　随着女儿年龄的增长，对父亲爱犬如命的心态慢慢开始理解。现在女儿会经常去看看父亲的警犬，她的理解和支持使潘金磊释然许多。

　　关山初度尘未洗，策马扬鞭再奋蹄。从警 11 年，带犬 10 年，潘金磊以责任担当展现了职业风采，用点滴奉献增添了事业荣光。未来，他还要和他的无言战友一起风雨无阻向前进，为守护辖区社会稳定和群众安宁贡献力量。

新疆维吾尔自治区供稿

从训犬"小白"成长为带犬"翘楚"

◎ 邵　磊

他是"犬痴",带犬能手,爱犬如命。

十载春秋,他始终与无言的战友相守相伴,把最美好的青春献给热爱的警犬技术工作,携警犬参与侦破案件 300 余起,参与大型活动安保 23 次,从行业"小白"成长为新疆公安机关带犬民警队伍中的"翘楚"。

他就是潘金磊,新疆维吾尔自治区新源县公安局刑事侦查大队警犬所指导员,警务技术三级主管。

2011 年年底,潘金磊脱下军装穿上警服,成为一名人民警察。2013 年,新源县公安局准备培养一名警犬训导员。岗位比较冷门,工作苦累又枯燥。潘金磊想,也许自己可以试一试,就报了名。

当年 3 月,他被选派前往公安部昆明警犬基地参加追踪犬技术培训,并领到了自己的第一只警犬。这是一只马里努阿犬,有着灵动的眼神和矫健的身躯。潘金磊很兴奋,他给这只警犬起了个霸气的名字——"英雄"。

几天的兴奋劲儿过去了，潘金磊意识到了困难：自己对训犬知识知之甚少，这只幼犬也从未接受过训练——两个"小白"碰到了一起，难度可想而知。

怎么办？只有咬着牙硬上。白天，潘金磊认真听课；晚上，加班加点带着"英雄"训练。潘金磊相信，勤能补拙。那段日子，他与"英雄"没日没夜地一起训练。

一个月后的考核，潘金磊和"英雄"依然分数垫底。这让潘金磊非常沮丧。当看到"英雄"紧紧依偎在身边注视的目光，他又重新振作起来，"一定要和'英雄'共同进步！"

◎ 潘金磊训练警犬扑咬

他一边消化所学知识，一边又投入到训练中。功夫不负有心人，终考时，潘金磊和"英雄"名列前茅。

返岗后，潘金磊全身心扑在警犬身上——刚开始从事带犬工作时，新源县公安局没有警犬所，他就把几只警犬养在刑侦大队院内，每天精心呵护；平时没有前辈指引和同行交流，他就通过各种途径获取训犬知识；没有现成的训练器材，他就动手自己制作；没有专门的训练场地，他就自己寻找合适的地方……

为了给警犬创造好的训练条件，潘金磊全力以赴——布设警犬追踪气味迹线科目训练时，需要人犬穿越荒野、草地、泥地、水沟等，通常一双崭新的鞋子一趟走下来就变得"面目全非"；为了提升雪地布设气味迹线训练效果，他自创了冬季雪地追踪"米"字布线法，极大提升了警犬在雪地追踪的能力；为了控制警犬追踪时的速度，他设计制作了"犬追踪速度控制装置"；为了解决搜捕训练中缺少助训员的问题，充分发挥"犬防"的作用，他发明了"可遥控开启的放犬栓扣"，并申请了国家实用新型专利……

"英雄""信念""草根"……他先后训练出多只出色的警犬，业务能力不断提升，成为伊犁乃至新疆全区的警犬技术尖兵。

警犬生病无法避免，尤其在地处边远的新源县，缺少专业的犬病防治人员。为了守护心爱的警犬，潘金磊花了4年时间，学习了15门课程，拿到了动物医学本科毕业证，并于2021年获得了全国执业兽医师证书。这两本证书，彰显了一名警犬训导员对事业的无限热爱，凝结着潘金磊的坚守和付出。

10年间，潘金磊结合实际认真思考、不断总结，先后撰写了15篇关于警犬训练的论文，并在专业杂志期刊上发表。他总结训犬心得，写出4万余字的《犬后推塑形追踪训练手册》，缩短了警犬追踪科目训练时间。

从一名警犬训导的"小白"，成为新疆首批警犬技术达标考核考官，他训练出的警犬在全国各级警犬比赛中屡获殊荣。因工作成绩突出，他荣获公安部奖励 7 次，荣立个人二等功 1 次、三等功 2 次。

潘金磊给自己训导的警犬分别取名"英雄""信念""草根"。他说："给警犬起的名字也代表着我的愿望，'英雄'是希望训练出的警犬能够成为佼佼者，'信念'表示要坚定地把训导员这条路走下去，'草根'寓意虽然我是一名普通的基层警察，但要在平凡的岗位上取得不平凡的成绩。"

《人民公安报》2022 年 11 月 14 日

2022
最美基层民警

覃 锋

覃锋：一腔赤诚映警徽
一往无前书青春

覃锋，1988 年 6 月出生，34 岁，中共党员，2015 年 3 月参加公安工作，现任兵团第三师喀什垦区公安局前海镇派出所党支部书记、所长。

"同学们，在一年一度的中高考即将来临之际，占用大家宝贵的学习时间，我为四十五团第一中学共 60 名品学兼优、家庭困难的同学们置办了一些学习、运动用品，我想尽我所能，以此表达我作为一名普通且平凡的公安民警对莘莘学子的美好祝福，也在此提前给即将参加 2022 年中高考的同学们加油鼓劲。"

2022 年 5 月 30 日上午，在紧张的中高考备考氛围下，覃锋为给学生们加油打气，将自己荣获个人一等功的 2 万元奖金，全部用于为四十五团第一中学 60 名品学兼优、家庭困难的同学们置办了学习、运动用品。

他在自己的警察日志中写道：警察职业成全了我的青春，我愿用青春作笔，用忠诚、奉献、担当、为民谱写自己壮丽的从警人生，用行动捍卫法律的神圣尊严，无问西东！

在刑警岗位上，覃锋刻苦钻研业务，冲锋在侦查破案、打击犯罪的第一线，忠实履行职责，破获一批刑事大案要案。在刑警队工作的六年间，参与侦破案件 100 余件，其中包括多起性质恶劣、群众反响强烈的重特大案件。自 2021 年 2 月主持派出所工作以来，他换岗不换色，团结带领全体民辅警打赢了建党 100 周年等一系列重大安保维稳活动，打击了一批违法犯罪分子，确保了辖区社会大局持续稳定，辖区群众安全感、幸福感、获得感得到进一步提升，得到上级党委和辖区职工群众的一致好评。

因工作成绩突出，先后荣立个人一等功 1 次，获嘉奖 1 次。

尽忠履职，甘于奉献，他是踏实的干事人

2020 年 1 月 17 日，因工作需要，喀什垦区公安局需选派民警前往海拔 3800 米的边境执勤，覃锋第一个报名前往。到达执勤房后，因高原反应他出现了干咳、头晕等现象，但他依然坚守在岗位上。在连续 10 天后的一个清晨，因四肢发麻、头晕、不停干咳、语无伦次，覃锋被同事送往医院，经医生诊断，他因为高原反应引发双肺感染，被送进了重症监护室。覃锋在医院醒来的第一句话就是"我已经没事了，可以回到执勤点继续执勤"。身边的同事及医护人员，被他的精神深深打动。

覃锋在刑警大队工作期间，为了破案，他反复查看相关案件卷宗"，"着魔"一样研究案件相关材料，为了突破瓶颈，他主动求教其他行业领域的专家能手，历时 7 个多月最终成功破获积压了 20 余

年的命案。6 年间，他参与破获 100 余起案件，其中命案 1 起、故意伤害案件 23 起、电信网络诈骗案件 50 余起，共抓获犯罪嫌疑人 80 余人，先后荣获兵团、师市公安系统各类通报表扬。

永作表率，善于创新，他是推动发展的领头人

他坚持每日到群众家中走访，与群众见面谈话，巡查重点场所，他结合辖区实际，创新制定了巡逻防控"1+1+N"工作法、警务室"三看三查三问三讲"入户法，每日早 8 点、晚 8 点坚持带着民辅警在辖区开展巡逻防控工作，对辖区治安防控、打击犯罪、发现隐患、调解矛盾纠纷起到良好作用。在庆祝建党 100 周年期间，通过他制定的工作方法，派出所主动发现重大隐患 7 起，破案 2 起，抓获网上在逃人员 1 人，实现了辖区社会大局持续保持安全稳定。2021 年，辖区无重大刑事案件发生，派出所因在各项工作中成绩突出，被三师公安局授予集体三等功。

心系群众，服务群众，是群众口里的贴心人

身高 190 厘米的他，被群众亲切地称呼为"大高个儿所长"。覃锋自觉贯彻党的群众路线，心系群众，在工作中主动贴近群众、热爱群众、服务群众。在党史学习教育期间带领全所民辅警落实"我为群众办实事"思想，收到群众送来的锦旗 12 面。

派出所党支部共为群众办实事好事 650 件，其中服务群众类 241 件，救助群众类 17 件，化解矛盾纠纷 238 起，帮助失独家庭收

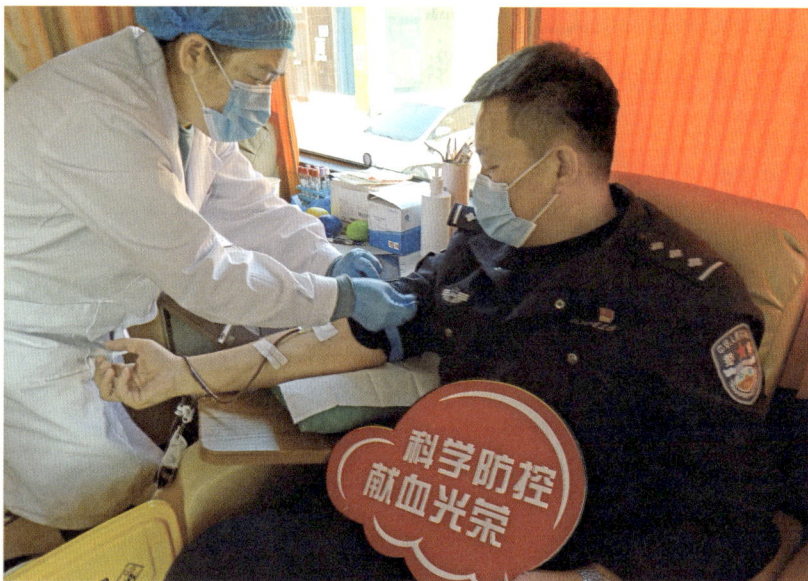

◎ 覃锋参加义务献血

养孩子办理落户手续 1 次，止损挽损 10 次，侦破案件 10 起，抓获
网上在逃人员 1 名，其他类 132 起。依法介入农资款诈骗和纠纷各 1
起（挽回损失 10 万元），通过"金钟罩"平台劝阻电信诈骗 162 起，
全面提高了辖区职工群众安全感、满意度，得到群众一致好评，全
面树立了公安队伍新形象。

覃锋通过自己的实际行动用青春年华、一腔热血淋漓尽致地
体现了一名新时代优秀公安民警的精气神，深刻诠释了一名信念坚
定、尽忠履职、甘于奉献、勇作表率的人民警察。正如他向四十五
团第一中学学生保证的那样："我将带领前海镇派出所全体民辅警竭
诚以务实的行动抓好'护校安园'各项工作，兑现习近平总书记提
出的'对党忠诚、服务人民、执法公正、纪律严明'十六字总要求，
全力支持四十五团第一中学的发展，营造一个能够供同学们健康成

长和安心学习的更高安全水平的辖区社会环境，我们与大家一起努力，为建设更加平安、更加美丽的兵团和三师贡献属于公安的全部力量。"

新疆生产建设兵团公安厅供稿

扎根基层书写为民答卷

◎ 刘　丹

"在中考高考即将到来之际，我为同学们置办了一些学习和运动用品，送上我对你们的美好祝福，也提前给同学们加油打气。" 5月30日上午，在新疆生产建设兵团第三师四十五团第一中学校园里，喀什垦区公安局前海镇派出所所长覃锋和同学们开心地交流着。

覃锋曾在工作日志中写道：警察职业成全了我的青春，我愿以青春为笔，用忠诚、奉献、担当、为民谱写壮丽的从警人生，捍卫法律的神圣尊严。

从警多年，覃锋是这样说的，也是这样做的。在同事的印象里，他就是一名"钉"在岗位上的人，始终奋战在一线。

当刑警时，覃锋为了破案，深入研究案件材料。为了突破瓶颈，他主动求教其他行业领域的专家能手，历时7个多月破获了一起积压20余年的命案。6年刑警生涯里，覃锋参与破获100余起案件，其中包括多起性质恶劣、群众反映强烈的重特大案件。

◎ 覃锋为辖区小学生颁发奖状

2020 年 1 月 17 日，因工作需要，喀什垦区公安局选派民警前往海拔 3800 米的边境执勤，覃锋第一个报名。他说："党员民警要切实发挥先锋模范作用，我是党员，我先上！"

到达执勤房后，由于高原缺氧、紫外线辐射强度高，覃锋出现了干咳、头晕等反应。尽管如此，他依然坚守在岗位上。在坚持执勤的一天清晨，覃锋因四肢发麻、头晕、干咳，被同事紧急送往医院。在被抬上急救车时，覃锋已处于昏迷状态，但他仍紧握着自己的执勤配枪，令在场的战友动容。

后经医院紧急会诊，覃锋被确诊为由高原反应引发的双肺感染、肺水肿，被送进了重症监护室。他醒来后说："我已经没事了，可以回到执勤点继续执勤。"

2022 年 4 月，覃锋调任前海镇派出所所长。换岗不换本色，他心里始终装着辖区群众的平安与警察的职责。调解矛盾纠纷、抢险救灾、关爱孤寡老人，他带领全所民警、辅警全心全意为民服务。

结合辖区实际，覃锋创新制定了巡逻防控"1+1+N"工作法、警务室民警"三看三查三问三讲"入户法、"五位一体"研判分析法，坚持每日早、晚两次带着民警、辅警开展巡逻。同时，覃锋带领民警辅警开展电信网络诈骗劝阻工作，共劝阻电信网络诈骗162起，辖区群众安全感进一步提升，带领民警、辅警常态化开展普法宣传，群众的法治意识明显增强。

现在，覃锋每天都会到群众家中走访。他将我为群众办实事融入到日常工作中，深入了解群众的诉求和困难。当他得知一名老人长期独居、身患疾病后，特意在老人生日时为其庆生。面对覃锋的暖心举动，老人感动地说："有覃锋在身边，我再也不孤单了！"

想群众之所想，急群众之所急，解群众之所难。在覃锋带领下，前海镇派出所民警、辅警积极贴近群众、服务群众，先后收到群众送来的锦旗10余面。

一心为民、一腔赤诚。覃锋用实际行动诠释了信念坚定、忠诚履职、甘于奉献、一心为民的警察形象。他说："在今后的工作中，我将继续守护好辖区的平安和谐，守护好人民群众的幸福生活。"

《人民公安报》2022 年 11 月 15 日

2022
最美基层民警

曾芝强

曾芝强：从保安员到公安英模

    曾芝强，汉族，四川省安岳县人，1964年6月出生，中共党员，2004年参加公安工作，现任南昌铁路公安局厦门公安处乘警支队四级高级警长。他出生在一个普通农民家庭，当过兵、扛过枪，种过地、扶过犁，干过保安员，并被破格录用成为全国铁路保安员入警第一人。他用40年的不懈奋斗，书写了一个"从保安员成长为公安英模"的传奇人生故事。当保安员10年间，他协助派出所破获刑事案件380多起，查获各类枪支65支，抓获网上在逃人员237人。2000年，被评为全国首届"十佳保安员"。2004年，被破格录用为人民警察。从警18年，他查破各类刑事案件200余起，抓获网上在逃人员310人、犯罪嫌疑人3000余人。他曾获得全国公安系统二级英雄模范、全国模范退役军人、全国优秀人民警察、人民铁道卫士、火车头奖章、福建省特级优秀人民警察、福建省五一劳动奖章等荣誉。荣立个人一等功2次、二等功4次、三等功7次。

牢记使命，平凡岗位创佳绩

1982 年 10 月，18 岁的曾芝强参军入伍，来到西藏某军区贡嘎部队服役，驻守在海拔 3500 米的雪域高原。这个农村娃开始了人生第一次生命极限挑战。他牢记从军初心，坚定理想信念，经受了高原缺氧、气候恶劣等艰苦环境考验，磨砺了听党话、跟党走、能吃苦、守纪律的意志品质。他勤学苦练，次年就当上班长，多次被评为优秀士兵、优秀班长。1986 年，他退伍回乡，当起了地地道道的农民。7 年寒来暑往、背犁扛耙、春种秋收，让他深深懂得：没有播种和付出，就没有收获。

1993 年，怀揣到外面闯一闯的梦想，曾芝强只身来到厦门，在厦门车站派出所当保安员，一干就是 10 年。保安员只是一个普通岗位，曾芝强却深感责任重大，工作起来格外认真、一丝不苟，决不让一个危险人、一件危险物从自己眼前溜过。1995 年 11 月的一天，正在安检岗位上的曾芝强突然从屏幕上发现一行李箱内有 1 块约 2 厘米厚的金属物。凭着从军时养成的敏锐，他意识到这块金属物不是寻常物品，要求开箱检查。对方神色突变，扭头就跑。曾芝强拔腿就追，扑上去将此人死死按住，在其行李箱夹层中查获六四式警用手枪 1 支、子弹 10 发。经审查，此人盗窃枪支后流窜多地抢劫作案 13 次，屡屡逃过案发地公安机关的追捕，不承想刚到厦门就栽在一名保安员的手上。十年磨一剑。10 年间，他曾查获一名身绑 8 个自制爆炸装置、准备进京制造事端的犯罪嫌疑人，协助派出所破获各类刑事案件 380 多起，抓获网上在逃人员 237 人，查获各类枪支

65 支。曾芝强在安检岗位苦练查缉本领，取得突出工作业绩。2000年，他被评为全国首届"十佳保安员"，首次走进人民大会堂接受隆重表彰。福建省总工会授予他"五一劳动奖章"。2002 年，他被破格录用为铁路职工。2004 年，又被破格录用为人民警察，成为全国铁路保安员入警第一人。由于多次查获重大案件犯罪嫌疑人和危险物品，他也获得"鹭岛神眼"的美誉。

履职尽责，"鹭岛神眼"保安宁

从戍边军人到车站保安，从铁路职工到人民警察，一次次身份的转变，曾芝强的初心使命始终没有改变。他追逐人生梦想，深知肩上的责任。他常常这样激励自己："保安又怎样，再小的岗位也能干出成绩来！"

曾芝强没有躺在功劳簿上。从警第一天，他就深深告诫自己："我是一名新兵！我牢记的是差距不是荣誉，接下来我更不能松懈，还得好好干。"他主动拜老民警为师，经常跟在他们身边"拜师学艺"。他还利用休息时间去福州，向一级英模陈善珉、二级英模方长华等求教查缉真经，结合他们的成功经验探索创新。

屡破大案抓要犯，忠诚履职保平安。穿上警服的曾芝强工作更加努力，始终战斗在维护站区治安、打击违法犯罪第一线，在实战中练就了一双"火眼金睛"，让一个个魑魅魍魉无处遁形……从警18 年来，他累计查破各类刑事案件 200 余起，抓获网上在逃人员310 名，抓获犯罪嫌疑人 3000 人。2013 年，曾芝强被授予全国公安系统二级英雄模范、人民铁道卫士。

践行宗旨，情系百姓暖民心

打击违法犯罪，是为了更好地保护人民。工作中，曾芝强始终把旅客群众的小事当作大事，危急关头挺身而出，危难时刻伸出援手。2003 年"非典"疫情肆虐时，他坚守在抗击"非典"第一线。2020 年，新冠肺炎疫情突然来袭，他主动请缨，"逆行""战"疫，与地方疾控防疫部门和车站工作人员共同做好旅客体温监测。2020 年 1 月 24 日除夕，正在所里值班的曾芝强听到对讲机里传来疫情警报：1 名旅客在车上高烧不退，需要紧急转移。他立刻带领防疫处置小组火速赶到站台设置隔离区，疏散旅客开辟"绿色通道"，与驻站防疫人员将发热旅客转移到专用救护车上，短短十几分钟，流转过程平稳有序，可他的衣服已被汗水湿透。此类场景在疫情防控期间屡见不鲜，曾芝强坚守"宁可十防十空，也不可失防万一"的防疫理念。2021 年 9 月，厦门再发疫情，他主动报名参加党员战"疫"先锋队，配合当地卫生部门转运、处置发热旅客百余名；2022 年 3 月，奥密克戎疫情在泉州地区肆虐，曾芝强又一次请缨出征。

2021 年 9 月，曾芝强积极响应警务改革要求，奉调厦门公安处乘警支队，担任高铁列车值乘工作。面对新的岗位，他主动适应、努力工作，结合岗位实际开展"我为群众办实事"实践活动，积极践行新时代"枫桥经验"。针对旅客遗落行李物品在车上的情况，他应情而为，在列车上创建"曾芝强服务岗"，用心用情为旅客答疑解惑、纾困解难。2021 年 12 月 19 日，在值乘 G1615 次列车时，他接列车长报告 1 名旅客将装有大量现金的行李箱遗漏在列车上，非常着急。曾

◎ 曾芝强做好高铁列车发车前的安全检查工作

芝强立即在车厢内寻找，根据旅客描述很快找到了装有 16 万元现金的行李箱，并通过福州车站派出所将行李箱交到旅客手中。该旅客将"曾芝强为旅客找回 16 万现金"的事迹发到微博上，以 1.9 亿人次点击量登上当日微博热搜第二名。截至目前，他为旅客群众找回行李物品 400 余件，价值 59 万元，调解旅客纠纷 100 余起。"曾芝强服务岗"在厦门至北京、上海、重庆、长沙的 16 趟长途列车上得到普及推广。

初心不渝，英模精神接续传

一花独放不是春，百花齐放春满园。多年的实战经历，使曾芝强练就了过硬的警务技能、积累了丰富的工作经验。在做好本职工作的同时，他还特别注意把经验传授给身边的战友，积极培养"查缉新兵"，在他的"传帮带"下，全国优秀人民警察苏光明、一等功臣苏霖华、二等功陈晓军等功模典型脱颖而出。

来到乘警支队后，曾芝强又把工作经验传授给青年民警。在他的倡议下，支队党支部安排15名青年民警与他结成了帮扶对子。他说："实践是最好的课堂，说一万遍不如亲自去做一遍。"值乘时，他带着徒弟在车厢里一起工作；休息时，他主动添乘手把手传授；退乘后，又抓紧对当日工作进行总结，遇到案件就和大家一起分析。倾囊相授、毫无保留，让青年民警受益匪浅，工作能力迅速得到提升。2022年5月，离沪列车开行后，他的徒弟陈志鑫、廖云涛、黄弋涛主动报名参加疫情防控突击队，值乘潜在风险最多、工作强度最大、列车情况最复杂的离沪列车40余趟次，出色完成各项任务，受到战时嘉奖。

在与形形色色的违法犯罪人员较量过程中，必然面临各种利益诱惑。曾有逃犯拿出上万元现金企图贿赂他，也有走私分子拿着5斤黄金要与他对半分，还有毒犯送上巨款，求曾芝强"放一马"。曾芝强的家庭并不富裕，妻子没有工作，家里重担全靠他一人。面对巨大诱惑他不为所动："我在农村长大，懂得生活不易，日子再难都动不得歪脑筋，当警察就要对得起这身警服。"

曾芝强不善言辞，在他质朴简洁的话语中，出现最多的是"坚守"二字。他坚守人生梦想、勇担使命责任、踔厉奋发、笃行不怠，在新时代铁路公安事业中，为维护国家政治安全、社会大局稳定和铁路平安畅通默默奉献着自己的热血与忠诚。

做个好警察，保护好人民，这就是曾芝强坚守不变的初心。

铁路公安局供稿

从保安员成长为"公安英模"

◎ 宋灵云

他出生在一个普通农民家庭，当过兵、扛过枪，种过地、扶过犁，干过保安，又被破格录用为人民警察。40年来，他不懈奋斗、战功赫赫，先后获得全国公安系统二级英雄模范、全国模范退役军人、全国优秀人民警察等荣誉。他就是南昌铁路公安局厦门公安处乘警支队四级高级警长曾芝强。

1982年，18岁的曾芝强参军入伍，驻守在西藏海拔3500米的雪域高原。4年后，他退伍回乡，当起了农民。7年寒来暑往、背犁扛耙，曾芝强深深懂得：没有播种和付出，就没有收获。

1993年，曾芝强只身来到福建厦门，在厦门火车站当保安员，面对每天数万件行李过机安检，他经常在安检仪前一盯就是十几个小时。

1995年11月的一天，曾芝强正盯着安检仪，突然在屏幕上发现一行李箱内有一块约2厘米厚的金属物。敏锐的他立即意识到这件行李有问题，要求开箱检查。对方神色突变，扭头就跑。曾芝强拔腿就追，扑上去将此人死死按住。随后，民警从行李箱的夹层内查获手枪1把、子弹10发。经查，这是一个盗窃枪支、流窜多省抢劫作案13起的嫌疑人。

这是曾芝强参与破获的第一起重大案件，他感到了"从没有过的骄傲和自豪"。在当保安员的10年间，曾芝强协助破获刑事案件380余起，查获各类枪支65支，抓获在逃犯罪嫌疑人237名。2000年，曾芝强被评为全国首届"十佳保安员"。

2004年，曾芝强被破格录用为人民警察，成为全国铁路保安员入警第一人。从警第一天，他就告诫自己："我是一名新警！我牢记的是差距不是荣誉，接下来更不能松懈，还得好好干。"为了快速提升工作能力，当班时，他跟在老民警身边"拜师学艺"；休息时，他前往福州向老英模陈善珉拜师求学，潜心钻研查缉本领，再到实战中锻炼自己，很快总结出2000余字的"查堵经"。

◎ 曾芝强在候车室巡逻

在实战中练就一双"火眼金睛",让嫌疑人无处遁形。从警18年,曾芝强查破各类刑事案件200余起,抓获网上在逃人员310名,抓获犯罪嫌疑人3000名。无数次面对诱惑,他不为所动:"当警察就要对得起这身警服。"

2021年9月,已经57岁的曾芝强服从组织安排转岗成为一名高铁乘警。面对新岗位,他主动适应、积极探索,将新时代"枫桥经验"带上列车,在列车上创建"曾芝强服务岗",用心用情为旅客答疑解惑、纾困解难。截至目前,他已为旅客找回行李物品400余件,调解纠纷100余起。"曾芝强服务岗"在厦门至北京、上海、重庆、长沙的16趟长途列车上得到普及推广。

多年的实战经历使他练就了过硬的警务技能,曾芝强在做好本职工作的同时,注重把经验传授给身边的战友,培养"查缉新兵"。在他的"传帮带"下,涌现出全国优秀人民警察苏光明等一批先进典型。

"铁路安全,旅客平安,是我最大的心愿;做一名好警察,保护好人民,是我的信念,我会一直坚守。"从一名保安员转身成长为公安英模,曾芝强初心不改,在新时代铁路公安事业中,为维护国家政治安全、社会大局稳定和铁路平安畅通奉献着自己的热血与忠诚。

《人民公安报》2022年11月16日

2022
最美基层民警

徐 娟

徐娟：奋进正当时　忠诚守国门

缉私警察是一支专司打击走私犯罪活动的刑警队伍，他们常年战斗在打击走私违法犯罪第一线，无私无畏地与走私分子进行斗争，有力维护了国家安全和社会稳定，是忠诚的国门守护者。

这其中有一位女民警，她二十年如一日，始终奋战在打击走私的最前沿，在侦查岗位上一直默默打磨自己，案件上的困难、工作中的挑战甚至是疾病，都没能阻拦她，改变她的初心。她就是南京海关缉私局侦查处处长徐娟。

她攻坚克难，做争先创优的"排头兵"

徐娟精通各类缉私业务，梳理材料时认真细致、洞察敏锐；外勤抓捕时沉着冷静、果敢坚毅；审讯工作中能做到刚柔并济、情法相融。

在办理一起走私镁砂案件中，徐娟带队赴广东成功抓获主犯李某某，并利用其刚被抓获、防备相对薄弱的时机，在登机前对其进行突审，面对李某某的百般狡辩，徐娟从细节入手，攻其心、泄其气，与犯罪分子展开智力的较量，迫使其交代了整个犯罪脉络，在整个专案的快速突破、深挖扩线中发挥了重要作用，该案后续查证走私国家资源性商品镁砂、硅铁共计 12.77 万吨。在一次抓捕外籍毒贩的过程中，毒贩突然出现提前将毒品"包裹"取走，并拦到出租车、准备上车离开。面对紧急情况，为避免嫌疑人脱离视线，徐娟迅速跟上，果断抢先登上停在犯罪嫌疑人面前的出租车，并快速亮明身份，争取到出租车司机的支持，在拐弯处下车后，由司机绕回再接上嫌疑人，最终与到达的支援警力一起在汽车站将犯罪嫌疑人抓获。

办案中，徐娟坚持侦查办案与追赃挽损并重，充分发挥缉私警察"破大案、打团伙、摧网络"的优势，努力将一个案件办成一个专项行动，进而规范一个行业。仅近 5 年，她参与指挥、组织关区缉私部门主办海关总署缉私局挂牌督办涉税案件 57 起，案值 94.98 亿元。徐娟主办的镁合金锭出口走私案、"11·28"道具机器骗取出口退税案、马某某等走私农产品系列案、走私多晶硅系列案、"5·30"走私手表案等案件，均被海关总署缉私局列为一级挂牌督办案件，为国家挽回直接经济损失近 1.2 亿元，先后被中央广播电视总台《新闻联播》《法治在线》等栏目以及新华日报、南京日报等多家主流媒体播出或刊载，在全国范围内引起了较大反响。

疫情之下，她主动请战

新冠肺炎疫情发生以来，徐娟主动请战，积极参与疫情防控。为严防疫情从水路输入，她主动加强与检疫、边检等口岸部门的联系配合，多次带队对非设关地走私案件进行查缉，认真筛查案件中的涉疫风险，从严从快打击海水上走私，并及时将发现的涉疫风险逐级上报。为加强精准防护，她起草撰写《疫情防控常态下缉私现场执法防护指引》《防疫背景下追逃劝返工作新思路》，为一线缉私提供了良好借鉴。为深入贯彻落实上级关于打击治理"水客"走私的部署要求，她精心组织关区 15 个办案单位开展 7 轮集中打击行动，共侦办案件 55 起，查证案值 3.44 亿元，抓获犯罪嫌疑人 79 人，实现了跨关区、多维度、高质效打击"水客"走私，有力防止"水客"走私反弹漂移，减小了疫情从旅检渠道输入风险，因此战果丰硕。

为尽量减少防疫给缉私工作带来的影响，徐娟坚持带头参与复杂环境下的缉私执法。2020 年 7 月，南京海关缉私局侦办一起特大走私供船免税烟案，该案案情复杂，案发期间正值新冠肺炎疫情防控期间，涉案 1300 余航次国际船舶均在航行途中，取证任务繁重。为确保如期诉讼，徐娟认真制订防疫和取证方案，带头穿好防护服，顶着烈日对靠港的船舶进行登轮询问、收集证据，经常是一份笔录做下来，汗水已多次湿透衣背。通过登轮收集到直接证据，有效完善了嫌疑人虚构供船业务走私免税烟酒入境的证据链。最终该案主犯在零口供的情况下，依然被判处 11 年有期徒刑。

徐娟带领的侦查处作为关区刑事案件职能指导部门，2021 年在关区滚动开展了打击"水客"走私、涉江走私等 20 余轮专项打击，在防疫形势严峻的背景下，依然保持了关区高压打私态势，其中移诉涉税额列全国缉私部门第二位，创历史新高。2022 年上半年国内尤其是江苏省内出现聚集性疫情，给缉私办案工作带来了严峻挑战，在疫情形势缓解后，徐娟敏锐抓住窗口期，组织关区缉私部门密集开展专项行动，实现单月刑事立案 65 起，环比增长 195%。

她服务基层，提升作战效能

2015年6月，徐娟被提拔为侦查处领导后，她积极发挥职能指导作用，通过推进关区专项行动、协调大要案办理、总结缉私战法、统一关区类型案件侦办标准、夯实刑侦基础工作等多种方式，切实提高关区整体侦查业务水平。

为推进关区执法规范化建设，徐娟创立了季度业务分析通报制度，按季度分析关区刑侦业务特点，通报普遍存在的短板和问题。在海关总署缉私局部署新刑事办案系统试点推广工作中，她提出"五个严格"要求，高标准推进系统试点推广工作，充分借助科技对关区刑事执法进行规范，因成效突出，获得海关总署缉私局多次点名表扬。在打私实践基础上，她还积极带领处内同志加强战法总结和战术提炼，形成《水陆联动、交叉倒查打击成品油走私战法》

◎ 徐娟和同事分析案情

《东部沿海偷运走私香烟风险加剧亟待关注》等多篇高质量研究成果，多篇战法被列为"国门利剑"典型案例战法在全国缉私部门推广。在侦办烟草、非设关地等走私案件中，她大胆探索，带头侦办与走私相关联的非法经营案、洗钱案，实现了对"购运储销"全链条打击。

关区 15 个分局业务条线的同志们在办案中遇到困难，都愿意和徐娟反映，她总是耐心解答、积极处置，迅速有效地帮助同志们解决问题，是关区刑侦队伍的"知心大姐"。

她用行动诠释执法为民的初心使命

作为一名基层办案部门的党支部书记，徐娟始终坚持把人民满意作为工作的出发点和落脚点，她积极为群众办实事，用心办好每一起案件，努力让人民群众在案件办理中感受到公平正义。她经常带队走访关区企业，开展案件回访和普法宣传，对在打击行业性走私过程中发现的企业管理漏洞耐心剖析，认真提出规范管理建议，积极引导企业守法自律。面对疫情冲击，她积极回应企业合理诉求，在侦办服装走私案件过程中，考虑到服装的应季特点和零售业的经营困境，依法审慎适用"查扣冻"措施，有效助力企业纾困解难。

办案中徐娟注重发挥女警容易沟通交流的优势，在完成取证的同时做好说服转化工作。很多涉案人员都对她的执法态度打心底认可，对她的业务水平表示敬佩。在结案后，不少人（企业）仍然就进出口过程中的疑难业务、海关法律法规等问题向她请教，她也都给予耐心解答。徐娟常说："每年我们会办很多案件，对我们来说，这只是很多案件中的一个，但对当事人来说，这却是他们的人生。所以在严格执法、依法办案的同时，我们要注重保障当事人利益、化解社会矛盾，真诚地伸出援助之手。这样我们的工作才更有意义。"

马某某等走私农产品案是海关总署缉私局一级挂牌督办案件，嫌疑人涉嫌伪报走私油菜籽等各类农产品约 8.5 万余吨进境。办案期间，有 4 名甘肃陇南盐官镇村民风尘仆仆地赶来办案机关，反映案件查扣钱款中有他们正常采购油菜籽的预付款 103 余万元，现在钱货两空。接待过程中，一位村民老大哥悄悄把她拉到一边低声说"徐警官，我们 4 个人商量过了，我们每人拿 1 万元给你，请你一定帮我们把事办好，这些钱关系着我们的生计啊！"望着老农们憔悴的面容和期待的眼神，徐娟一方面坚定地拒收钱款，请他们相信办案机关一定会实事求是、依法办案；另一方面她加班加点提审涉案人员，确认村民是否知晓油菜籽是走私货物、之前有无类似购买经历，并多方查证冻结账户钱款流向性质。在确认上述预付款与本案无关后，徐娟及时向领导汇报，第一时间启动发还程序，在退款过程中，她又多次拒礼、拒吃请，4 位农民专程给她送来"一心为民、廉洁奉公、敬业正直、为民解忧"的锦旗，以感谢她心系群众、秉公执法的工作作风。她觉得，"群众既然找到了这里，就是对办案部门最大的信任，他们带着希望来，就一定要带着满意回。"

不抱怨不计较，她发挥着女性特有的韧性

缉私工作性质特殊，光荣而艰辛。作为一名侦查员，加班、出差、抓捕都是家常便饭，有时抽调到分局办案，一去就是小半年，

虽然工作强度大、身体上辛苦，但她从不抱怨，反而善于从工作中发现乐趣。她注重对青年民警的培养，时刻用自己的热血激情、工作态度影响着身边的年轻同志，团结带领大家踏踏实实奋斗在缉私一线。

在侦办南京关区第一起利用加工贸易电子E账册走私犯罪案件的过程中，徐娟接连往返省内外出差10余次，承担了全案近2万份证据材料的整理分类工作。该案移送起诉前，正值寒冬腊月，她带领材料组一起整理材料、分类梳理，个案装订卷宗多达233卷。长时间高强度的疲劳工作，加上天气寒冷，使她患上了"周围性面瘫"，治疗时医生还特地嘱咐她：年纪轻轻得这个病，大多是过度劳累导致的，平时一定要注意多休息，但她一出医院就又奔赴了办案现场。

2016年8月，在海关总署缉私局的直接领导下，徐娟作为南京海关缉私局抓捕组组长赴泰国开展缉捕工作，其间，她带领同志们克服高温酷暑、异地抓捕、警力紧张等困难，白天踩点摸排、协调执法单位，晚上和同志们分析讨论到深夜，天天如此，同事们都让她注意身体，但是她说：境外缉捕机会难得，一定要把工作做到最好，不留一点遗憾。经过连续18天不懈努力，最终成功抓获3人并顺利押解回国。

2019年开始，她觉得自己容易疲劳，睡眠也总是不好，在年底体检中她被查出甲状腺癌。2020年年初，她进行了甲状腺的全切手术，医生建议她换个轻松点、操心少的岗位，家人也担心她的身体健康，希望她转岗，可她说："我热爱侦查工作，这份工作让我快乐，我无怨无悔。"

　　她也从来没把自己当病人，休息才半个月，徐娟又迫切地回到自己热爱的工作岗位，重新投入到案件侦办中。手术后没多久，南京海关缉私局侦办了1起海关总署缉私局挂牌督办案件，她接手该案时距离拘留期限届满不到10天。时间紧、关键证据被销毁，她顶着酷暑带领全处人员不停走访，奔波在南京各港口码头搜集证据。每天白天去提审，晚上回来对碰情况，梳理证据、分析作案手法，寻找可能的突破点，第二天早上又继续出发，投入战斗，直到案件顺利告破。

　　辛勤的付出带来了满满的收获，近年来，徐娟先后荣立个人二等功1次、三等功2次，受嘉奖8次，荣获"江苏省杰出女警"提名奖。她胸中饱含激情、孜孜不倦办案，以执法为民为己任；她发挥女性的韧性，任劳任怨工作，在平凡岗位上，用忠诚担当践行新时代缉私警察的初心使命，在铁血警营中散发出别样风采！

南京海关缉私局供稿

缉私守国门　巾帼展英姿

◎袁　猛

南京海关缉私局侦查处处长徐娟，20 年如一日，始终以巾帼不让须眉的气魄迎难而上，奋战在打击走私犯罪最前沿，即使身患癌症，也从未改变初心。

在办理一起走私镁砂案件时，徐娟带队赴广东成功抓获主要犯罪嫌疑人李某，并立即展开讯问。面对李某的百般狡辩，徐娟从细节入手，与犯罪分子斗智斗勇，掌握了大量破案线索。该案涉及走私国家资源性商品镁砂、硅铁共计 12.77 万吨。

在一次抓捕毒贩的过程中，毒贩突然出现，提前将毒品取走，并拦到出租车，准备上车离开。徐娟急中生智，假装路人抢先登上那辆出租车，为支援警力的到来争取了时间，最终成功将犯罪嫌疑人抓获。

一次次抓捕惊心动魄，一次次行动彰显初心。

每一次办案，徐娟都坚持侦查办案与追赃挽损并重，坚持"破大案、打团伙、摧网络"，进一步扩大打击战果。近 5 年来，徐娟参与指挥、组织关区缉私部门主办涉税案件 57 起，案值 94.98 亿元。

2020 年 7 月，南京海关缉私局侦办一起特大走私供船免税烟案。案发期间正值新冠肺炎疫情，涉案 1300 余航次国际船舶均在航行途中，取证任务繁重。徐娟带头穿好防护服，顶着烈日对靠港的船舶进行登轮询问、搜集证据，经常是一份笔录做下来，汗水多次湿透衣背。

徐娟和战友们通过登轮收集直接证据，有效完善了嫌疑人虚构供船业务走私免税烟酒入境的证据链。最终，在零口供的情况下，该案主要犯罪嫌疑人被依法判处有期徒刑 11 年。

◎ 徐娟带队巡逻

2022 年 6 月，徐娟组织关区缉私部门密集开展专项行动，实现单月刑事立案 65 起，环比增长 195%。

为推进关区执法规范化建设，徐娟创立了季度业务分析通报制度，按季度分析关区刑侦业务特点，通报普遍存在的短板和问题。在打私实践基础上，徐娟还带领同事们加强战法总结和战术提炼。目前，他们总结的多项战法被列为"国门利剑"典型案例战法，在全国缉私部门推广。

徐娟经常带队走访关区企业，开展案件回访和普法宣传。在打击行业性走私过程中，徐娟对发现的企业管理漏洞耐心剖析，认真提出规范管理建议，积极引导企业守法自律。她常说，在严格执法、依法办案的同时，更要注重保障当事人利益、化解社会矛盾，真诚地伸出援助之手，这样工作才更有意义。

2019 年，徐娟觉得自己容易疲劳，睡眠也不好，在年底体检中查出身患甲状腺癌。2020 年年初，徐娟进行了甲状腺的全切手术。术后仅休息半个月，她就回到了自己热爱的工作岗位，重新投入到案件侦办中。

不久，南京海关缉私局侦办了一起海关总署缉私局挂牌督办案件。徐娟接手该案时距离嫌疑人拘留期限届满不到 10 天。徐娟白天带领战友奔波在南京各港口码头搜集证据，晚上回来对碰情况、梳理证据、分析作案手法，第二天早上继续出发，投入战斗，直到案件顺利告破。

20 年来，徐娟孜孜不倦办案，任劳任怨工作，在平凡工作岗位上，用忠诚担当践行了新时代缉私警察的初心使命。

《人民公安报》2022 年 11 月 17 日

2022
最美基层民警

程万里

程万里：青春蓝在边疆绽放

"民航安全事关国家政治安全，事关人民生活幸福，穿上警服，站在祖国需要的地方，这是我们的责任和使命。" 2022 年 8 月 20 日，中国民用航空新疆管理局公安局喀什监管局空防处视频组织辖区民航单位召开党的二十大安保工作临战阶段部署会议，民警程万里在工作笔记中写下了上面一段话。收拾完会场，新文电通知已到，程万里熟练地在工作群给南疆地区 11 家机场的联络员发出了收文提示……

政治过硬　信念坚定
攻坚克难　贡献青春的智慧和力量

2013 年 7 月，23 岁的程万里从甘肃老家坐上火车去往新工作单位报到。一路向西、两天一夜、3000 多公里，到祖国的最西端，程万里第一次感受到了中国的辽阔。民航喀什监管局空防处驻地新疆喀什市，这里处在塔克拉玛干沙漠西缘，气候十分干燥，年平均降水量不到 100 毫米，一年四季沙尘不断，自然环境不佳。"只有荒凉的沙漠，没有荒凉的人生。"看到围绕机场的土山和远处满眼的荒凉，听到街上"新鲜"的民族语言，刚从校园走出来的程万里没有不适应，心中满是期待。在入警仪式上，接过警衔，他摸着胸前的党徽说："边疆也有祖国的蓝天，青春需要奋斗才能发出强大的光芒。"

"一身警服，一生荣光！"程万里告诉舍友："父亲是一名为国家核工业保卫作出过贡献的退伍军人，曾带队驻守大漠戈壁深处多年，历经艰险，出色地完成各项军队保卫任务，获得过优秀班长等荣誉称号。确实是受到父亲的熏陶和教导，上学时我就有穿上军装、冲锋在前、保家卫国的理想。"

大学毕业，当同学们都选择留在家乡或者前往沿海省份工作时，程万里毅然选择来到南疆、投身民航公安保卫事业。他走上了一条和父亲极其相似的道路——坚守边疆，为祖国安宁站岗！

刚到喀什，新单位成立才一年，正值各项建设起步阶段，任务繁重、业务繁忙、人手紧缺，后勤保障跟不上，工作条件非常艰苦。农村出来、喜欢动手和钻研的程万里成了单位的"活宝"。他主动担当，除完成分配的业务工作外，还兼职司机、厨师、网络维护、内保、文体组织等多项工作。

正是在这样的锻炼下，程万里成长进步很快。不到半年，他就和同事把单位的各项事务整理得井井有条。自己也在很短时间内完成民航安保和空防反恐领域主要法律法规和规章的学习，对辖区民航单位基础资料一一摸排了解，熟练掌握了民航公安保卫和空防安全监管各项业务技能，逐渐成长为业务骨干。

10年来，单位机构整合、新老同事交替、办公地址变迁、辖区民航跨越式发展……程万里是单位连续在岗时间最长的民警。近五年，程万里在春节假期没有回过老家一次。每到节假日，他总是第一个站出来主动报名留守值班。加班、承担急难险重任务对他来说已是常态。身边的人从没有听到过他一句怨言，没见他发过一句牢骚。

作为青年党员，程万里追求进步、敢想敢干，不断提升个人政治素养和理论水平，先后担任过党支部委员、支部书记、基层纪委委员等职务。他发挥党员先锋模范作用，培养帮助3名同事加入中国共产党，影响着身边的同志们感党恩、跟党走。"党性强、政治素质过硬、青春有活力，90后的小程是我们的中坚力量"，党委委员杜发强说。

"孩子咳嗽不能耽误，爸妈多操点心，你们也注意身体，辛苦了……"夜里，程万里在办公室通过视频和父母聊天。2020年年初，新冠肺炎疫情突发，为确保单位工作正常、辖区民航运输畅通，在家中过春节的程万里毅然告别家人，第一时间回到岗位，投入到紧张的疫情防控和安全监管工作中。在防控等级最严的时候，许多同事都被集中隔离，作为单位仅有的在岗力量，他背上被褥和衣物把"家"搬到了办公室，舍小家为大家。一整个夏天，程万里硬是用孤独的身影把单位的各项事务撑了起来。统筹协调、会议部署，检查指导、紧盯安全，文件收发、上传下达，这一干就是120多天。这期间，熬夜、吃不上正餐都是常事，体态偏瘦的他从130斤掉到不足120斤，连小号衣服都撑不起来。他和家人虽然相距不到1公里，却几乎无法见面。为了航空运输安全通畅、为了社会的安宁，为了千千万万个家庭的幸福，程万里义无反顾地选择了忠于职守，选择了无私奉献。

扎根边疆　忠诚履职
坚守安保一线　维护民航空防安全

"确保安保措施严格执行的同时，应适时开展应急演练，强化安保处突能力……"2019年国庆前，程万里与和田机场空防办公室负责人彭小瑞在交流业务。

新疆南疆地区面积108万平方公里，民航运行点多、线长、面广，受自然环境和管理基础薄弱等多重影响，人员招录难、流失率高、力量分散，加之南疆又是打击"三股势力"的主战场和前沿阵地，反恐形势严峻复杂，民航安保和反恐维稳工作压力巨大、任务艰巨。

民航空防安全和公安保卫工作事关政治安全和国家安全、事关人民群众生命财产安全，事关行业健康稳定发展。习近平总书记多次专门就民航安全作出重要指示，要求确保航空运行绝对安全，确保人民生命绝对安全。作为民航空防卫士，程万里深知维护空防安全的极端重要性，聚焦安全监管主责，紧盯民航安保核心环节，把防范化解安全风险隐患作为工作重心。

"十三五"以来，新疆南疆地区民用机场数量由5个快速增长到12个，大小民航单位有数十个，空防安全监管工作量也猛增。面对反恐维稳严峻形势和行业发展新态势，程万里以"脸要红起来、手要硬起来、心要细起来"为工作原则，积极改进监管方式，摸索出"问、巡、查、谈、盯"5字监管工作方法，有效管控辖区管控风险、督导企业落实航空安保主体责任，协调提升机场空防安全保障能力。

"坚持原则不动摇，绝对不让小问题演变为大问题。"2019年9月，针对辖区某机场安保设施设备整改逾期问题，他坚持"安全隐患零容忍"，严格执行民航安保规章和标准，对该项目开出了行业首份"罚单"，起到了很好的警示教育效果。

2021年，在庆祝建党100周年安保工作期间，他辗转南疆多个机场督导民航安保维稳工作，其间遭遇强沙尘天气，过敏性鼻炎让他感到身体严重不适，但仍然加班加点整理报送材料，坚决完成各项工作任务。在和田机场进驻督导时，他心思细腻、靠前战斗，在连续多起旅客违规携带违禁品事件中敏锐地察觉到多个风险点，迅速撰写分析报告，提交上级审阅，并在各机场中发布紧急安全警示，确保安保工作质量得到持续保证。

在从严监管的同时，程万里主动转变工作理念，走进运行一线，做好"安全服务员"。上门开展培训，宣讲法规政策，帮助完善方案手册，指导解决问题隐患。针对机场安保队伍流失情况，他赴多个机场排查，开展职工访谈，了解思想动态，向企业提出建设性意见，多措并举解决了安检、消防人员数量长期不足问题。

辖区机场负责人说，以前企业一线同志都怕见到"监察员"，现在大事小事都会想到他们，像程万里这样的"贴心人"多了，我们不仅放心，而且做好民航安全工作的动力更足了。

工作以来，程万里走遍了辖区大大小小单位，用脚步丈量了所有机场的飞行区围界。他累计对民航企事业单位开展空防安全监察200余次，涉及航空安保、消防救援等3000多项检查项目，发现问题隐患320多条，办理整改通知书百余份，参加航空安保审计数十次，编写工作简报高达千余份，审核各类安保事件信息2500多条，多次承办重要行政处罚案件，督促隐患整改完成率高达98%。

近年来，新疆南疆地区机场安保管理能力不断增强，机场社会面治安防控态势持续巩固，航空安保队伍业务技能、实战能力有效提升，已连续10年未发生空防不安全事件。程万里说："安全是民航业的生命线，我们只有将初心和使命体现在履职尽责中才能无愧于人民群众的信任。"

关爱群众　真情服务
牢记总书记嘱托　把群众冷暖安危放在心上

在阳光风雨中成长，用青春浇灌边疆热土。2016年程万里和爱人因民航缘分走到了一起，2018年孩子也出生在南疆这片热土。这几年，夫妻俩忙于工作，与家人聚少离多，孩子都是由身体不甚硬朗的父母辗转两地照顾。平安是福，家人的支持是程万里不懈的工作动力。

2019年，程万里代表单位参加全国民航技能竞赛，比赛临近突遭亲人离世，他深藏悲与痛，在路过老家时匆匆看了一眼就奔赴赛场，直到赛后返程，同行的其他同事才知道这一情况。他在工作总结中写下这样一句话："平凡的坚守是一份责任，保障群众的安全是我的使命，若能用平凡换来民航安全发展和人民群众平安幸福，这一切牺牲都是值得的。"

"我年轻，我先上！"2018年9月，一架载有3名人员的直升机在和田县南部昆仑山中作业时失联。情况紧急，救援刻不容缓。闻讯后，作为"无人机飞手"的程万里第一时间跑回办公室，主动请缨，奔赴第一现场。在即时成立的民航救援小组中，他积极作为，昼夜值守，承担对接联络、信息整理通报等工作。因地面交通坎坷，山区地形条件复杂，失联区域天气变幻莫测，派出的救援飞机还出现了突发险情。程万里发挥自身特长，通过整理地图资料、搜集电子数据、绘制地形坐标，为救援提供了宝贵参考资料。在多方联动协同配合下，历经7天，救援终获成功，受困人员和飞机均无损伤，人员生命安全和企业财产得到了保障。程万里所在的救援工作组被民航局记集体三等功。

从群众中来，到群众中去，把群众的冷暖安危时刻挂在心上。农村走出来的程万里时刻不忘回馈群众，用爱心去温暖他人。在喀什工作的第二年，他听说村子里的赛里木江大叔家庭困难，于是向单位领导提出尽己所能帮助他们。此后，他每年都会去赛里木江大叔家看一看，送去生活用品和衣物，帮助联系解决现实生活困难。

"有困难，找警察。"2017年夏天，程万里驾车到300公里外的莎车机场看望怀孕的妻子，在一段戈壁路上看到一位高龄

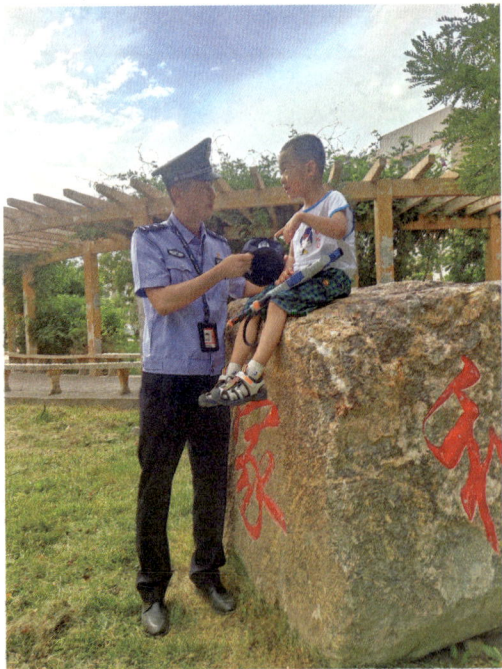

◎ 程万里关心帮助特殊儿童

老人坐在路边，停车询问后得知是想搭车去访亲，一下午都没有车愿意搭他。眼看天黑，程万里没有多想硬是绕了100公里弯路将其送到，并把带给妻子的水果和零食留给了老人。

喀什市特殊教育学校是单位的慰问帮扶点，程万里是联络员。每到六一儿童节、全国助残日，他总会组织党员和青年团员到学校开展慰问联谊活动，为特殊的民族孩子们送去温暖与爱心，至今已连续6年。疫情暴发时，程万里时刻挂念着湖北等重点疫区的安危，主动带头捐款，组织单位干部和辖区单位职工贡献力量，为遭受疫情袭击的同胞们送去支持和祝福。

锦旗、感谢信、旅客的平安归航、群众的笑脸和认可……程万里说："祖国和人民哪里有需要，哪里就是我们的战场，能踏踏实实为群众服务，即使再累、再苦也没什么。"

旗帜引领方向，忠诚永续担当！程万里同志不忘从警初心使命，扎根奉献祖国边疆，坚守空防安保一线，默默守护平安民航，成绩显著。他先后4次被评为年度优秀公务员，2次获全国民航运输安全保障工作先进个人表彰，多次获优秀党务工作者称号，曾在全国民航航空器事件调查技能竞赛荣获个人综合成绩三等奖，因在2020年抗击新冠肺炎疫情工作中表现突出作出贡献被给予嘉奖。

奋斗永远在路上。作为民航空防卫士，程万里用自己的行动彰显了人民警察忠于党、忠于祖国、忠于人民、忠于法律的政治本色。行而不辍、未来可期，程万里和他的战友们必将为民航空防安全和公安保卫工作作出新的更大贡献！

中国民用航空局公安局供稿

坚守边疆，为空防安全竭尽全力

◎ 谢俊思

9月25日，2022"最美基层民警"名单揭晓，中国民用航空新疆管理局公安局喀什监管局空防处民警程万里名列其中。

程万里的父亲是一名曾参与国家核工业保卫工作的退伍军人，带队驻守大漠戈壁多年。受父亲的熏陶和教导，程万里大学毕业后，走上了一条和父亲极其相似的道路——坚守边疆，为祖国安宁站岗。

2013年7月，23岁的程万里坐上火车一路向西，经过两天一夜，来到3000多公里外的单位报到。驻地新疆喀什，地处塔克拉玛干沙漠西缘，气候干燥，年平均降水量不到100毫米，一年四季沙尘不断。在入警仪式上，他接过警衔，摸着胸前的党徽说："扎根祖国边疆，青春需要奋斗才能迸发耀眼的光芒。"

只有荒凉的沙漠，没有荒凉的人生。

程万里入职时，单位成立才一年，正值各项建设起步阶段，业务繁忙、人手紧缺，后勤保障跟不上，工作条件艰苦。农村出身、喜欢动手和钻研的程万里成了单位的"万金油"。他主动担当，除

◎ 程万里进行安全检查

完成本职工作外，还兼职司机、厨师、网络维护、内保、文体组织等工作。

程万里进步很快。他在很短时间内完成了民航安保和空防反恐领域主要法律法规和规章的学习，对辖区民航单位基础资料一一摸排了解，熟练掌握了民航公安保卫和空防安全监管各项业务技能，逐渐成长为一名业务骨干。

2018年9月，一架载有3名人员的直升机在作业时失联。情况紧急，救援刻不容缓。"我年轻，我先上！"作为"无人机飞手"的程万里闻讯后第一时间跑回办公室，主动请缨，接着立即奔赴第一现场。在民航救援小组中，他积极作为、昼夜值守，承担对接联络、信息整理通报等工作。因山区地形条件复杂，失联区域天气变幻莫测，救援飞机出现了突发险情。程万里发挥自身特长，通过整理地图资料、搜集电子数据、绘制地形坐标，为救援提供了宝贵的参考资料。在多方联动协同配合下，历经7天的救援行动终获成功，受困人员和飞机均无损伤。程万里所在的救援工作组被中国民用航空局记集体三等功。

民航空防安全和公安保卫工作事关国家安全和人民群众生命财产安全。作为民航空防卫士，程万里深知维护空防安全的极端重要性。他聚焦安全监管主责，紧盯民航安保核心环节，把防范化解安全风险隐患作为工作重心。

程万里以"脸要红起来、手要硬起来、心要细起来"为工作原则，积极改进监管方式，摸索出"问、巡、查、谈、盯"5字监管工作方法，有效管控辖区风险，督导企业落实航空安保主体责任，协调提升机场空防安全保障能力。

"坚持原则不动摇，绝不让小问题演变为大问题。"2019年9月，针对辖区某机场安保设施设备整改逾期问题，程万里坚持安全隐患零容忍，严格执行民航安保规章和标准，对该项目开出了行业首份"罚单"，起到了很好的警示教育效果。

参加工作以来，程万里走遍了辖区大大小小的单位，累计开展空防安全监察200余次，涉及航空安保、消防救援等3000余个检查项目，发现问题隐患320余条。在他和同事的努力下，机场安保管理能力不断提升，机场社会面治安防控态势持续巩固。

"安全是民航业的生命线，我们只有将初心和使命体现在履职尽责中，才能无愧于人民群众的信任。"程万里说。

《人民公安报》2022年11月18日

符世彻

符世彻：与犬共舞
守护国门平安

把青春奉献给自己热爱的公安事业，用辛勤和汗水守护着祖国的第一国门。自 2008 年参加工作以来，首都机场公安局反恐怖和特警一支队警务技术四级主管符世彻一步一个脚印，逐渐成长为警犬技术工作的行家里手。

凭着出色的表现，符世彻先后荣立个人二等功 1 次、三等功 1 次，获个人嘉奖 5 次。在 2018 年举办的第五届全国警犬技术大赛搜爆科目中，符世彻和他的警犬"百度"更是获得了第一名的好成绩，警犬"百度"也被公安部授予"功勋犬"称号。

以练为战打造过硬本领，
他陪警犬的时间比家人多

2008 年，刚刚走上警犬技术岗位的符世彻就被前辈们"灌输"着这样一条不成文的理念——"首都机场无小事"。在祖国的第一国门，再小的事件都会被无限放大，成为举世瞩目的焦点。"向来自世界各地的旅客展现中国警察的良好形象，以自己的专业技能守护平安空港"就成了符世彻贯彻至今的座右铭。

想要用自己的专业技能为守护祖国的第一国门贡献力量，自然需要付出足够多的心血和汗水。于是"冬练三九，夏练三伏，晴天一身土，雨天一身泥"成为符世彻和他的警犬们训练的日常写照。符世彻的妻子说："工作 14 年，他和警犬在一起的时间远远多过家人，但我们支持也理解他的工作，能够携犬在祖国的第一国门巡逻，我和孩子都为他骄傲。"

2014 年第四届全国警犬技术比赛，符世彻在时间短、警力少、任务重的情况下，在完成航站楼武装驻勤点工作后，利用休息调整时间，持续坚持考核科目的训练。放弃了周末和十一国庆假期的休息时间，全力备战，解决并攻克了大量训练中的难点问题。因血迹搜索比赛需要使用新鲜血液作为嗅源物品，从外界获取新鲜血液较为困难，符世彻主动提出抽取他自己的血液来进行训练和比赛。为了获得更好的训练条件，他在每天训练之前找医院护士为他抽取上臂静脉血液，一个月下来，符世彻的胳膊上布满了抽血留下的针眼。符世彻说："从警是理想，训犬是热爱，警犬训导员让我实现了理想和热爱的结合。所以有时候工作起来，就很拼命。"

2018 年，接到上级通知，符世彻需要准备参加第五届全国警犬技术大赛搜爆科目比赛时，正值保障中非论坛抵离京的高峰时段，符世彻几乎放弃了除了睡觉之外的所有休息时间，在保质保量完成日常工作之外，每天都坚持警犬训练。有时候警犬休息了，符世彻还得一边总结训练方法，分析训练中出现的问题，一边请教警犬训练的专家进行指导，研究解决对策。经过两个多月的高强度训练，警犬的作业能力得以稳步提高。功夫不负有心人，2018 年第五届全国警犬技术比赛搜爆科目，符世彻获得了第一名的好成绩，训养的警犬"百度"也被公安部授予"功勋犬"称号。

刻苦钻研探索警犬技术，
他在日积月累中厚积薄发

警犬技术研究不是一蹴而就的，需要时间的沉淀、实践的摸索，要日复一日地训练警犬，研究规律，才能够总结提升。符世彻先后训练过 5 条警犬，涉及搜爆、追踪、鉴别、搜捕、搜毒等多项科目，随着时间和经验的积累，他逐步成为警犬技术领域的专家，在与警犬朝夕相处的生活中，符世彻也不断探索着警犬技术的研究工作。

◎ 符世彻与他的治安扑咬犬

在一次执行旅客行李的日常检查工作中，由于旅客行李较多，连续工作时间较长，符世彻细心地发现，警犬工作一段时间就会不受训导员控制停下来休息。通过不断总结，符世彻发现搜爆犬在航站楼内执行旅客行李物品检查时，每工作 10 到 20 分钟，就会出现疲惫的状态。经过和其他警犬训导员们的交流，发现这是由警犬的生物特性决定的。面对偌大的航站楼和数量庞大的旅客行李，按照传统的搜爆犬工作方式，要保质保量完成工作任务，难度确实很大，于是符世彻通过参加专业培训、订阅专业期刊、浏览互联网专业论坛并交流等多种方式，收集、整理和分析国内外大量的警犬技术资料，结合具体的工作情况，符世彻把研究和解决警犬技术在民航领域的实战应用问题作为切入点，和同事们一起研究推出了搜爆犬"巡检"和"驻检"两项贴合民航机场实战需求的实用型新技术，有效提高了警犬工作的耐力和使用效率，合理增加了警犬作业的有效时间。在他和战友们共同努力下，2013 年，公安部将《搜爆犬在民用机场的应用研究》课题立项，其中，"巡检"和"驻检"两项警犬技术的研究成果，已开始在全国部分机场落地推广。

符世彻的徒弟何岸桐说："师父是一个善于思考的人，他总是钻研如何把警犬技术工作做得更好，我想这既是他对工作热爱，也是我们作为警犬训导员的职责。"

慎终如始完成搜爆防爆
他在国门第一线兢兢业业

14 年的从警生涯里，符世彻和他的搭档警犬先后完成近千次场地防爆安全检查，参与完成 2008 年北京奥运会、"一带一路"国际高峰论坛、2022 年北京冬奥会、建党 100 周年、历年全国两会等重大活动和日常勤务保障任务 5000 余次。

把每一次检查做到最细，把每一次任务做到最精。2019 年北京大兴国际机场投运仪式前，符世彻被抽调到专班内，负责大兴机场投运前的防爆安全检查工作。面临着新机场环境陌生、占地面积宽广、地下工程错综复杂等诸多困难，携犬工作好比在人体内密密麻麻的血管间穿梭，符世彻和他的战友们迎难而上。为了在开航前完成全楼的防爆安全检查工作，战友们平均一天会连续工作近 10 个小时，对于警犬来说，这是很重的工作任务，对于警犬训导员更是严峻的挑战。为保证防爆安全检查的工作质量，警犬每工作半小时就需要警犬训导员去调整警犬的状态。作为警犬防爆安全检查组的组长，符世彻结合工作形式，将组员分为两组轮流工作，给警犬更多的休息时间。而他和他身经百战的警犬搭档"百度"，却始终坚守在防爆安全检查的第一线，分别和两组队员们一起以最严格的标准，为大兴机场航站楼的每一块区域把好安全关。

除了防爆安全检查的工作外，符世彻和战友们还肩负着辖区可疑爆炸物处置的重任。这两项任务本质上都是搜爆，但在任务量、危险性、紧迫性上都有着巨大差距。防爆安全检查任务量多，容易产生麻痹思想，所以每一次防爆检查都要认真、细致。而可疑爆炸物处置任务量较少，但危险系数高。无论是飞机上的扬爆事件，还是机场里的可疑物品的排查，作为排爆的警犬训导员，都要充分认识工作的危险性，也需要对自身警务技能和警犬战友的充分信任。入警至今，符世彻共计完成近百起飞机上、货场中、航站楼里的可疑物品处置工作，为守护国门的平安顺畅作出了应有的贡献。

首都机场公安局供稿

将理想与热爱结合的
"训犬高手"

◎ 常　汝

"从警是理想，训犬是热爱，警犬训导员这一岗位让我实现了理想和热爱的结合。"首都机场公安局反恐怖和特警一支队警务技术四级主管符世彻说，警犬训导员是他的终极理想，他愿意为此倾尽全力，努力实现自我价值。

作为国内旅客吞吐量最大的机场之一，北京首都国际机场是中国的空中门户和对外交流的重要窗口，被誉为"第一国门"。平日里，符世彻带着警犬"百度"，在各个航站楼、飞机货仓间穿行巡逻。

2019 年，符世彻被抽调到专班，负责北京大兴国际机场投运前的防爆安全检查工作。为了在开航前完成全楼的防爆安全检查工作，符世彻和战友们平均一天连续工作近 10 个小时。作为警犬防爆安全检查组组长，符世彻结合工作特点，将组员分为两组轮流工作，给警犬更多的休息时间，而他和身经百战的警犬搭档"百度"却始终

◎ 符世彻和他的搜爆犬"百度"

坚守在防爆安全检查的第一线，分别和两组队员一起以最严格的标准，为大兴机场航站楼的每一块区域把好安全关。

14年的从警生涯里，符世彻和他的搭档警犬先后完成近千次场地防爆安全检查，参与完成2008年北京奥运会、2022年北京冬奥会、历年全国两会等重大活动和日常勤务保障任务5000余次。除了防爆安全检查工作外，符世彻和战友们还肩负着辖区可疑爆炸物处置的重任。可疑爆炸物处置任务量较少，但危险系数更高。从警至今，符世彻完成了近百起飞机上、货场中、航站楼里的可疑物品处置工作。

想要用自己的专业技能为守护国门贡献力量，需要付出足够多的心血和汗水。"冬练三九，夏练三伏，晴天一身土，雨天一身泥"成了符世彻和警犬训练的日常写照。

专注一件事并做到极致，符世彻逐步成长为警犬技术研究的专家。在一次执行旅客行李的日常检查工作中，细心的符世彻发现，警犬工作一段时间就会不受训导员控制，停下来休息。通过持续观察，符世彻总结出一个规律：搜爆犬在航站楼内执行旅客行李物品检查时，每工作 10 到 20 分钟，就会出现疲惫状态，这是由警犬的生物特性决定的。于是，符世彻通过参加专业培训、浏览网上专业论坛等方式，收集、整理和分析国内外大量警犬技术资料并摸索钻研。他和同事们一起研究推出了搜爆犬"巡检"和"驻检"两项贴合民航机场实战需求的实用型新技术，有效提高了警犬工作的耐力和使用效率。2013 年，公安部将《搜爆犬在民用机场的应用研究》课题立项，其中，"巡检"和"驻检"两项警犬技术的研究成果已在全国部分机场落地推广。

2008 年参加工作以来，符世彻一步一个脚印，凭借出色的表现，先后荣立个人二等功 1 次、三等功 1 次，获个人嘉奖 5 次。在 2018 年举办的第五届全国警犬技术比赛搜爆科目中，符世彻和他的警犬"百度"获得了第一名的好成绩，警犬"百度"也被公安部授予"功勋犬"称号。

《人民公安报》2022 年 11 月 19 日

2022
最美基层民警

陈 宇

陈宇：忠诚守护母亲河
真情为民赤子心

陈宇，湖北鄂州人，现任长江航运公安局九江分局刑侦支队警务技术四级主管。他既是法医，也是侦查员，以蛛丝马迹还原事实真相，不畏艰险冲锋破案一线；他两袖清风、一片冰心，用心用情服务群众，赢得一致好评和赞誉。因成绩突出，他先后获评"江西省特级优秀人民警察""九江市劳动模范"等殊荣，荣立个人三等功3次，获个人嘉奖5次。

誓言无悔，忠诚守卫长江安澜

长江是陈宇最熟悉不过的地方。故乡的气息、儿时的梦想，都融汇交织于这一江碧水之中。

"每个男孩子都有一个当警察的制服梦吧。"2008年，从大学法医专业毕业，怀揣着懵懂而单纯的梦想踏入警营，陈宇在基层刑侦战线上一干就是14年。起初干起这行多少会有些心理不适，但是在一次次生与死的考验、真相与情感的交锋中，他早已蜕变成长为一名技术过硬的骨干法医、一名经验丰富的优秀侦查员，心中的理想信念也更加清晰和坚定。

长江流域宽广、河汉纵横，因意外溺亡、自杀或其他案件产生的尸体，会随着复杂的水流漂至沿江异地，处置长江未知名尸体则是陈宇作为法医的一项重要工作。长年累月在江边工作，陈宇的皮肤晒得黝黑而粗糙，唯一发白的却是他因连续长时间戴着手套解剖而被泡皱的指尖。高温伏天，防护服就像一个蒸笼，身处其中闷热难耐。在一次解剖工作中，陈宇曾一度中暑，发烧到 38.5 摄氏度，念及工作无人替换，第二天待身体稍微好转后，他又匆忙返回岗位。沿江现场多在野外，有时一个小时车程到了岸边，又要换乘船艇到江心洲岛上，甚至再走上四五公里荒草蔓生的野路才能到达，往返一天下来常常只能吃上一顿饭。陈宇记得，最晚一次处置完现场返回市区已经是凌晨 4 点。由于长期不规律的饮食，他也因此落下了胃病。

2022 年 5 月，九江分局辖区发生一起重大非法采砂案，陈宇作为专案组成员，在做好法医本职工作之外，连续多日进行高强度的抓捕、审讯等工作。6 月 1 日，陈宇从早上 7 点一直工作到晚上 9 点，骑电动车返家途中却因疲劳过度不慎摔倒，导致鼻骨骨折，当即晕厥失去意识，被路人送去医院救治。休息了短短几天后，陈宇带着一脸的伤又返回了局里。眉弓上缝了 6 针，左脸上一块硬币大小的疤，陈宇的爱人"嘲笑"他说"破了相了"，他的同事则"安慰"道，"没事，反正宇哥这么黑，也看不出来"。

很多人说陈宇"太拼"，遇到又苦又累又危险的活儿他总是第一个冲上去，连续完成几台解剖又要马不停蹄地参与专案行动。本来应该安安静静坐在法医实验室的他却落得这里是伤，那里是病。跟着陈宇出过现场的派出所年轻民警常常深受震撼，他本人却淡然处之。每次行动，陈宇都不忘把党员徽章别在胸口，这既是对自己的鞭策鼓舞，又代表着一名党员民警对党和群众作出的庄严承诺。

14年来，陈宇累计参与各类涉水现场勘验400多起，解剖检验尸体180余具，分局未知名尸体的尸源查明率逐年上升；参与各类案件侦办200余起，其中两起重要案件被央视法治栏目专题报道。"自长江大保护战略实施以来，长江水质眼见着就变好了，我们乘艇的时候也好几次看到江豚嬉戏，大的带着小的。"对于长江的变化，他深有感触。

忠诚作本色，举止见初心。守得住长江母亲河的美丽安澜，护得住人民群众的安宁生活，即是他的最大愿景。

热血担当，冲锋克难还原真相

严谨专业、心细如发，同事们谈起陈宇的检验技术总是不吝称赞。在陈宇眼中，每一处微小的细节都可能成为破解真相的关键。2019年4月19日，湖北黄石发生一起命案，嫌疑人初步锁定为当地一名老人。当地警方经过数日侦查但未查找到该嫌疑人去向，后将相关信息线索通报给长航九江分局请求协查。4月28日，陈宇在长江北岸某水域处置一具高度腐败男尸的过程中，注意到尸体胸部正中有一条浅浅的线状痕迹，疑似胸腔部位手术留下的疤痕。陈宇立刻联想起"4·19"命案材料中提及嫌疑人曾做过心脏手术，他立即对死者胸口处痕迹进行反复观察，判定为手术疤痕，在现场勘验中就为后续检测鉴定找准了方向。后经 DNA 检测，确认该死者确系"4·19"命案嫌疑人，案件至此告破。

◎ 陈宇（左一）和同事一起在江中作业

很多情况下，寻找尸源对陈宇和同事们来说是很头疼的事。高度腐败导致面部变形不可辨认，流水冲刷带走随身物品与痕迹，附近区域也无亲属报案——这是陈宇处置警情时经常会面对的情境。有一次，陈宇仅靠着尸体口袋中写着某外省宾馆地址的碎纸片，一路追溯最终查明死者身份；另一次，陈宇和同事们连续三天走访沿江小区及散步人群 200 多人次，才找到落水事件的目击证人。

不惧危险、冲锋陷阵，是大家对陈宇的另一番印象。清瘦的身材、质朴的穿着，时不时扶一下鼻梁上的黑框眼镜，眉头总有一丝紧缩，俨然就是个"搞技术的"。可谁知这副书生模样背后，竟裹着一颗热血刑警的心。2014年9月，陈宇与同事在某宾馆蹲守一起车辆被盗案中的犯罪嫌疑人时，嫌疑人有所警觉，慌不择路中从宾馆二楼厕所跳窗逃跑。陈宇全然不顾危险，毫不犹豫紧跟着跳下，一举将嫌疑人按倒在地、抓获归案。

工作中的"险境"远不止于此。长江未知名尸体大多搁浅于回流处，淤泥堆积、杂草丛生、人迹罕至，岸上无路可达，水里走公安艇又易搁浅，连附近的渔民都嫌晦气而不愿意借船。陈宇为了第一时间妥善处置尸体，往往就着手边现有的材料自制成渡水的简陋工具。若是有废弃漏水的小木筏那还算幸运的，有时候他就在轮胎里放上水盆，或将大块泡沫绑在一起当"船"，捡一根竹竿、一片木板当桨，冒着倾覆的风险，一边划一边用空矿泉水瓶往外舀水，想尽办法把尸体打捞上岸再作现场处置。

2016年夏季汛期的一天，陈宇接警称某江心岛附近有一具浮尸。当时涨水太深，已经没过了江边的防护林，他带着年轻民警到了现场后，发现身处岸边完全看不见浮尸踪迹。面对这种情况，陈宇没有丝毫退缩和犹疑，他让年轻同志留在岸上，自己向渔民买了一条旧渔裤，持着一根竹竿就下了水。一边探避水底的深坑石头，一边拨开杂乱的灌丛断枝，他终于在林木的隐蔽处发现了尸体并进行打捞处置。这不是陈宇第一次下水，水里的锈钉、碎石也好几次划破他的脚，更危险的是有些水域还是血吸虫疫区。后怕多少是有的，但下次遇到类似的情况，陈宇还是会毅然决然冲在最前面。

"这份工作，我们不做谁去做。"陈宇想起局里的老法医、带他的师父曾经下水时的教诲，"我最熟练，当然就是我上。"这是一份无畏，也是一份传承。

刀锋柔情，真心守护群众安宁

柳叶刀下尽柔情。在外人眼中，要胜任法医的工作得有一份看淡生死的冷峻。但恰恰相反，陈宇强大的心理素质背后则是他对每一段不幸遭遇的共情，是他对逝者的惋惜，是他对家属悲伤的感同身受。妥善处理尸体、还原事件真相、联系寻找家属，还逝者尊严，予生者慰藉，他以一种特殊的方式温柔守护着群众的平和安宁。

"感谢人民的好警察帮我找回了我的母亲，感谢人民的好警察让我的母亲得以魂归故里！在这里，再一次向长江航运公安局九江分局的领导和同志们表示衷心的感谢，向以陈宇警官为代表的长航公安局所有干警致以崇高的敬礼！"2022年4月中旬，一封长长的感谢信和一面锦旗自湖北省黄石市寄至长江航运公安局九江分局。写信的人叫周某，原来，2021年12月3日晚，他的母亲外出未归，数月杳无音信。2022年3月，陈宇比对中了一具未知名尸体的身份，并辗转联系到了死者家人。陈宇提前协调好了周家人来往两地的交通、住宿、防疫等事宜。因无法接受母亲溺水身亡，周某伤心欲绝、情绪几近崩溃。陈宇不但全程陪伴开导，帮助他平复心情，经过多番协调，帮助周家人办好了各项手续，最终让周某带着母亲顺利回家。

2022年5月，在处置一起非正常死亡事件中，陈宇排查到疑似死者的父母住在安徽宿松县复兴镇的一个小村子里，母亲是聋哑人、父亲有肢体残疾，是当地建档的贫困户。不忍让遭受打击的家庭再受奔波之累，陈宇和同事先乘车至彭泽，再坐渡船到了对岸的村镇，上门为该户人家采血留样。经过DNA比对，确认亲属关系后，陈宇提前准备好各类文书，再次水陆辗转百余公里，完成了家属笔录和其他手续。多年来，陈宇负责处置的案（事）件无一起涉诉涉访，他以真情爱民、全心为民的情怀帮助逝者魂归故里，让家属在悲痛之余感到温暖。

为了防患于未然，进一步守护人民群众生命安全，陈宇和同事们常常在江边进行防溺水宣传和劝阻。特别是每到夏季，江边戏水消暑纳凉群众众多，是溺水安全事故高发期。陈宇和同事们利用散发张贴宣传单、无人机在江边的人员密集区域高空喊话，提醒沿江群众注意溺水隐患；到支部共建的社区和辖区码头、学校等地开展防溺水知识宣讲，播放教育片，现场演练急救方法。

因为全身心专注工作，陈宇对家庭有时会疏于照顾。母亲重病住院、儿子出生，他都未能好好陪伴，幸而家人对他也给予了莫大的理解和支持。看见校园里孩子们无忧无虑的笑脸，看见手拉着手在江边散步的幸福家庭，看见夜晚沿江亮起的万家灯火，陈宇的心便也满足了。

匠心无私，深耕岗位默默奉献

大江善养浩然之气。陈宇出身农村家庭，多年刑侦干下来，他不图名利，只为心中公正、人间温暖。每每做完尸体处置工作，目睹陈宇的艰辛付出，有的家属会买来香烟、水果以表谢意，甚至有家属感动于陈宇的敬业给他包了红包，他通通婉言谢绝，从不拿群众一分一毫。有一次，陈宇在处置现场时发现尸体身上带有3万余元现金，他将这一大沓纸币一张张冲洗、晾干，并规范登记保管起来，只待来日查清尸源好移交给家属。

陈宇平日闲聊时寡言少语，但一谈论起案件和技术来却滔滔不绝。他的黑框眼镜在前次事故中摔断了一边鼻托，镜片都刮花模糊了，他总说工作太忙没有时间，继续戴了一个多月也没换，心心念念的却是怎么去联系牙科医院购买牙模和资料，来研究学习通过牙齿磨损情况推导死者年龄、地域。他常常阅读一些法医昆虫学方面的书籍和论文，积累实地测量检验的经验，希望能进一步精确推断尸体死亡时间。

2016年，分局成立了陈宇工作室。对新入职的年轻法医，陈宇将多年所学、所见、所悟倾囊相授，他不仅手把手教导同事如何分辨螺旋桨造成的创伤，也会一起探讨怎么做好家属的沟通与抚慰。连续数年，九江市公安局都会派年轻法医到陈宇这里来跟班，学习高度腐败尸体的解剖技术。在他的带动下，整个分局法医工作水平迈上新台阶。党的十九大以来，公安改革以前所未有的广度和深度稳步推进，长航公安也正处在体制调整的关键时期。站在改革潮头，陈宇带领法医团队积极投入法医技术室标准化、正规化建设，刻苦钻研硅藻检验技术，奋力开创长江法医工作新局面。

日出东方，云隙中透射出金色的霞光，在公安艇划出的浪迹中粼粼闪烁。这是陈宇最喜欢的景色，也恰是对他赤子之心最真实的映照。从稚嫩青年到年近不惑，从初出茅庐到独挑大梁，从警路上陈宇始终无怨无悔、不懈奋斗，以身体力行诠释人民警察"对党忠诚、服务人民、执法公正、纪律严明"的拳拳初心，把这份职业最厚重、最崇高的忠诚镌刻在长江最美岸线上！

长江航运公安局供稿

在蛛丝马迹中探寻事实真相

◎ 徐 婷

长江是陈宇最熟悉的地方：一江碧水里，有故乡的气息，也有儿时的梦想。陈宇，湖北鄂州人，现任长江航运公安局九江分局刑侦支队警务技术四级主管。

"就想当警察。"怀揣着从警的梦想，陈宇读了法医专业。2008年大学毕业后，他踏入警营，在基层刑侦战线上一干就是14年。

守长江安澜，护人民安宁，是陈宇坚定的信念。

陈宇既是法医又是侦查员。从警以来，他不畏艰险奋战在破案一线，在蛛丝马迹中探寻事实真相，用心用情服务群众，赢得群众的赞誉。因成绩突出，他先后获评江西省特级优秀人民警察、九江市劳动模范等称号，还荣立个人三等功3次，获嘉奖5次。

陈宇长年累月在江边工作，皮肤黝黑而粗糙，只有手指是白的，是因为工作中连续长时间戴着手套解剖而被泡得发白。

2022年5月，陈宇参与处置一起重大非法采砂案。作为专案组成员，他在做好法医工作的同时，连续多日参与高强度的抓捕、讯问等工作。一天，他在返家途中因疲劳过度不慎摔倒，被路人送去医院救治，眉弓缝了 6 针，左脸有了一块硬币大小的疤。

陈宇平日寡言少语，但一谈论起案件和检验技术就滔滔不绝。大家都说，陈宇"太拼"，遇到又苦又累又危险的活儿总是第一个冲上去。14 年来，陈宇累计参与各类涉水现场勘验 400 余次，解剖检验尸体 180 余具，参与各类案件侦办 200 余起。

严谨专业、心细如发，同事们提起陈宇的检验技术总是赞不绝口。

与寻常尸体不同，水上浮尸大多经过长时间浸泡，高度腐败，甚至面目全非，给尸检工作带来很大困难。在陈宇眼中，每一处微小的细节都可能成为破解真相的关键。2019 年，他在处置一具高度腐败的男尸时，观察到尸体胸部有浅浅的线状痕迹，判定为手术疤痕，为后续检测鉴定找准了方向，协助破获一起命案。

长江流域宽广，水流会冲走随身物品与痕迹，加上附近流域也无亲属报案，寻找尸源经常让陈宇和同事很头疼。未知名尸体大多搁浅于江水回流处，这里淤泥堆积、杂草丛生、人迹罕至。岸上无路可达，水里走巡逻艇又易搁浅。陈宇为第一时间妥善处置尸体，往往用手边现有材料自制简易渡水工具，一根竹竿、一片木板都能被他当作桨。

每次行动，陈宇都会把党徽戴在胸前。他说，这既是对自己的鞭策鼓舞，又时刻提醒自己铭记党员民警的使命任务。

"感谢人民的好警察帮我找回了母亲，让我的母亲得以魂归故里。"湖北省黄石市的周某将一封感谢信和一面锦旗寄到九江分局。

原来，2022 年 3 月，陈宇比对中了一具未知名尸体的身份，辗转联系到了死者家属周某，并提前帮忙协调好他来往两地的事宜。周某到达当天，因无法接受母亲溺水身亡的事实，情绪几近崩溃。陈

◎ 群众为陈宇送来锦旗

宇全程陪伴开导，并帮助周某办好各项手续，让他带着母亲顺利"回家"。

每到夏天，长江边消暑纳凉的群众增多，是溺水事故的高发期。陈宇和同事常常到江边进行防溺水宣传，到社区、辖区码头和学校等地开展防溺水知识宣讲、现场演练，提高群众防溺水意识。

在九江分局领导的大力支持下，陈宇工作室逐渐搭建起来。近年来，陈宇带领法医团队积极投入法医技术室标准化、正规化建设，刻苦钻研检验技术，并将自己所学手把手教给新入职法医，助力分局专业人才队伍建设。

夜幕降临，长江沿岸灯火璀璨。无数个像陈宇一样无怨无悔、不懈奋斗的民警、辅警忠诚履职尽责、主动担当作为，守护着万家灯火的平安。

《人民公安报》2022 年 11 月 20 日

2022
最美基层民警

王　微

王微：青春无悔守边关
爱洒高原暖民心

　　他，先后被公安部评为"全国优秀人民警察"，被国家移民管理局评为"全国移民管理机构成绩突出党员民警"，被西藏自治区山南市委、市政府评为"民族团结进步模范个人"，被西藏出入境边防检查总站评为"优秀共产党员"1次、"优秀党务工作者"1次，荣立个人一等功1次、二等功1次、三等功3次……在这么多荣誉的背后，是他跨越4000多公里，从东北平原黑龙江来到雪域高原西藏，在雪域边关一待就是13年的默默坚守和真心付出。

　　他，十余年如一日，将自己最美好的青春年华挥洒在世界之巅、雅砻江畔，始终坚持情为民所系、利为民所谋，成为辖区群众的贴心人。

　　他，就是西藏出入境边防检查总站山南边境管理支队玉麦边境派出所党支部书记、政治教导员王微。

平安路上的"守护人"

1986 年出生在黑龙江省肇州县的王微，2009 年从黑龙江公安警官学院特警专业毕业后，就毅然成为一名西藏边防警察。

那年，刚来到西藏的他，被分配到了中印边境的加玉边境派出所工作。这里，是隆子县人口最多的边境乡，辖区人口多、风险隐患多、矛盾纠纷多……

打架斗殴、劳资纠纷、家庭矛盾……王微几乎每天都会面对不同的警情。

"每次处警解决的一般都是纠纷。"谈及刚来到这里时的感受，王微感慨道。

在加玉边境派出所工作不久后，王微就下定决心，要改变这里的治安现状。

2012 年年初，村民尼玛杰布给王微打电话，称老婆"走丢"了，问起缘由，竟是双方因为家庭琐事吵架，妻子一气之下离家出走。王微随即带上民警四处搜寻，找了整整一天，才在一个偏远的放牧点找到她。

回家后，热心的王微又成了"话痨"，安抚双方情绪，疏通心结，最终夫妻俩和好如初。

这样的情况处理多了，王微找到了窍门，摸索出了法、理、情"三字调解法"，以法律为准绳、以理服人、以情感人。他说，"只有换位思考，站在双方角度考虑问题，做到公平公正，老百姓才信服你。"

"在我们乡里，就没有他调解不了的纠纷。"2021年6月，加玉乡乡长向玲玲得知王微即将调走时，更多的是不舍。

"一把钥匙不能同时开两把锁，基层警务最重要的就是要因地制宜。"秉承这一理念的王微调到玉麦后就加紧走访调研，结合玉麦乡社情、民情，创新推出了乡长、村长、派出所所长"三长"服务模式，形成了"排查在先、教育在先、调解在先"的社会面综合治理模式。

他还结合实际创新打造辖区"百米服务圈"，建立法律咨询、上门办理，推出民情日记、民情地图、民情二维码举措，搭建"网格服务微信群、网格服务二维码、辖区一键报警"等便民服务平台，实现了网上办证预约、网上法律咨询、网上防范预警。

"群众利益无小事。"这是王微13年来一直坚守的工作信条，从2021年6月来到玉麦边境派出所至今，他先后排查化解各类隐患纠纷17起，救援27起，玉麦乡连续11年实现刑事案件"零发案"，警民双向熟悉率、群众满意率均达100%，派出所也在今年获评"枫桥式公安派出所"。

群众心里的"家里人"

2009年，王微来到加玉边境派出所时，派出所刚成立，正在修建营房。他说："那时，周围除了大山还是大山，住宿条件也比较差，4个人挤在一个不足20平方米的土坯房，吃住都在里面。"

面对恶劣的工作和生活环境，这个积极乐观的东北小伙并没有气馁，而是选择在艰苦环境中"帮大家做点事"。

刚到派出所不久，他就发现旁边敬老院里的 9 位老人无儿无女，由于年龄较大，常常生活不能自理。看到这种情况，热心的王微随即变身"护工"，隔三差五就去帮助他们打扫卫生，经常送去生活物资，渐渐地，每次当他要离开的时候，老人们都会紧紧拉着他的手不松开，笑着将他的手背贴向额头。

有了这种被需要的感觉，王微觉得驻守在这里很有价值。接下来的日子里，他的工作劲头越来越足，每天走家串户，东拉家常、西问寒暖，聊天的"成果"记了一大本，成了派出所里名副其实的"大忙人"。

2014 年，王微在一次走访中了解到，庞村村民的生活供水管道修建在山的阴面，每到冬季都会因为天气寒冷，造成管道结冰无法供水，村民往往只能到河边背水度日，生活极不方便。他便开始谋划如何解决这个问题，经过多次可行性调研，并前往市、县相关部门汇报协调，最终在山南市争取到 50 万元冬季饮水工程建设费，在山的阳面建成了通往每家每户的自来水管，解决了庞村冬季饮水难的问题，让全体村民彻底告别了背水生活的历史。

2021 年年初，王微在走访时发现共拉村吾金壤追一家正在修建的房子迟迟没有封顶，便联系村支书了解情况。得知两位老人购买建筑材料还差 8000 元，所以停工了。当时的他刚刚被评为"山南市民族团结进步模范个人"，获得 3000 元奖金，为了尽快凑齐这笔费用，他拿出了奖金，还发动身边亲朋好友捐款，很快就凑齐了 8000元，帮助两位老人解决了难题。最终，房屋按期完工，两位老人如愿搬进了新房。

"民族团结进步的奖金刚好用在民族团结工作中，我觉得这是一件很有意义的事。"每次提起这件事，王微满脸自豪。

日复一日，年复一年，王微在加玉一待就是12年。12年里，身边的民警换了一茬又一茬，他也从最年轻的民警"熬"成了最年长的那一个。村民洛桑旦增说："村里每家每户都存了他的手机号码，他的号码就是报警电话，只要遇到困难，大家想到的第一个人就是他。"

渐渐地，已经成为群众"家里人"的他，被大家亲切地称为加玉乡"固定资产"。

2019年7月，村民次仁江村家的牦牛不小心被小康村建设项目部采砂场漏电致死，双方因此闹得不可开交。

王微到达现场后，次仁江村一看是"老朋友"来了，立马就说"按照王所的意思处理"。最终，采砂场按照市场价进行了赔偿，双方达成和解。

"王所长对我们很好，我们也应该支持他的工作。"事后，次仁江村这样说道。

2021年6月，王微从隆子县人口最多的加玉乡调到了人口最少的玉麦乡工作。离开加玉的那天，辖区数百名群众自发为他献上洁白的哈达，很多人留下了不舍的泪水。

他说，虽然从隆子县人口最多的乡到了最少的乡，辖区人口骤减，但他要把群众工作做细。

兴边富民的"引路人"

"做好群众工作，最重要的就是时时刻刻为他们着想，让他们的日子一天比一天过得好。"这是 13 年来，王微开展群众工作的秘诀。

回想起在加玉边境派出所工作的 12 年，王微总是有讲不完的故事。

当初，为了让辖区群众的日子越过越有盼头，王微从来到这里的那一天起，就经常想方设法给他们送去甜头。

2015 年 9 月，他从乡政府了解到，山南市正在推进"短、平、快"项目建设，于是就想出了申请资金给村民修建玻璃温室的法子。

那段时间，他频繁前往市、县、乡三级相关部门沟通协调。最终，经过近 2 个月的努力，争取到 21 万元专项资金，为辖区村民修建了 3 个玻璃温室。温室建成后，他又开始操心种植问题，主动安排民警指导村民科学种植。最终，高寒缺氧的雪域高原上演了"绿色奇迹"，温室里的蔬菜喜获丰收，不仅丰富了村民的"菜篮子"，还拓宽了村民收入渠道。

2021 年 6 月，来到玉麦后的他，继续复制"加玉模式"，主动对接国家兴边富民和乡村振兴战略，警民联合启动"边境游""牧家乐"等特色旅游模式，帮助村民拓宽牦牛肉、藏药材、鸡血藤木制手工艺品、家庭旅馆等线上线下销售渠道。

如今，作为政治教导员的他，不仅擅长做民警思想工作，把单位管理得秩序井然，还把思想政治工作的触角延伸到辖区群众，调动和激发村民主动参与巡边守边。

他说："桑杰曲巴一家三口接力爱国守边的故事一直激励着自己，作为玉麦的一员，更要通过努力，带动群众守护好国土，建设好玉麦。"

◎ 王微在辖区开展"两会精神进辖区"宣传活动

每个月，王微都会联合军地搭建"联育联学"平台，在辖区群众中开展"爱我中华、守土有责""反对分裂、维护稳定""团结是福、动乱是祸"等主题宣传教育活动。同时，他还带领民警和辖区群众，联合驻地解放军开展"重走桑杰曲巴巡边路"边境踏查活动，穿密林、涉冰河、过悬梯，在沿途树干上绑上五星红旗，在路旁岩石上喷涂"中国""CHINA"字样。

如今，"家是玉麦，国是中国"的家国情怀在辖区村民的心里深深地扎下了根，大家都争相参与到了守边固防的任务中来……

边关的寒风，萧瑟凛冽，吹走了他的青春，吹皱了他的脸庞，却无法吹散王微坚定守边为民的梦想。

他说，他要像玉麦的树一样，一直向下扎根，向上生长。

国家移民管理局供稿

雪域高原群众的贴心人

◎ 邬春阳

西藏出入境边防检查总站山南边境管理支队玉麦边境派出所党支部书记、教导员王微在雪域边关，用十三年如一日的真情付出成为雪域高原群众的贴心人。

2009 年，王微成为一名西藏边防警察，被分配到加玉边境派出所工作。

加玉边境派出所位于西藏隆子县人口最多的加玉乡，辖区人口多、风险隐患多、矛盾纠纷多。"每次处警，解决最多的就是群众之间的矛盾纠纷。"初到加玉边境派出所，王微就下定决心，要改变这里的治安状况。

2012 年年初，村民尼玛杰布给王微打电话，称老婆"走丢"了，问起缘由，竟是双方因为家庭琐事吵架，妻子一气之下离家出走。王微随即带上民警四处搜寻，找了整整一天，才在一个偏远的放牧点找到了她。将其送回家后，热心的王微又成了"话痨"，安抚双方情绪、疏通心结，最终夫妻俩和好如初。

针对类似的家庭矛盾纠纷，王微逐渐找到了解决问题的窍门，摸索出了"法、理、情"3字调解法，以法律为准绳、以理服人、以情感人。他常说："只有换位思考，站在双方角度考虑问题，做到公平公正，老百姓才信服你。"

日复一日，年复一年，王微在加玉边境派出所一待就是12年。12年里，身边的民警换了一茬又一茬，他也从最年轻的民警"熬"成了最年长的那个。村民洛桑旦增说："村里每家每户都存了他的手机号码，他的号码就是报警电话，只要遇到困难，大家第一个想到的就是他。"

2021年6月，王微从加玉边境派出所调到玉麦边境派出所工作。离开加玉的那天，辖区数百名群众自发为他献上洁白的哈达，很多人流下了不舍的泪水。

◎ 王微为辖区外来务工人员解决劳资纠纷问题

"一把钥匙不能同时开两把锁，基层警务工作最重要的就是要因地制宜。"秉承这一理念，王微在调到玉麦边境派出所后加紧走访调研，结合玉麦乡社情、民情，创新推出了乡长、村长、派出所所长"三长"服务模式，形成了"排查在先、教育在先、调解在先"的社会面综合治理模式。

他还结合实际创新打造辖区"百米服务圈"，开展法律咨询，推出民情日记、民情地图、民情"二维码"，搭建"网格服务微信群、网格服务二维码、辖区一键报警"等便民服务平台，实现了网上办证预约、网上法律咨询、网上防范预警服务。

此外，王微想方设法为兴边富民出力，他主动对接国家兴边富民和乡村振兴战略，协助当地有关部门启动"边境游""牧家乐"等特色旅游模式，帮助村民拓宽牦牛肉、藏药材、鸡血藤木制手工艺品等线上线下销售渠道。

作为教导员的王微，不仅擅长做民警思想工作，还把思想政治工作的触角延伸到辖区群众，调动激发村民主动参与巡边守边。

"群众利益无小事。"这是王微13年来一直坚守的工作信条。2021年6月来到玉麦边境派出所至今，他先后排查化解各类隐患纠纷17起、开展救援27起，群众满意率达100%，派出所也获评全国"枫桥式公安派出所"。

《人民公安报》2022年11月22日

2022
最美基层民警

视频·链接

无愧于誓言　不止于平凡

——二〇二二"最美基层民警"群像扫描

◎ 亓玉昆

警灯闪烁，照亮大街小巷；警徽熠熠，守望千家万户。长期以来，广大公安民警牢牢把握"对党忠诚、服务人民、执法公正、纪律严明"总要求，忠实履行捍卫政治安全、维护社会安定、保障人民安宁的新时代使命任务，展现出守护国泰民安的最美"警"色。

2022 年"最美基层民警"评选结果近日揭晓，共有 38 名警察获此殊荣，他们是人民警察的出色代表。闪耀的名字、感人的故事，彰显了人民警察无愧于誓言、不止于平凡的坚守与担当。

信仰弥坚　不负使命

"这都是老人家的养老钱啊，却被诈骗分子以推销药品为由骗走了。"2022 年 3 月，福建省漳州市龙文区反诈骗中心接到辖区某老人家属的报警。了解情况后，漳州市公安局蓝田经济开发区派出所警务三队队长兼龙文区反诈骗中心主任施晓健立即带领反诈专班开展专案侦查，根据对方账号和资金流向迅速研判出嫌疑人身份信息，并查实其正在外省藏匿。当天，施晓健带队前往抓捕，在当地公安机关配合下，很快将嫌疑人抓获，并成功打掉涉诈团伙，为老人追回了被骗走的养老钱。

从警十七载，破获刑事案件 1000 余起，贵州省贵阳市公安局刑侦支队民警朱允宏始终怀着一颗"警营匠心"。此前，一起爆炸案现场破坏严重，给侦破工作带来极大难度，案件一度陷入停滞。朱允宏接到指派赶赴当地。他根据现场的碎片，结合描述、炸药当量产生威力的模拟等，还原出了爆炸前的场景，对后来案件侦破和审理起到至关重要的作用。

说到破案，河南省濮阳市公安局刑侦支队大要案大队民警陈民生有很强的钻劲儿。为核查一条线索，他可以连续熬上几宿，甚至苦苦追寻几个月，去寻找案件突破点。"云剑—2020"开展后，陈民生根据多年经验，采取传统与现代科技相结合的方式综合分析研判，最终破获多起大要案件。

"全面掌握刑事侦查技术专业知识和技能，这是刑技人员的看家本领。"提及刑侦工作，陕西省洛南县公安局刑侦大队副大队长樊有宏有着独到见解。如今，55 岁的樊有宏依然坚守在刑事技术这个他热爱的岗位上，继续发挥光和热。

缉私警察是一支专司打击走私犯罪活动的队伍，常年与走私分子作斗争。南京海关缉私局侦查处处长徐娟，就是其中一员，她二十年如一日，奋战在打击走私的最前沿。在办理一起走私镁砂案件中，她带队赴广东成功抓获嫌疑人，并在登机前对其进行突审。面对嫌疑人的百般狡辩，徐娟从细节入手，与其展开智力较量，最终嫌疑人交代了整个犯罪脉络。

心系百姓　真情付出

从台风天为群众开通"安全通道"，到烈日下妥善处置车辆自燃警情；从疫情发生后第一时间请战，到常年顶风冒雨坚守执勤一线……从警 13 年，广东省深圳市公安局交通警察支队机动训练大队二中队副中队长时春霞，开展铁骑勤务巡逻里程达 8 万余公里，主动发现处理事故、坏车警情 3000 余宗。

泰山景区 24 小时对外开放，岱顶是游客登山的目标地、集散地，民警维护旅游安全的任务十分繁重。自"百日行动"开展以来，山东省泰安市公安局泰山景区分局岱顶派出所所长张连波联合多部门执勤力量，采取划区、分工、错时工作机制，加大夜间巡逻力度，为游客提供安全保障。

"派出所警务一线离群众最近，能随时了解群众需要什么。只有和群众打成一片，才对得起身上的警服和肩头的责任。"河北省衡水市公安局高新技术产业开发区分局苏正派出所所长赵恒彬，坚持做深做透做实基层社会治理精细化，带给辖区企业和群众满满的安全感。

"想要派出所工作干得好，对百姓的了解不能少。"这是山西省武乡县公安局分水岭派出所副所长安二宝常挂在嘴边的话。即使没有出勤任务，他每天也要到村里和乡亲们拉家常。14 年来，他任劳任怨，一个人先后承担了办案、治安、户籍、巡逻和内勤等多项业务，为辖区群众办理更换户口簿、户籍迁移、办身份证等业务

1000 余件。

吉林省集安市公安局户政管理大队民警何欢可是个"名人"，来户政大厅办理过业务的群众都知道有这么一名乐于助人的警官。她用热情的笑脸、耐心的话语、贴心的服务打造了集安市公安局为民服务的一张"名片"。为了让群众能够随时随地了解、咨询、预约户籍业务，她开通"7×24 小时线上服务"，将自己的手机号码作为"咨询预约电话"对外公布，同时组建了 12 个便民服务微信群，帮助群众提前了解业务办理程序、预约办理时间。

只有"心中常常牵挂"，才会"时时放心不下"。扎根出入境窗口 21 年，浙江省新昌县公安局出入境管理大队大队长梁晓丽练就一身为民服务的"硬功夫"：依靠细致、精致、极致的工作作风，确保了超 17.5 万份受理审核证件"零差错"；凭借贴心、热心、暖心的服务举措，赢得了办证人员、企业和单位的良好口碑。立足岗位，梁晓丽尽自己所能帮每一名群众解决燃眉之急。

甘于奉献　勇作表率

"警察职业成全了我的青春，我愿用青春作笔，以忠诚、奉献、担当、为民为墨，谱写自己壮丽的从警人生，用行动捍卫法律的神圣尊严。"新疆生产建设兵团第三师喀什垦区公安局前海镇派出所所长覃锋在日志中写道。2020 年年初，因工作需要，喀什垦区公安局须选派民警前往海拔 3800 米的边境执勤，覃锋第一个报名前往。到达执勤点后，因高原反应他出现了干咳、头晕等状况，却依然坚守岗位。因连续多天超负荷工作，覃锋被送进了重症监护室。他醒来后的第一句话却是，"我已经没事了，可以回去执勤"。

"坚持原则不动摇，绝对不让小问题演变为大问题。"中国民用航空新疆管理局公安局喀什监管局空防处民警程万里，深知维护空防安全的极端重要性。参加工作以来，程万里走遍了辖区大大小小的单位，用脚步丈量了喀什、阿克苏、库尔勒、和田等 11 个机场的飞行区围界。

西藏自治区林芝市墨脱县格林村是一个边境村，位于喜马拉雅山脉南麓、雅鲁藏布江南岸。林芝市公安局刑侦支队三级警长黄家斌到格林村担任第一书记后，积极组织党员群众守边巡边，配合驻地官兵，当起边防巡逻开路先锋，协助驻地官兵开展边境巡逻，确保嫌疑人员一个出不去、一个进不来。

跨越 4000 多公里，从东北平原黑龙江来到雪域高原西藏，西藏出入境边防检查总站山南边境管理支队玉麦边境派出所政治教导员王微，一待就是 13 年。边关的寒风萧瑟凛冽，吹皱了他的脸庞，却无法吹散王微坚定守边为民的梦想。他说，他要像玉麦的树一样，一直向下扎根，向上生长。

在儿子心里，他是硬汉；在同事眼中，他是"铁警"榜样；在乡亲嘴边，他是"家里人"。他叫孙益海，江苏省盐城市公安局盐都分局郭猛派出所民警。在一次缉枪行动中，孙益海左腿受伤被高位截肢，但他仍旧扎根基层、独腿行走乡间二十六载、行程 2 万多公里，在郭猛镇这片红色热土上印下动人的足迹，用一颗忠心诠释了"人民公安为人民"的铮铮誓言。

《人民日报》2022 年 9 月 25 日

"穿上警服，就得把责任扛在肩上"

——2022年"最美基层民警"的故事

◎ 彭景晖　陈禹行

是血肉之躯，也是铜墙铁壁；敢于冲锋陷阵、舍生忘死，也甘于默默奉献、坚守平凡。

基层民警，一个与安全感天然联系的称谓，一群与群众接触得最多、贴得最紧密的人，一个国家安全屏障中最基础的细胞。

2022年"最美基层民警"获得者们长期扎根基层一线，在防风险、保安全、护稳定、促发展各项工作中贡献力量，特别是在全国公安机关夏季治安打击整治"百日行动"中奋勇争先，维护社会稳定，守护百姓安宁。

在他们的故事里，"人民公安为人民"的理念清晰可感，"对党忠诚、服务人民、执法公正、纪律严明"的誓言化作具体的行动。

铁骑侠骨

2018 年 9 月，超强台风"山竹"袭击深圳，树木折断，道路被阻，公共交通停运。人在路面被大风大雨拍打得站不稳，可一支女子铁骑队坚持巡逻，为过往车辆提供安全指引，在路面处理警情，发现并帮助受困车辆和群众。

台风天、暴雨里，全国首支女子铁骑队为群众开通"安全通道"的场景被很多市民用手机镜头记录下来，并为之点赞。带领这支女子铁骑队的是时春霞，广东省深圳市公安局交通警察支队机动训练大队二中队副中队长。

携带重达 10 公斤的装备，娴熟驾驭 500 余斤的大功率摩托车，顶着严寒酷暑巡逻执勤，时春霞和女子铁骑队队员们被市民描述为"飒得很"。但同事们深知，交警铁骑是一项非常辛苦、危险系数高的工作。

2016 年，深圳交警率先推出驾驶大功率摩托车武装巡逻的铁骑勤务，并成立全国首支女子铁骑队。历经"魔鬼训练"，时春霞正式成为其中一员，并担任队长。近 6 年的时间，时春霞始终坚守执勤一线。

2022 年春节后，深圳疫情防控形势严峻，时春霞长期吃住在单位开展勤务工作，又参加了轮训封闭任务，50 多天才回了一趟家。她说："穿上警服，就得把责任扛在肩上。"

一次晚高峰巡逻时，时春霞发现在一起追尾事故中，一位女司机浑身发抖，不知所措。车上，还在襁褓中的小孩一直啼哭。迅速处理完事故的时春霞没有离开，而是耐心地和女司机沟通，告诉她遇到事故如何处置，后续保险如何理赔等，还陪着女司机一起安抚受到惊吓的小孩。

热情、耐心、细心的交警女"骑士"，在这条钢筋水泥筑成的公路上，为遇到困难、遭遇事故的人带来了慰藉。"这便是女子铁骑队的价值所在。"时春霞常常对队员们这样说。

云端利剑

破案、追赃、挽损、惠民——一步不少，步步精通。在打击经济犯罪、"守护老百姓的钱袋子"的战线上，安徽省芜湖市公安局经侦支队一大队副大队长朱明"手持利剑"，屡建奇功。

他的利剑，是大数据技术。也因此，他被同事们赞誉为"大数据专家型"经侦卫士。

2018 年，朱明接手了一起串通投标案，报案单位的投标资料要用车拉，装了半个房间。从中发现蛛丝马迹，如大海捞针。

"大数据时代，不想被海量数据湮没，就必须学会在数据海洋里'游泳'。"朱明潜心研究，分析招投标数据，足足一个月没有出过办公楼。最终，他建成一套串通投标案分析模型。

模型不仅能帮助迅速破案，而且为排查采购类存疑项目提供了技术支撑。朱明和同事们仅用 1 天时间就从 1459 个项目中筛查出串通投标犯罪线索 32 条，后续通过对线索的继续研判和调查取证，立案 22 起。

在一次次真刀真枪的较量中，朱明不断解构研判流程、完善系统逻辑、优化数据算法，案件模型逐渐成熟。2019年，这一模型在全国经侦大比武中获特殊贡献奖，被公安部经侦局列装。

多年来，朱明始终在创新，他不断提升大数据追逃战法的效能，助力"猎狐行动"。

习惯创新、善于创新的朱明，不满足于已有成绩。2021年，总结电信网络诈骗等案件的办案经验后，朱明紧扣买卖银行卡犯罪活动，研发出一种新的案件模型，使公安机关在批量筛查全国买卖银行卡犯罪线索方面实现突破。

就在当年，他在一张被买卖的银行卡上找到突破口，公安机关循线在多地开展收网，实现了对"卡农"、中间商、取卡马仔、跨境物流从业人员、跨境卡商的全链条打击，成功破获叶某等人特大妨害信用卡管理案。

高墙暖春

医务科科长艾金凤，是江西省南昌市第二看守所唯一的医务民警。

高墙把这名女警的身材衬托得娇小，但在同事们眼中，这可是"一道坚不可摧的防线"。要履行监管民警责任，还要协调医院医生做嫌疑人入所体检，负责在押人员健康监测、疾病治疗……娇小的肩膀，担着重任。

白衣天使、人民警察，这双重身份在入警以来的13年里塑造着艾金凤的品格。为实时掌握在押人员的健康状况，及时跟踪治疗，她值勤时每天坚持上下午对监区进行巡诊，并研究出了"四查"工作法：每天的"重症必查"、连续三天的"病情追查"、每周一次的"疾病复查"、每月一次的"全面筛查"。

多年来，看守所内发病率和出所就医率逐年下降，"小病不出所，大病快处置"成为常态。

2021年2月，正在取保候审的黄某即将入所执行刑罚。艾金凤发现黄某的心电图提示心肌缺血，立即致电办案民警建议加做心脏彩超。当得知黄某在体检过程中出现的特殊情况，艾金凤凭多年临床经验判断可能是心绞痛急性发作的症状，当即告知办案民警，黄某存在猝死风险，须立即实施抢救。

"料事如神！"办案民警回忆，"当时心脏彩超结果还没出，我们立即将他带到了急诊，几分钟后对方就突然昏迷，如果不是及时抢救，非出大事不可。"

艾金凤也把真挚的关怀给予了在押人员。她制作的"艾姐抢救癫痫小卡片"，能帮助民警熟悉癫痫病人处置的"二保护、三不要"；她推出的"艾姐保暖帽"，为患有心血管疾病的在押人员提供了保护。

"医得了身体上的病痛，还要医得了心里的伤。"艾金凤考取了心理咨询师资格证，在看守所内建起了"艾姐心理驿站"，对可能被判处重刑、家庭关系紧张、心理负担重的在押人员，有针对性地开展心理疏导。

《光明日报》2022年9月25日

坚守"最美"葆初心
接续奋斗立新功

◎邬春阳 董蕾阳 庄玲玲 吴 艺 苏 婕
莫水土 刘文杰 刘 丹 王义文

他们，在平凡中成就伟大；他们，用"最美"诠释初心。

近日，中央宣传部、公安部向全社会宣传发布2022"最美基层民警"先进事迹，38名"最美基层民警"的感人故事从警营走进千家万户。

2022"最美基层民警"纷纷表示，将不辱使命、不负重托，忠实履行党和人民赋予的新时代使命任务，全力做好维护国家安全和社会稳定各项工作，不断凝聚起奋进新征程的磅礴力量，以实际行动迎接党的二十大胜利召开。

2022"最美基层民警"、北京市公安局通州分局内部单位保卫支队综合中队中队长张梁刚刚结束在贵州的支教工作。一年半的时间里，他带领支教团队组建了18支校园足球队，为一个个孩子实现了心中的体育梦。

"成为'最美基层民警'倍感光荣、备受鼓舞。"张梁表示，无论是身处贵州山区还是首都北京，无论是作为支教老师还是首都民警，自己都将始终坚持"群众利益无小事"和"小事不小看、小事当作大事办"的工作理念，切实解决好人民群众的操心事、烦心事、揪心事，把群众满意作为第一追求。

2022"最美基层民警"、吉林省集安市公安局户政管理大队民警何欢一直将自己的手机号作为户籍业务咨询预约电话对外公布，服务群众不打烊。目前，她已累计向群众提供咨询、预约服务2万余次。

"'最美基层民警'是荣誉也是激励。"何欢表示，自己将不负"最美"之誉，牢记为民初心，在业务创新上下功夫，不断探索工作新思路，通过持续开展暖心服务，为辖区群众排忧解难，让人民群众真正感受到公安工作的"温度"。

在日常的坚守里书写不凡，在漫长的岁月间砥砺初心。

从警10年来，2022"最美基层民警"、上海市公安局城市轨道和公交总队刑侦支队三队队长陈建强带队抓获扒窃违法犯罪嫌疑人1000余名，全力守护着上海轨交区域的平安稳定。

陈建强表示，将把这份荣誉化作动力，始终牢记对党忠诚、服务人民、执法公正、纪律严明的总要求，坚定理想信念，做好本职工作，竭尽全力为民追赃挽损，为打造"更安全、更有序、更干净"的公共出行环境履行好职责和使命。

让社区安宁，让群众满意。2022"最美基层民警"、宁夏回族自治区银川市公安局兴庆区分局大新镇派出所民警袁芳创新推出了"六方联调"模式，把警务室变成了群众家门口的"模拟法庭"。

"'最美基层民警'既是荣誉，也是动力。"袁芳表示，在今后的工作中要以更高的标准要求自己，进一步在找问题、想办法、提效率上下功夫，在解难题、办实事、创经验上做文章，继续扎根基层，把社区警务工作做得更细、更精。

从22岁走进桂林猫儿山的第一天起，2022"最美基层民警"、广西壮族自治区桂林市公安局生态环境保护分局猫儿山派出所民警杨伯伦就锚定一个目标——守护好绿水青山。

"'最美基层民警'不仅是我个人的荣誉，更是整个森林警察的荣誉。"杨伯伦表示，自己将坚守初心，继续发挥光热，努力做好巡山护林工作，为守护好漓江、资江发源地的绿水青山贡献自己的力量。

《人民公安报》2022 年 9 月 27 日

《闪亮的名字——2022 最美基层民警》发布仪式，中央广播电视总台，2022 年 9 月 25 日